OS RUSSOS

COLEÇÃO POVOS & CIVILIZAÇÕES

Coordenação Jaime Pinsky

OS ALEMÃES *Vinícius Liebel*
OS AMERICANOS *Antonio Pedro Tota*
OS ARGENTINOS *Ariel Palacios*
OS CANADENSES *João Fábio Bertonha*
OS CHINESES *Cláudia Trevisan*
OS COLOMBIANOS *Andrew Traumann*
OS ESCANDINAVOS *Paulo Guimarães*
OS ESPANHÓIS *Josep M. Buades*
OS FRANCESES *Ricardo Corrêa Coelho*
OS INDIANOS *Florência Costa*
OS INGLESES *Peter Burke* e *Maria Lúcia Pallares-Burke*
OS IRANIANOS *Samy Adghirni*
OS ITALIANOS *João Fábio Bertonha*
OS JAPONESES *Célia Sakurai*
OS LIBANESES *Murilo Meihy*
OS MEXICANOS *Sergio Florencio*
O MUNDO MUÇULMANO *Peter Demant*
OS PORTUGUESES *Ana Silvia Scott*
OS RUSSOS *Angelo Segrillo*

Proibida a reprodução total ou parcial em qualquer mídia sem a autorização escrita da Editora.
Os infratores estão sujeitos às penas da lei.

A Editora não é responsável pelo conteúdo deste livro.
O Autor conhece os fatos narrados, pelos quais é responsável, assim como se responsabiliza pelos juízos emitidos.

Consulte nosso catálogo completo e últimos lançamentos em **www.editoracontexto.com.br**.

Angelo Segrillo

OS RUSSOS

Copyright © 2010 do Autor

Todos os direitos desta edição reservados à
Editora Contexto (Editora Pinsky Ltda.)

Foto de capa
Vista de São Petersburgo, Jaime Pinsky

Montagem de capa e diagramação
Gustavo S. Vilas Boas

Coordenação de textos
Luciana Pinsky

Preparação de textos
Lilian Aquino

Revisão
Ana Paula Luccisano

Dados Internacionais de Catalogação na Publicação (CIP)
(Câmara Brasileira do Livro, SP, Brasil)

Segrillo, Angelo
Os russos / Angelo Segrillo. – 1. ed., 5ª reimpressão. –
São Paulo : Contexto, 2025.

Bibliografia
ISBN 978-85-7244-726-3

1. Cultura – Rússia 2. Rússia – Civilização 3. Rússia – História
4. Rússia – Política e governo 5. Rússia – Religião 6. Russos –
Brasil I. Título.

12-05842	CDD-947

Índice para catálogo sistemático:
1. Rússia : História 947

2025

EDITORA CONTEXTO
Diretor editorial: *Jaime Pinsky*

Rua Dr. José Elias, 520 – Alto da Lapa
05083-030 – São Paulo – SP
PABX: (11) 3832 5838
contato@editoracontexto.com.br
www.editoracontexto.com.br

SUMÁRIO

APRESENTAÇÃO	11
INTRODUÇÃO	13
QUEM SÃO OS RUSSOS?	15
O MAIOR PAÍS DO MUNDO	21
Solo e vegetação	25
Um visão turística	28
Moscou	28
São Petersburgo	33
No interior	37
A CULTURA RUSSA	41
A língua russa	43
Literatura	45
As artes	56
Cinema	63
Música	64

COMO PENSAM, COMEM, VIVEM E SE DIVERTEM OS RUSSOS 71

Culinária 71
  Vodca 73

Esportes 75

Festas, atrasos e outros foras 79
  Banya, a sauna 81
  Maslenitsa, o carnaval 82

Mente ou alma? 84

Família 88
  Educação 90

Mulheres 93

AS ORIGENS E A CRISTIANIZAÇÃO 99

O Estado kievano 99

O cristianismo russo 103
  A Igreja Ortodoxa 106
  Outras religiões 110
  Sexualidade e religião 111

CONQUISTADA E CONQUISTADORA 113

O domínio mongol: a face asiática da Rússia 113
  A influência mongol 116
  Bazar 118
  Xamanismo 119
  Iguarias do Oriente 121

A criação do Império Czarista 121
  Rússia czarista x Rus' kievana 125
  O surgimento dos russos atuais 126

A RÚSSIA E O OCIDENTE 129

Pedro, o Grande 129

Ocidentalismo, eslavofilismo, eurasianismo 133

Catarina II, a Grande 136

Intelligentsia 139

O PERÍODO PRÉ-REVOLUCIONÁRIO 143

Napoleão: ascensão e queda 143

Nicolau I, o "Czar de Ferro" 147

Alexandre II, o "Czar Libertador" 149

Os populistas 152

Alexandre III, Nicolau II e o fim dos Romanov 153

1905: a primeira Revolução Russa 154

Consequências de 1905 158

Por que na Rússia? 159

As forças políticas às vésperas da revolução 162

Lenin 164

Trotski 166

OS MEANDROS DA REVOLUÇÃO RUSSA 171

A Revolução de Fevereiro 173

O governo dual 175

Entre fevereiro e outubro 177

Outubro: revolução ou golpe? 180

A guerra civil (1918-1921) 181

Economia aberta, política fechada 184

A Nova Política Econômica 186

As lutas políticas na década de 1920 189

Por que Stalin venceu? 193

SOB STALIN	197
A arrancada dos primeiros planos quinquenais	197
O porão	201
Os Grandes Expurgos de 1935-1938	201
A Segunda Guerra Mundial	202
Os caminhos da guerra	203
O pós-guerra	210
O antissemitismo	211
O stalinismo em revista	214
Os filhos da rua Arbat	215
ACOMODAÇÃO DO SISTEMA	217
O discurso	218
O degelo cultural	220
Coexistência pacífica?	220
O período Brezhnev	227
Padrão de vida em alta, economia em baixa	230
O apogeu do poder internacional	232
O FIM DA URSS	235
As fases da Perestroica	238
A boca aberta	242
Antigos heróis caem nas ruas e nos livros	243
OS RUSSOS EMBARCAM NO CAPITALISMO	247
Os oligarcas cobram seu preço	249
Século XXI: a volta da potência?	251
A era Putin	253

OS RUSSOS E O BRASIL	257
Os imigrantes russos no Brasil	262
Prestes e a atração da vermelha URSS	266
E os russos, conhecem o Brasil?	267
CONCLUSÃO	269
CRONOLOGIA	273
BIBLIOGRAFIA	279
ICONOGRAFIA	281
O AUTOR	283

APRESENTAÇÃO

Dizem que italianos e argentinos são dramáticos, americanos muito práticos, suíços sempre pontuais e japoneses trabalhadores. São generalizações não comprovadas cientificamente, mas características perceptíveis em importantes parcelas desses povos. Os russos, por sua vez, são conhecidos como trágicos. Teriam boas razões para isso. Só na Primeira Grande Guerra (1914-1918) morreram quase 2 milhões de russos. Já na Segunda Guerra Mundial acredita-se que o número tenha chegado a 25 milhões, dos quais dois terços de civis! Além das guerras externas, os russos foram vítimas de seus próprios líderes. Os czares mantiveram a instituição da servidão dos camponeses até 1861 e não se destacavam pelo espírito democrático, tanto que o fim do regime czarista foi festejado por grandes setores da sociedade russa e quase no mundo todo como uma revolução libertadora. Contudo, depois de Lenin, o regime comunista acabou conduzindo à liderança um homem provinciano e paranoico, Stalin, que se voltava contra médicos, escritores, camponeses, judeus e principalmente companheiros revolucionários, todos trucidados por sua ordem, como foi exaustivamente comprovado pela História.

O fim do comunismo trouxe um período de desânimo e insegurança, de desmantelamento de estruturas políticas, sociais e econômicas solidamente estabelecidas, mas graças à tenacidade do povo russo, acostumado a lidar com adversidades (mas também graças ao petróleo, ao ouro e às armas, dos quais a Rússia é importante exportadora), o país se reergueu e voltou a ser um protagonista importante, tanto na política internacional, quanto no esporte e na área cultural.

A história do hino russo é exemplar dessa intersecção entre política, cultura e esporte. Até o final do período imperial, executava-se nas cerimônias oficiais o hino czarista, que, com a Revolução de 1917, foi eliminado das solenidades. Durante alguns meses, entre fevereiro e outubro de 1917, tocava-se simplesmente a Marselhesa (com uma letra alterada), como símbolo da vitória da burguesia sobre o Antigo Regime. Já com a ascensão dos bolcheviques (na crença de que a revolução havia se dado na Rússia, mas não era russa, e sim a vanguarda de uma revolução socialista de caráter internacional), passou-se a tocar exatamente a Internacional Socialista. Apenas em 1944, com o nacionalismo (ou o "socialismo em um único país", sua versão oficial) decorrente da guerra, adotou-se um novo hino nacional, de grande beleza musical. Com o xx Congresso do Partido Comunista de 1956 e a revelação dos crimes stalinistas por Khrushchev, o nome do ex-líder saiu da letra do hino. Já com o fim do comunismo, julgou-se adequado mudar de hino de uma vez por todas e utilizar um novo. Só que este não pegou. Alegava-se que os esportistas russos não se sentiam motivados por ele... Dessa forma, uma vez mais, em 2000, voltou o antigo hino, ainda que, uma vez mais, com a letra modificada. E assim é utilizado até hoje.

Esses são os russos. Este livro traz muitas informações a respeito deste povo que é formado de muitos povos, desta nação composta por muitas nações, desta cultura, resultante de numerosas culturas. Escrito por um historiador brasileiro que viveu e estudou na Rússia, proporciona um contato com uma história fascinante e uma cultura muito rica.

Boa leitura.

Os Editores

INTRODUÇÃO

Eles moram no maior país do planeta: a Rússia. Um país avassalador, sem fim. Presença garantida em qualquer livro de História ou Geografia mundial. Se o Brasil, com seus 8,5 milhões de km², representa sozinho metade da América do Sul, a Rússia, com seus cerca de 17 milhões de km², abrigaria dois desses Brasis gigantescos. A antiga União Soviética – assim como o Império Czarista – ocupava assombrosos 22,4 milhões de km². Ou seja, quase um sexto de toda a superfície terrestre.

Mas quem são os habitantes desse gigante? Em russo há duas palavras diferentes: *russkii* e *rossiyanin* (no plural, respectivamente, *russkie* e *rossiyane*). *Russkii* é o russo étnico, aquele que é filho de pai ou mãe russa. *Rossiyanin* é qualquer pessoa que nasce e vive na Rússia (cidadão da Rússia por nascimento ou vivência), mas não necessariamente russo étnico. Essa diferenciação reflete o modo como a nacionalidade é definida na Rússia: pelo *jus sanguinis* ("direito do sangue"), enquanto no Brasil temos o *jus soli* (ou princípio do "direito do solo"). O conceito do *jus sanguinis* eterniza as diferenças étnicas no país, fazendo com que na Rússia haja dezenas de nacionalidades há séculos, mantendo suas próprias culturas distintas. Tal situação cria, a um só tempo, grande riqueza étnica e um problema especial para nosso livro: afinal, de quem vamos tratar aqui? Esta obra abordará ambos. Isso significa que o leitor entrará em contato com uma diversidade de culturas maior do que esperava ao ler uma obra sobre o que é tipicamente russo.

O papel da Rússia e o peso dos russos no mundo certamente extrapolam essa ampla diversidade interna. Afinal, esse país por séculos foi, ao menos, uma grande potência (na época czarista) e chegou a ser um dos dois únicos na Terra a terem o *status* de superpotência em qualquer época (como União Soviética). Um fato pouco lembrado, aliás, é que até hoje o arsenal nuclear russo é, em termos de número de ogivas nucleares, o maior do mundo.

Além disso, o país tem uma riqueza mineral inigualável, pois possui praticamente todos os principais recursos naturais: desde os mais conhecidos, como petróleo, diamante, ouro, prata, gás natural, carvão, urânio e ferro, até os recursos menos comuns, como cobre, zinco, alumínio, tungstênio, molibdênio, nióbio, magnésio e barita. Isso ajudou a assegurar a subsistência dos russos em épocas de grandes crises econômicas, como a grande depressão pós-soviética nos anos 1990 ou nas primeiras décadas do regime soviético.

Momentos delicados, por sinal, não faltaram para os russos. As dificuldades econômicas das classes menos favorecidas na Rússia czarista, a repressão política na URSS, as desigualdades geradas pela volta ao capitalismo na Federação Russa atual formam um lado negativo da experiência russa que precisa ser estudado e incorporado na avaliação da totalidade da vivência do país. Dedico parte importante do livro aos rumos históricos desse país e do seu povo. Desde sua formação até os reinados dos czares chegando à maior revolução que o mundo viu no século XX. Depois de passar mais de sete décadas em regime comunista, o impacto da chegada do capitalismo transformou a vida dos cidadãos. Tratarei disso, mas também explorarei a "alma russa": como eles são no dia a dia, o que leem, como leem, como se divertem, as peculiaridades na culinária. E, sem dúvida, destaco algumas áreas em que a Rússia é lembrada mundialmente, como literatura, teatro, dança, música e artes, exemplificadas por figuras tão diferentes quanto os escritores Dostoievski e Tolstoi, os músicos Stravinsky, Rostropovich e Tchaikovsky, os poetas Pushkin e Maiakovski, o dramaturgo Tchekhov e o astronauta Gagarin. Fecho o livro com a relação da Rússia com o Brasil. Se o intercâmbio ainda é modesto, algumas contribuições notáveis – como os músicos russos que abrilhantam a Osesp (Orquestra Sinfônica do Estado de São Paulo) – já mostram o potencial desses dois gigantes.

Morei muitos anos na Rússia. Primeiro quando cursei o mestrado no Instituto Pushkin de Moscou, ainda nos tempos da União Soviética. Depois por períodos de longa duração de pesquisa nos arquivos da Rússia pós-soviética como historiador especializado naquela região do mundo. O relato deste livro é fruto, então, não apenas das leituras acadêmicas, como também da vivência e contato pessoal com os russos, em seu ambiente.

Convido o leitor a me acompanhar nesta viagem pelas entranhas da Rússia e de seus habitantes.

QUEM SÃO OS RUSSOS?

Quem são os russos? Esta é uma pergunta mais difícil de responder do que parece a princípio. Como já mencionado, na língua russa há duas palavras para "russo": uma se refere ao russo étnico, filho de pai ou mãe russa. E a outra está associada aos nascidos em território russo. Essa diferenciação está relacionada à forma como a nacionalidade é definida lá. Enquanto aqui é brasileiro quem nasce no Brasil, na Rússia, a nacionalidade é definida pelo sangue. Assim, o filho de um casal de imigrantes japoneses no Brasil, de primeira geração, é considerado imediatamente de nacionalidade brasileira. Já o filho de um casal imigrante japonês nascido na Rússia seria considerado de nacionalidade japonesa e não russa. Ou seja, o conceito do *jus sanguinis* eterniza as diferenças étnicas no país.

Um exemplo concreto. Quando cursava meu mestrado na URSS, na época da Perestroica, eu tinha um amigo que sempre considerei russo (*russkii*). Depois descobri que ele era, por nacionalidade, alemão. Apesar de ter nascido na Rússia e nunca ter pisado na Alemanha, sua nacionalidade foi definida pelos ascendentes. E sua descendência será também sempre alemã (a não ser que ele se case com uma russa étnica e prefiram dar aos filhos a nacionalidade da mãe).

Naquela altura da Perestroica (1989-1990) haviam começado a pipocar vários conflitos interétnicos na URSS (armênios *vs.* azerbaijanos, uzbeques *vs.* quirguizes etc.). Intrigado por esse princípio de *jus sanguinis*, que eterniza as diferenças entre nacionalidades na Rússia, eu perguntei a este meu amigo "alemão": "Escute, este sistema de vocês não gera estas tensões interétnicas? Afinal, no Brasil, por exemplo, todo mundo acaba virando brasileiro e ninguém nem sabe direito de onde a família do outro veio originalmente". Ao que ele me respondeu com outra pergunta: "Escuta, se você e sua esposa brasileira emigrarem para a Austrália e seu filho nascer lá, ele será australiano?" Eu respondi: "Sim, é claro". Ao que ele retrucou: "Mas você não vai manter viva sua cultura brasileira?" Aí me dei conta de que o mais importante para eles é a *cultura* (e não o sangue biológico em si, que é igual em todos os seres humanos). Para eles, o que vale para determinar a nacionalidade é a preservação da cultura: o local onde você nasce é mero acidente. "Suponha que você e sua esposa em viagem façam uma escala

16 | Os russos

aérea em Timbuktu na África e seu filho nasça lá: ele vai ser malinês e não brasileiro apenas por isso?", arrematou meu amigo "alemão".

Esta ênfase na cultura, na preservação do modo de vida de um povo, é central para os russos. Para nós, brasileiros, que já nascemos em um "caldeirão misturado" talvez seja difícil compreender tal perspectiva. A situação mais próxima que temos é a de índios nativos do Brasil que se consideram uma nação separada. Na Rússia, cada etnia se considera uma nação, ou nacionalidade, separada (todas compartilhando, é claro, a mesma cidadania da Rússia e direitos políticos inerentes).

Em suma, quando falamos da Rússia, estamos falando de dezenas de culturas diferentes compartilhando um mesmo espaço e interagindo. A que nacionalidades nos referimos? O primeiro passo para entender este mundo intricado é observar o mapa da antiga União Soviética (p. 17). Pelo mapa, podemos ver que a União Soviética era composta de quinze repúblicas constitutivas: as três eslavas (Rússia, Ucrânia e Bielo-Rússia), as três do mar Báltico (Estônia, Lituânia e Letônia), as três separadas da Rússia pela cadeia de montanhas do Cáucaso (Geórgia, Armênia e Azerbaijão), a Moldova e as cinco repúblicas islâmicas da Ásia central (Cazaquistão, Uzbequistão, Turcomenistão, Tadjiquistão e Quirguistão). Somente aqui temos, então, as chamadas 15 nacionalidades titulares (ou principais) de cada república constituinte da URSS. O problema é que dentro de cada uma dessas repúblicas reproduzem-se dezenas de outras nacionalidades (e subnacionalidades) menos numerosas, como esquimós, alemães, coreanos, chechenos, judeus, ossetas etc. E praticamente todas essas nacionalidades têm representantes na Rússia atual, em pé de igualdade em termos de direitos jurídicos de cidadania, mas diferindo enormemente em termos de cultura, modo de vida e hábitos.

Essa variedade pode ser mais bem compreendida se integrada com um estudo mais detalhado da geografia do país, que é o assunto do próximo capítulo. Antes, porém, gostaria de relatar um episódio exemplar do olhar brasileiro sobre os russos. No último ano da existência da URSS, um professor correu uma pesquisa entre alunos estrangeiros pedindo para listar as características mais marcantes dos russos (*russkie*). As cinco características mais citadas entre os brasileiros foram as seguintes: 1) introvertidos; 2) gregários 3) intelectuais; 4) ligados à natureza; 5) brutos. A pesquisa visava apenas colher impressões, não tinha metodologia científica. Mas os resultados iluminam aspectos da vida russa.

A primeira característica – *introvertidos* – foi citada por brasileiros, mas não pelos alunos europeus, por exemplo. Talvez simbolize um pouco da diferença da cultura brasileira e da russa. Os brasileiros (e quanto mais para o norte no Brasil mais essa característica vai se acentuando) costumam ser bastante expansivos e comunicativos.

Quem são os russos? | 17

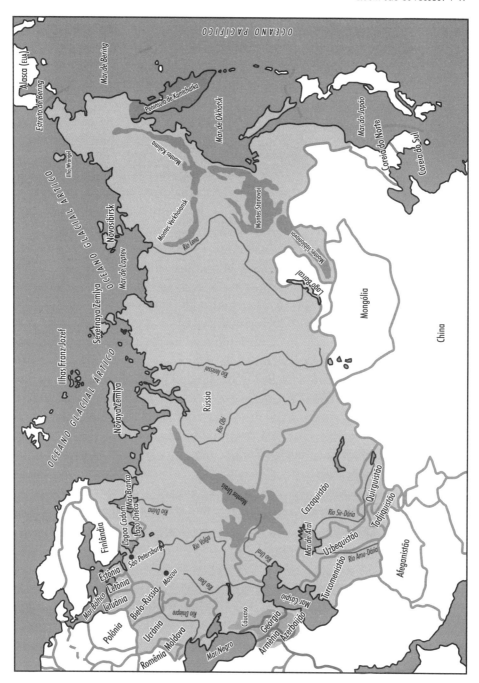

Mapa dos países da antiga União Soviética.

Um carioca, acostumado no Rio de Janeiro a falar e ter contato fácil com estranhos na rua, em Moscou achará o russo fechado ao primeiro encontro, pois os contatos com estranhos não acontecem tão facilmente assim. Em geral, os russos são aceitos no grupo ao serem introduzidos por terceiros conhecidos comuns. Mas, uma vez que os russos considerem uma pessoa amiga, tornam-se amigos muito confiáveis. Nesse ponto, Moscou e Rio de Janeiro têm padrões opostos. Muitas vezes, estrangeiros no Rio de Janeiro ficam maravilhados com a facilidade de fazer um primeiro contato, mas decepcionados ao ver que isso não resulta em uma amizade profunda.

A segunda característica – *gregários* – é uma consequência da própria história russa. Num país onde o coletivismo sempre esteve presente (exacerbado enormemente pela experiência socialista soviética), os russos têm um forte espírito de grupo. O aspecto de ajuda mútua aos amigos foi um lado que se desenvolveu muito no período soviético. Há também um elemento de "classe" nesse aspecto. No período soviético, uma época em que ocasionalmente faltavam vários produtos, a ajuda mútua entre amigos era uma das estratégias de sobrevivência utilizadas para superar dificuldades. Isso me lembrava o Brasil, onde as classes baixas e pobres costumam se ajudar mais umas às outras ("açúcar para o vizinho agora, para ele emprestar o sal depois" etc.) que as classes abastadas.

A terceira característica – *intelectuais* (ou seja, ligados à cultura) – pode estar relacionada tanto com a primeira mencionada, *introvertidos*, quanto com o clima frio, associado ao ensimesmar-se, ao voltar-se ao mundo interior da mente. É fato que os russos, em especial durante o período soviético (em que livros e jornais tinham preços muito baratos), eram um dos povos que mais liam. Se no Rio de Janeiro os cariocas em filas conversam uns com os outros, na URSS as pessoas leem nas filas, nos ônibus, no metrô e em qualquer lugar público. Uma vez brinquei com um amigo que eu lia com mais tranquilidade no metrô moscovita (onde a maioria das pessoas estava lendo ou em silêncio) do que na biblioteca da minha universidade no Brasil, onde no grande salão de leitura eram comuns as conversas em voz alta entre os grupos de alunos.

A quarta característica – *ligados à natureza* – é uma consequência das condições geográficas que vão ser exploradas no próximo capítulo. Grande parte da região da Rússia central se encontra na taiga, a maior concentração de florestas do mundo. Moscou e muitas cidades russas foram construídas literalmente no meio de florestas, o que, juntamente com o planejamento urbano, as leva a ter uma das maiores concentrações de parques e florestas urbanas em comparação com qualquer outro país. Os russos, desde cedo, costumam acampar, ter *dacha* (casa de campo) onde cultivam hortaliças. O intenso contato com a natureza por parte dos russos fazia com que eu fosse conhecido como um *gorodskoi paren'* (um gajo urbano) entre meus amigos russos, pois eu

Os russos convivem com um inverno rigoroso. Mesmo que os belos parques da capital continuem a ser frequentados no frio, o clima contribui, segundo algumas teorias, para que o povo seja introvertido e voltado ao seu mundo interior.

não sabia acender fogueira nem fazer acampamento. Uma das minhas experiências mais sublimes na União Soviética ocorreu certa vez em que fui acampar no inverno (gelado!) com amigos (sim, se acampa até no inverno lá!) e ao caminharmos pela floresta com temperaturas abaixo de zero, ouvi sons de toc-toc-toc como se houvesse um imenso pica-pau na floresta bicando as árvores. Qual não foi minha surpresa ao ver um homem sozinho, no meio da floresta gelada, cortando árvores para construir, ele mesmo, sua *dacha*. Senti-me de volta na época dos pioneiros! Em tempo, essas casas de campo eram erguidas em terrenos que o governo dava a quem quisesse construir e plantar hortaliças para incrementar a produção alimentar familiar. Estavam mais para as casas que pessoas pobres ou de classe média baixa constroem com seus próprios esforços no Brasil que para uma casa de campo luxuosa brasileira.

A quinta característica mais votada – *brutos* – nas discussões posteriores se revelou ligada a dois fatores. Politicamente, estrangeiros viam o Império Czarista e a União Soviética como imperialistas, subjugando seus conquistados e satélites. Além disso, foi muito citado que no espaço público os russos empurravam as pessoas, não pediam desculpas e as vendedoras soviéticas tratavam mal os clientes nas lojas, chegando a gritar com eles. Sobre a parte histórica, falaremos adiante. Sobre o dia a dia, acredito que o fato de a pesquisa ter sido realizada na capital pode ter influenciado o resultado. Moscou é uma metrópole, anônima e, realmente, no metrô o pedestre moscovita é mais selvagem que o motorista brasileiro no trânsito de carro. Mas não será essa uma característica das grandes cidades com transportes públicos entupidos? Lembro-me de que eu mesmo me assustei com a primeira vez na hora do *rush* do metrô em São Paulo, tal a quantidade de gente se amontoando para cá e para lá e o anonimato que vem embutido em qualquer megalópole. Finalmente, os destratos aos clientes nas antigas lojas soviéticas ou nas repartições públicas russas seriam assim tão piores do que aqueles encarados por um brasileiro na fila de INSS para conseguir vaga em hospital público? Parece-me que as diversas nações têm seus subsolos "negativos" que precisam ser mostrados sim, mas sem perder a perspectiva mais geral.

Impressões e comparações foram uma constante em minhas longas estadas tanto na URSS quanto na Federação Russa. Descrições impressionistas não são científicas, mas são humanas. Aqui e ali, ao longo deste livro, deixarei escapar quadros de pequenos episódios que aconteceram comigo e que talvez possam ajudar a iluminar e ilustrar algumas facetas das vidas dos russos.

Dito isso, passemos a uma descrição do que é a Rússia em termos físicos.

 # O MAIOR PAÍS DO MUNDO

Quando olhamos o mapa da Rússia, a primeira coisa que salta aos olhos, além do tamanho gigantesco do país, é que ele é tanto europeu quanto asiático. Na verdade, é ao mesmo tempo o maior país da Europa e o maior país da Ásia. Isso cria uma dificuldade para classificar os russos: afinal, eles são europeus, asiáticos, uma mistura dos dois, ou nenhum dos dois (formando, talvez, uma civilização única no mundo)? E essa não é apenas a dificuldade de estrangeiros tentando classificá-los. Essa crise de identidade entre Europa e Ásia, Ocidente e Oriente tem dividido os russos através dos séculos e se consolidou nos debates acirrados entre as escolas de pensamento dos *ocidentalistas, eslavófilos* e *eurasianistas*. Os primeiros consideram os russos basicamente europeus e ocidentais, os segundos consideram a Rússia como uma civilização única, nem europeia nem asiática, e os terceiros consideram-na uma civilização eurasiana, tendo elementos dos dois lados, como veremos no capítulo "A Rússia e o Ocidente".

Aos nos concentrarmos na geografia física, podemos afirmar que, dos mais de 17 milhões de km² da Rússia, cerca de 23% (ou 3,9 milhões de km²) situam-se na Europa e 77% (13,1 milhões de km²) na Ásia. Ou seja, a maior parte da Rússia está na Ásia. Já com a povoação ocorre o contrário: apenas 25% de sua população está na parte asiática.

Os montes Urais formam a fronteira entre a parte europeia e asiática da Rússia. A porção asiática é chamada de Sibéria. Atenção, leitores: Sibéria não é, como pensam boa parte dos brasileiros, um lugar isolado, gelado no extremo norte da Rússia. A Sibéria constitui todo o imenso território asiático do país, cobrindo não apenas as partes geladas no norte, mas também desertos quentíssimos ao sul. É uma situação análoga com a da Amazônia no Brasil: alguns consideram uma região norte longínqua coberta de floresta, quando na verdade ela ocupa mais da metade (61%) do território nacional.

Os dados geográficos da Rússia impressionam. Seu território comporta nove fusos horários diferentes.[1] Sua parte menor, a europeia, ocupa 40% daquele continente. O país é o maior produtor mundial de minerais, madeira e energia como um todo. Tem a maior reserva de florestas do mundo, superando o tamanho da Amazônia (mas ocupando o segundo lugar, após a Amazônia, no quesito de absorção de dióxido de carbono da atmosfera).

Como se formou este país tão imenso? Aqui é importante observar que a origem da civilização russa não está na Rússia atual, mas sim na Ucrânia: foi o chamado Estado kievano (ou Rus'), que existiu do século IX ao XIII. Naquela época não havia ainda a diferenciação entre grão-russos (os russos atuais), pequeno-russos (ucranianos) e russos brancos (bielo-russos), que formavam o grupo dos eslavos orientais. Rus' era uma florescente confederação de cidades-Estados com vassalagem ao Grande Príncipe da cidade de Kiev (atual capital da Ucrânia). Entretanto, em parte até devido à pouca união e centralização entre suas partes constitutivas, não foi capaz de resistir à invasão dos descendentes de Gengis Cã, e essas terras, então, ficaram sob jugo mongol dos séculos XIII ao XV. O jugo mongol, ao destruir a autoridade central de Kiev e dispersar os eslavos, abriu caminho para o aparecimento de russos, ucranianos e bielo-russos como povos separados. A partir do século XV, a cidade de Moscou liderou a rebelião contra os mongóis e unificou os eslavos, agora sob um império altamente centralizado. A formação deste império se daria por partes, entre os séculos XVI e XIX. Ivan III, o Grande, acabaria definitivamente com o jugo mongol em 1480. O primeiro czar, Ivan IV, o Terrível, inicia a construção do Império Russo ao conquistar novos territórios. Com a conquista dos canados (reinos mongóis) de Kazan (1552) e Astrakhan (1556), ele passa a dominar o rio Volga. A conquista do canado de Kazan é geralmente considerada o início da construção do Império Russo, pois marca a primeira expansão de Moscou para além dos territórios tradicionalmente eslavos. No século XVII houve a expansão para o leste, na Sibéria, e até o rio Dniepre. No século XVIII, Pedro, o Grande (r. 1682-1725), levou as fronteiras ao norte até o mar Báltico (alcançando finalmente uma saída para os oceanos) enquanto Catarina II, a Grande (r. 1762-1796), conquistou a Crimeia ao sul (chegando ao mar Negro). No século XIX houve a incorporação da Geórgia (1801), Finlândia (1809), das montanhas do Cáucaso ao sul e da Ásia central muçulmana, completando a construção do Império Czarista. A URSS não adicionaria novos territórios e a Finlândia conquistaria sua independência em 1918. Com o final da URSS em 1991, suas 15 repúblicas constitutivas se tornaram países independentes. Doze delas (exceto as três do mar Báltico: Estônia, Letônia e Lituânia) formaram a CEI (Comunidade dos Estados Independentes), que almeja ser uma espécie de Mercado Comum para obter vantagens econômicas integrativas.

A partir desse quadro histórico, que será detalhado em capítulos posteriores, podemos montar um mosaico das nacionalidades que se aglutinaram dentro do Império

As montanhas do Cáucaso separam a Rússia da Geórgia, Armênia e Azerbaijão.
Ex-repúblicas soviéticas, seguem agora como países independentes.
Geórgia é a terra natal de Stalin.

Russo e da URSS. O cerne é formado pelas três nacionalidades eslavas (russos, ucranianos e bielo-russos). As três seguem o cristianismo ortodoxo, que tem suas origens em Bizâncio, e não em Roma.

A expansão para o norte do Império Russo incorporaria os três países do mar Báltico (Estônia, Letônia e Lituânia). Quando da tomada do poder pelos bolcheviques, os três países conseguiram manter sua autonomia entre a Primeira e a Segunda Guerra Mundial. Mas foram reincorporados durante o conflito e por isso foram dos mais inconformados dentro da URSS e os primeiros a declararem sua independência dela no final da Perestroica. A principal religião na Estônia e na Letônia é o protestantismo (especialmente calvinismo), enquanto na Lituânia a maior religião (como na Polônia) é o catolicismo. A religião ortodoxa aparece entre os descendentes de russos

24 | Os russos

que lá habitam. Os três países bálticos têm muito em comum culturalmente, mas os lituanos e letões estão mais próximos entre si que dos estonianos. Isso porque a língua estoniana é do ramo fino-úgrico (como o finlandês) da família linguística uraliana, enquanto o lituano e o letão são as únicas línguas bálticas remanescentes na família indo-europeia (família a que pertence a maioria dos idiomas dos países europeus).

Atravessando a cadeia de montanhas do Cáucaso, encontramos as três ex-repúblicas soviéticas transcaucasianas, bastante ensolaradas e mais quentes: Geórgia, Armênia e Azerbaijão. A Geórgia e a Armênia são cristãs, ao passo que o Azerbaijão é muçulmano. A Geórgia segue a religião ortodoxa, sendo que a Igreja Ortodoxa Georgiana é auto-céfala (isto é, independente, não tendo que se reportar hierarquicamente a nenhuma autoridade superior).[2] Já a Igreja Armênia pertence às chamadas Igrejas Ortodoxas Orientais Antigas ou Igrejas não Calcedonianas, que, por discordâncias eclesiásticas (aceitavam a autoridade apenas dos três primeiros concílios ecumênicos de Niceia, Constantinopla e Éfeso), não fazem parte da Igreja Ortodoxa.

A Moldávia soviética tem origens históricas comuns com a Romênia. Sua língua é praticamente idêntica à daquele país e existe um movimento que prega a união entre Moldova (nome atual oficial da Moldávia) e Romênia. A religião principal é a orto-doxa, mas refletindo o grande debate entre a identidade romena ou não de Moldova, existem duas igrejas ortodoxas no país: a Igreja Ortodoxa Moldava, subordinada à jurisdição da Igreja Ortodoxa Russa, e a Igreja Ortodoxa da Bessarábia, subordinada à Igreja Ortodoxa da Romênia.

Finalmente, o último grande grupo de ex-repúblicas soviéticas e parte do Império Russo são as antigas cinco repúblicas soviéticas da Ásia central: Cazaquistão, Uzbequis-tão, Turcomenistão, Tadjiquistão e Quirguistão. São todas islâmicas. Sua islamização foi resultado dos choques e inter-relações entre os grandes impérios e nações islâmicas de origem árabe, turca e mongol que por séculos ocorreram na Ásia central.

As 15 ex-repúblicas soviéticas citadas são hoje países independentes, mas suas nacio-nalidades predominantes existem também dentro da Rússia atual, que comporta ainda cerca de uma centena de outras nacionalidades, subnacionalidades e grupos étnicos.

Dos cerca de 147 milhões de habitantes da Federação Russa atual, 80,58% são russos étnicos (*russkie*), seguidos dos tártaros (3,98%), chuvaches (1,26%), povos do Daguestão (1,45%), bashkirs (1,01%), bielo-russos (0,79%), mordovos (0,70%), chechenos (0,74%) e alemães (0,4%).

Fora os russos, o segundo maior grupo de nacionalidades indígenas da Rússia é formado pelos povos da bacia do rio Volga e dos montes Urais (cerca de 8% da popu-lação): tártaros, bashkirs, calmucos, komis, maris, mordovos, urdmurtes e chuvaches. Os tártaros (segunda maior nacionalidade da Federação Russa) se destacam formando sozinhos quase metade deste grupo. Tártaros e bashkirs são muçulmanos, os calmucos são budistas e o restante do grupo é de religião ortodoxa.

Os povos do norte da cadeia de montanhas do Cáucaso formam outro grupo de nacionalidades da Rússia: chechenos, abazas, adigueses, balcares, inguches, cabardinos, carachaios, ossetas, cherquesses, e os povos do Daguestão (avares, aguís, darguínicos, cumicos, laks, lezguianos, nogais, rutuls, tabassarães e tsakhurs) constituem pouco menos de 3% da população. Todos são muçulmanos (exceto os ossetas, cuja maioria é cristã).

Os povos da Sibéria e do extremo norte (buriatas, altai, tuvanos, caçasses, shors, iacutos, e uma série de outras pequenas etnias) são responsáveis por 0,6% da população. Os buriatas e tuvanos são budistas; os outros professam a religião ortodoxa.

A distribuição da população pela Rússia não é homogênea. Assim, há muitas (dezenas) regiões periféricas que são habitadas majoritariamente por membros das nacionalidades menores. Isto, associado ao fato já mencionado de que as culturas nacionais são preservadas integralmente através do princípio do *jus sanguinis*, significa que a Federação Russa é formada por várias "ilhas" encravadas de nacionalidades diferentes. Isso é uma riqueza cultural, mas também exibe potencial para problemas separatistas, como vemos no caso da Chechênia, que iniciou uma guerra pela sua independência da Rússia em 1994. Até hoje, no entanto, se mantém parte dela.

A proporção de russos entre as cerca de 180 nacionalidades da antiga União Soviética era menor: 50,8% em 1990. As outras nacionalidades mais numerosas eram: ucranianos (15,4%), uzbeques (5,8%), bielo-russos (3,5%) e cazaques (2,8%).

Interessante notar a diferença imensa no aspecto religioso. No último ano da União Soviética, os ateus eram 60% de sua população, os cristãos ortodoxos 20% e os muçulmanos, 15%. Já na Federação Russa atual 70% da população se considera ortodoxa, 6% são muçulmanos, 12% ateus e menos de 1% se considera budistas, católicos, protestantes ou judeus. Os russos aprenderam a acreditar em Deus em massa nos últimos vinte anos! Veremos como e por que no capítulo "As origens e a cristanização".

SOLO E VEGETAÇÃO

Uma característica importante da Rússia (e antiga União Soviética) é que ela é, em sua maior parte, formada por uma gigantesca planície da Europa Oriental até o oceano Pacífico (formalmente são duas planícies: a Planície Europeia Oriental, na Europa, e a

Planície Siberiana Ocidental, na Ásia, separadas pela cadeia de baixas montanhas dos Urais). As cadeias de montanhas altas (Cárpatos, Cáucaso, Pamir e outras) se localizam nas regiões fronteiriças. Essa facilidade de locomoção (ajudada por uma rede de rios, como o Volga, o Dniestre, o Don, o Dniepre), sem grandes barreiras internas, foi uma faca de dois gumes na história: facilitou tanto a expansão do Império Russo quanto as invasões e migrações estrangeiras pela Rússia. Muitos analistas observam que as preocupações históricas dos russos com segurança têm muito a ver com esse fator. Ele explica também, em grande parte, por que a Rússia expandiu-se tão naturalmente para a formação de um império continental em vez de um império ultramarino, como o britânico.

Há cinco grandes zonas de clima e vegetação na Rússia que se distribuem no sentido norte-sul: a tundra, a taiga (zona de florestas), a estepe (zona de planícies com vegetação gramínea), a zona árida e a de montanhas. No extremo norte, a tundra é uma planície pouco habitada, sem árvores, com grande parte da superfície congelada e muitos pântanos. Abaixo dela vem a taiga, a maior área de florestas do mundo, formada em grande parte de árvores coníferas ao norte e mista mais ao sul. Cobre a maior parte da Rússia. Sua porção setentrional é pouco apropriada à agricultura, enquanto sua porção meridional (as terras "marrons") é razoavelmente agriculturável. Mas é mais ao sul, na planície gramada, com menos árvores, que se encontram as chamadas "terras negras", o solo mais fértil de toda a Rússia. Ao leste do mar Cáspio, se inicia gradualmente a área de terras áridas, semidesérticas e desérticas. Finalmente, no sul, temos a Crimeia e a região das montanhas do Cáucaso (onde se encontram Geórgia, Armênia e Azerbaijão, além de regiões como a Chechênia), bastante ensolaradas e quentes.

Várias explicações para os desenvolvimentos históricos russos se baseiam em certos fatores geográficos e climáticos. Algumas escolas nacionalistas russas veem o desenvolvimento do país como resultado do choque entre habitantes das florestas (taiga) e das estepes gramadas. A escola eurasianista, em vez de um choque, vê a formação da Rússia como uma fusão dos elementos europeus (eslavos, das florestas, da taiga, sedentários) com os elementos asiáticos (turco/mongólicos, os nômades "cavaleiros das estepes").

O clima da Rússia é continental, ou seja, tem extremos de calor e frio. Os invernos são longos e não há espanto em ver neve pelas ruas por seis meses seguidos. Já os verões costumam ter temperaturas amenas, como uma primavera brasileira. Entretanto, os últimos anos da primeira década do século XXI foram com invernos bem mais curtos e menos frios. Um caso exemplar de aquecimento global? Julho de 2010, por exemplo, foi considerado o verão mais quente da Rússia desde que, 130 anos antes, se iniciaram as medições meteorológicas da temperatura. Foi um verão com temperaturas sempre acima de 30°C, na maior parte das vezes variando ao redor de 35° em regiões centrais, como Moscou, com picos de 40°.

Com seu território continental de 17 milhões de km², a Rússia apresenta cinco grandes zonas de clima e vegetação. A tundra, no extremo norte, apresenta muitos pântanos. Já a taiga, logo abaixo, é a maior zona de florestas do mundo.

UMA VISÃO TURÍSTICA

A extrema variedade humana e geográfica faz com que a Rússia seja um paraíso turístico. A lista de atrativos é imensa. Um bom começo é a visita aos dois grandes centros metropolitanos (Moscou e São Petersburgo), a uma das cidades históricas famosas, a algum vilarejo bem pequeno para conhecer as famosas *izby* (cabanas típicas camponesas), a alguma *dacha* (casa de campo) russa, e a alguma região da Sibéria (por exemplo, o lago Baikal) para conhecer diferentes aspectos do país e do povo.

Moscou

Capital da Rússia, Moscou é sua maior cidade e conta atualmente com 10,6 milhões de habitantes. Pode ser considerada o centro do país também em outro sentido. Enquanto São Petersburgo foi construída por Pedro, o Grande, para ser uma "janela para o Ocidente", refletindo um estilo mais ocidental, Moscou é uma cidade mais tipicamente russa, refletindo influências tanto do Ocidente quanto do Oriente em sua arquitetura e mesmo no modo de vida das pessoas.

Moscou foi construída em densa zona de florestas (taiga) e por isso até hoje tem imensos parques, recortes florestais e vegetação dentro de si. O fato de no período soviético o crescimento urbano ser totalmente planejado e controlado em muito contribuiu para esta preservação. Seria como se tivéssemos um Rio de Janeiro com várias florestas da Tijuca ou Nova York com mais de um Central Park. Em parques como Bitsevski, Colinas Vorov'evy, Kolomenskoe, Sokol'niki e muitos outros, os moscovitas fazem caminhadas pela floresta, piquenique, nadam em seus lagos e outras atividades de natureza rural na própria cidade.

Outra característica de Moscou é que grande parte de seus sítios e edifícios históricos se encontram mais perto do centro. Eles refletem a preservação da Rússia das idades mais antigas, inclusive a czarista. Por sua vez, os bairros da área periférica são caracterizados por *novostroiki* ("Novas Construções"), grandes grupos de conjuntos habitacionais de estilo contemporâneo feitos em massa para resolver o problema do déficit habitacional pós-Segunda Guerra Mundial. Essas construções lembram as quadras de Brasília, com seus grupos de edifícios retangulares permeados de jardins, gramados, lojas e escolas de maneira planejada. Críticos de gosto artístico mais exigente comparam-nas aos *banlieux* (subúrbios) franceses, com seus frios conjuntos habitacionais para a população mais desfavorecida. Defensores dizem que ajudaram a diminuir o déficit habitacional do país.

A arquitetura soviética foi marcada pelas *novostroiki* ("Novas Construções") após a Segunda Guerra Mundial. Conjuntos habitacionais de estilo contemporâneo, esses prédios são criticados pelos que apreciam as construções históricas do centro de Moscou.

Esse esquema tradicional do centro mais histórico e da periferia com *novostroiki* tem sofrido modificação nos tempos pós-soviéticos com a introdução de diferentes tipos de arquitetura e de prédios modernos, do tipo ocidental, pelas construtoras comerciais.

Uma visita a Moscou tradicionalmente se inicia em seus dois maiores símbolos: o Kremlin e a Praça Vermelha, que se encontram lado a lado. Kremlin, ao contrário do que habitualmente se pensa, não é uma construção específica de Moscou. Em russo, *Kremlin* refere-se a um tipo de fortificação (paliçada, muro de pedras) que protege alguma parte interna das cidades russas. Ou seja, historicamente houve e há diversos kremlins em várias cidades russas (como o kremlin de Kazan, Novigorod), alguns anteriores ao de Moscou. Outra concepção errônea é a da origem do nome

A primeira imagem que vem à cabeça quando se pensa em Rússia é a da Praça Vermelha. Palco de conflitos armados, de tomada e defesa de poder, é também um chamariz aos turistas do mundo inteiro.

"Praça Vermelha", em russo *Krasnaya Ploshad'*. A palavra *krasnaya* nos dias de hoje realmente significa "vermelha", mas em épocas mais antigas significava "bonita", ou seja, chamavam-na, na verdade, de "Praça Bonita". Dentro do Kremlin de Moscou ficam não apenas edifícios do governo, mas também diversas catedrais, igrejas, museus e palácios, onde ocorrem eventos públicos e espetáculos de balé. O Sino do Czar e o Canhão do Czar, cada um o maior do mundo em seu gênero, lá se encontram. Uma grande atração do Kremlin são os próprios muros imensos pontuados por torres, cada uma com um nome. Bem ao lado do Kremlin fica a Praça Vermelha. Nela estão o mausoléu de Lenin (onde fica seu corpo embalsamado), o centro comercial GUM, o museu Histórico Estatal, a estátua de Minin e Pozharski (heróis da resistência aos invasores poloneses em 1612) e a catedral de São Basílio (aquela que forma uma das imagens mais conhecidas da Rússia).

As estações do metrô de Moscou são uma atração à parte, pois muitas são verdadeiras galerias de arte, com esculturas, murais, estátuas etc. Fica difícil escolher qual a mais bonita. Os mosaicos e os detalhes Art Déco da estação Maiakovskaya, as colunas ornadas e os candelabros da estação Prospekt Mira ("Avenida da Paz") e as esculturas de bronze da Ploshad' Revolyutsi ("Praça da Revolução") são imperdíveis. Mas a lista é muito maior e mais controversa que essa simplificação. É curioso pensar que o preço da passagem de metrô em 1989, quando cheguei à União Soviética, ainda era o mesmo que Khrushchev pagava em 1962! Isso, claro, se ele usasse metrô.

O estilo monumental do metrô de Stalin foi reproduzido nos famosos *sete arranha-céus de Stalin*, edifícios altíssimos (para a época), com grandes torres, gigantescos espaços internos e sofisticada decoração externa com esculturas. Com uma mistura de estilo barroco russo e gótico, dominam a cidade de onde quer que se olhe. Os dois mais famosos são o prédio principal da Universidade Estatal de Moscou e o Hotel Ucrânia.

Se eu fosse recomendar um *tour* por Moscou para quem tem apenas pouco tempo na cidade, apontaria algumas atrações básicas. A Arbat, famosa rua turística e boêmia desde os tempos soviéticos, com partes fechadas apenas para pedestres, onde artistas de rua expõem e improvisam espetáculos ao longo dos bares e cafés. Visite uma das milhares de igrejas e monastérios que existem em praticamente cada quarteirão da cidade (ok, veja logo o mais famoso, o magnífico e impressionante convento Novodevichy).

Assistir a um balé no teatro Bolshoi (perto da Praça Vermelha) é obrigatório. Para os intelectuais, uma visita à Biblioteca Estatal Russa (antiga Biblioteca Lenin), a maior do país e uma das maiores do mundo, a poucos quarteirões da rua Arbat, vale a pena. O museu mais famoso da Rússia, o Hermitage, fica em São Petersburgo, mas a galeria Tretyakov, de Moscou, tem uma das maiores coleções de arte russa do mundo. Um passeio de barco pelo rio Moscou vai revelar várias áreas verdes e parques da cidade

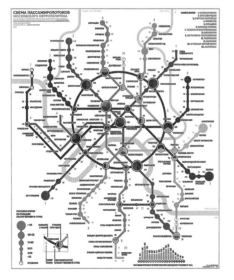
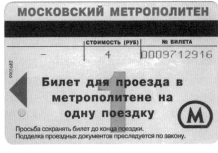

Há quem não goste de andar de metrô por não poder apreciar a paisagem. Mas em Moscou vale conhecer algumas estações que reproduzem arquitetura de diferentes épocas do século XX. Acima, o mapa do metrô, um bilhete dos anos 1990 e a reprodução de um cartão postal da estação Maiakovskaya.

Construído no século XVI, o convento Novodevichy serviu como defesa da cidade. Mais tarde abrigou mulheres de famílias nobres, foi alvo de cobiça de Napoleão e deixou as mãos da Igreja no período soviético.

que margeiam o rio, incluindo as famosas colinas Vorov'evy, que circundam o *campus* da mais famosa universidade da Rússia, a Universidade Estatal de Moscou (também chamada de Universidade Lomonosov). A cidade tem várias ruas circulares (chamadas de *anéis*). Um deles (o Anel dos Bulevares) é formado por uma sequência de bulevares por onde pedestres passeiam entre aleias, parques e estátuas. É muito relaxante passear a pé pelo centro desta maneira.

São Petersburgo

Se Rio de Janeiro e São Paulo rivalizam entre si no Brasil, na Rússia a disputa fica entre Moscou e São Petersburgo. Com um "agravante": ambas foram capital do país: a última do reino de Pedro, o Grande, até a Revolução Russa (mais precisamente 1712-1728 e 1732-1918), e a primeira antes e depois disso (além do curto interregno de 1728-1732).

Como dissemos anteriormente, Pedro, o Grande, construiu São Petersburgo para ser uma "janela para o Ocidente", já que queria modernizar a Rússia em sentido ocidentalizante. *Piter* (como os russos coloquialmente chamam São Petersburgo) possui um estilo e um modo de vida que refletem essas influências. A cidade fica no entroncamento do rio Neva com o golfo da Finlândia no mar Báltico e, como é cortada por inúmeros canais, recebeu também o epíteto de Veneza do Norte. A proximidade da água por toda parte torna seu clima tremendamente úmido: como muitos forasteiros desacostumados, quase peguei pneumonia ao passar um inverno lá.

Com o início da Primeira Guerra Mundial, os russos mudaram o excessivamente germânico nome da cidade para o mais russo Petrogrado (ficou assim de 1914 a 1924). Em 1924, três dias após a morte de Lenin, a cidade tornou-se Leningrado. Em 1991, último ano da existência da URSS, a cidade voltou a ter o nome original. O jogo de nomes com a cidade tem dessa forma uma longa história desde que Pedro, o Grande, a batizou assim como homenagem a São Pedro, mas discretamente introduzindo uma homenagem a si mesmo.

De todas as grandes cidades do mundo, São Petersburgo é a localizada mais ao norte. Isso conduz ao famoso fenômeno das Noites Brancas. Por vezes confundido com o fenômeno do Sol da Meia-Noite (em algumas regiões ainda mais perto dos círculos polares, o sol pode ser visto em certas épocas do ano à meia-noite), as Noites Brancas se referem ao período de alguns dias no verão em que fica relativamente claro à noite inteira (mas sem sol, que se põe por volta das 22h.). Uma das grandes atrações da cidade é o festival das Noites Brancas. Por toda a noite, as pessoas se congregam, há música, poesia, dança, teatro e fogos de artifício para comemorar.

Uma ótima maneira de começar a visita é às margens do rio Neva. Uma das fotografias mais bonitas que se pode tirar lá é uma panorâmica que pegue, por exemplo, as áreas circundantes da ilha Vassilevski, fortaleza de Pedro e Paulo, Ponte da Trindade e Palácio de Inverno.

Em seguida, vale passear de barco pelo rio Neva para conhecer alguns dos principais pontos de Piter. Em primeiro lugar, a fortaleza de Pedro e Paulo, localizada na ilha dos Coelhos, o primeiro edifício da cidade em sua fundação. Serviu como uma proteção militar da cidade no meio do rio e também foi uma famosa prisão. Depois passaríamos pelo ponto focal que dominava o Neva e a capital russa: o Almirantado. Pedro, o Grande, dava tal importância à sua recém-criada marinha (acabara de conquistar saída ao mar Báltico para a interiorana Rússia) que fez do Almirantado, às

Leningrado ou São Petersburgo, não importa. Chamada de Veneza russa
por causa dos seus inúmeros e charmosos canais,
a cidade foi a capital da Rússia até a Revolução Comunista.

Para percorrer todos os corredores do Hermitage é necessário muito tempo. O museu surpreende pela suntuosidade de suas salas e a reunião de quase 3 milhões de objetos, desde pinturas até peças arqueológicas.

margens do Neva, o ponto focal de onde se irradiariam posteriormente as principais avenidas da cidade: Nevski, Gorokhovaya e Voznesenski. O ponto seguinte seria o gigantesco Palácio de Inverno, de onde os czares russos governavam e onde tantos episódios históricos aconteceram: o massacre dos que protestavam na passeata do "Domingo Negro" durante a Revolução de 1905 (mostrado no filme *Doutor Jivago*) e a famosa "tomada do Palácio de Inverno" que marcou os bolcheviques assumindo o poder contra o governo provisório de Kerenski em outubro de 1917. Atualmente, o palácio faz parte do grupo de palácios e edifícios ao longo do Neva que compõe o famoso museu Hermitage, depositário da maior coleção de quadros do mundo. O passeio revela, ainda, dezenas de outros prédios históricos. Além disso, como os parisienses fazem no Sena, a população gosta de sentar e conversar em grupos nas margens do rio. É o equivalente da praia para os cariocas.

E tem mais. Ir a São Petersburgo e não passear pela avenida Nevski é como ir a Roma e não ver o papa, ou ir a Moscou e não ver a Praça Vermelha e o Kremlin. A avenida é o coração da cidade, consagrada em obras de grandes escritores russos, como o conto "Avenida Nevski", de Gogol. Além de destacar-se como centro comercial e da vida noturna da cidade, é coalhada de prédios históricos que mostram os diferentes estilos que imperaram na então capital russa ao longo dos séculos.

O equivalente da cerimônia da troca da guarda no palácio de Buckingham, em Londres, é o ritual da elevação de todas as pontes levadiças do rio Neva à noite em horas determinadas para permitir a passagem de navios ao mar Báltico.

E, se tiver mais tempo, visite as dezenas de outros palácios, parques e edifícios históricos. O palácio Tauride, o complexo de palácios de Peterhof (nas cercanias de São Petersburgo, construído por Pedro para ser a "Versalhes" russa), o teatro Marinski (ex-Kirov, que rivaliza com o Bolshoi de Moscou), a calma Tsarskoe Selo (a "Vila do Czar") onde fica o Palácio de Catarina, a catedral de São Isaac (a maior da cidade), o palácio de Smolny, a belíssima Igreja do Salvador no Sangue, o lírico canal Griboyedov.

No interior

Nem só das duas grandes capitais vive a Rússia. O país tem natureza exuberante. Algumas das zonas diferenciadas podem ser exploradas nos nove fusos horários diferentes que existem no país. Por exemplo, começar com um voo ao lago Baikal, no coração da Sibéria. O Baikal é o mais velho, mais profundo e o segundo mais volumoso lago do mundo (após o mar Cáspio). Para os aventureiros, o trem transiberiano parte de Moscou até o porto de Vladivostok no extremo oriente da Rússia no oceano Pacífico. São seis dias de viagem para atravessar toda a Sibéria. Os trens russos são extremamente confortáveis. Em cada cabine existem duas camas-beliche para os quatro passageiros: ou seja, se dorme confortavelmente ao longo do caminho. O tradicional serviço de chá com os samovares (instrumento russo para esquentar água para chá) aos passageiros nas cabines é um charme especial desde os tempos soviéticos e czaristas.

Para quem prefere um clima mais quente, as montanhas do Cáucaso ao sul são a pedida. Ironicamente (em relação aos problemas de terrorismo atuais), os povos das regiões ensolaradas do Cáucaso sempre foram considerados extremamente hospitaleiros com estranhos. Quando estive na Geórgia ainda em tempos soviéticos, o hóspede era tratado como um rei (meus anfitriões nunca me deixaram pagar nada lá, por exemplo). Na Chechênia igualmente. Hoje com o clima político mudado, a hospitalidade continua uma característica daquela região, mas se tornou seletiva em termos nacionais.

Uma visita à famosa estação turística de Sochi no mar Negro, tradicional balneário russo, representa uma viagem cultural a um verdadeiro *spa*.

Para quem não tiver tempo para passeios tão distantes, eu recomendo, então, explorar um pouco das pequenas cidadezinhas interioranas russas. Existe perto de Moscou um grupo de cidades históricas chamadas de Anel de Ouro. Elas mantêm, em muito, sua arquitetura como de séculos atrás, com seus kremlins, monastérios e residências de verão de nobres. Qualquer uma (como Vladimir, Suzdal e Yaroslavl) equivale a uma viagem no tempo.

Quem, ao contrário, conseguir ficar mais tempo terá dezenas de outros lugares de imensa importância histórica ou geográfica para visitar, como Kazan (a capital

Os russos são muito ligados à natureza e um programa popular é acampar próximo às montanhas do Cáucaso. Com o clima político quente da região, porém, a atividade tem se tornado mais rara.

do Tartastão e antigo polo importante do domínio mongol sobre a Rússia entre os séculos XIII e XV), Vladivostok (a grande cidade porto do oceano Pacífico no Extremo Oriente do país), Novosibirsk (a "Chicago da Sibéria", terceira maior cidade da Rússia e maior centro industrial e científico da Sibéria), Yekaterinburg (a maior cidade e centro industrial e cultural dos Urais, onde a família imperial foi assassinada após a Revolução de 1917), Veliki Novgorod (a ex-Novgorod histórica que foi a segunda mais importante cidade do Estado kievano; não confundir com Nizhni Novgorod, outra cidade russa importante).

Em suma, há literalmente um mundo a ser visitado na Rússia. Nos locais turísticos ou históricos você certamente entrará em contato com os suvenires russos típicos, como a matrioshka (aquelas bonequinhas que cabem uma dentro da outra), os samovares, a *balalaica* (um instrumento de corda) e comerá pratos como o caviar (ovos de esturjão), tomará *borsch* (sopa de beterraba) e beberá vodca. Além desses suvenires e produtos típicos conhecidos, o visitante conviverá com hábitos culturais típicos dos russos, mas não tão conhecidos no exterior. Um exemplo interessante é a carona urbana paga. Qualquer pessoa pode fazer um sinal de pedir carona na rua (que lá se limita à extensão da mão espalmada para baixo em ângulo de 45 ou 90 graus com o corpo) e algum carro comum vai parar para perguntar onde você quer ir. Acerta-se o preço e você viaja como se fosse um táxi (mas o preço é bem mais barato). Muita gente faz um dinheirinho extra dirigindo seus carros particulares pela cidade e pegando passageiros dessa maneira. Outros motoristas, a caminho de algum lugar, só aceitam "caronas" que não os desviem do seu próprio destino. A carona urbana paga era um hábito extremamente disseminado na URSS (principalmente na época da inflação na Perestroica) e ainda sobrevive no período pós-soviético, apesar de diminuída pela maior regulamentação de táxis e por problemas de segurança.

Em suma, você vai se surpreender com o mundo da cultura russa, que é bem diferente da brasileira. Aliás, cultura é o assunto de nosso próximo capítulo.

NOTAS

[1] Lembro-me de às vezes estar em Moscou (na Europa) ouvindo programas ao vivo de rádio de manhã cedo e, por vezes, me surpreendendo com o narrador desejando boa-noite aos seus ouvintes (por estar transmitindo de perto do Japão)!

[2] Na religião ortodoxa, ao contrário do catolicismo, não há uma autoridade central personificada, como um papa ou algo assim. Nela coexistem 15 centros de autoridade independente, as Igrejas autocéfalas, como da Geórgia, Rússia, Jerusalém, Grécia, Alexandria, Constantinopla etc. (governadas cada uma por um sínodo de bispos encabeçado por um deles que é eleito como primeiro hierarca e chamado diferentemente de patriarca, metropolita ou arcebispo).

A CULTURA RUSSA

Os russos leem. Muito e nos lugares mais diversos. Um bom termômetro são as filas. Se no Brasil as pessoas conversam enquanto esperam, na fila russa as pessoas preferem a leitura. Podem ser jornais ou revistas, livros de estudo ou romances, mas os russos leem. O metrô de Moscou, então, parece uma biblioteca, com tanta gente lendo, silenciosamente, nos vagões. Os números confirmam a impressão, os soviéticos estavam entre os povos que mais liam no mundo. É verdade que naquele período, de regime comunista, os livros e jornais, subsidiados, eram muito baratos e acessíveis. É verdade também que notebooks, *tablets* e outros eletrônicos ocupam tempo e atenção que antes eram dedicados à leitura tradicional. Mas é inegável que a cultura, como um todo, mesmo na economia de mercado e de preços mais altos, é um campo em que os russos ainda se sobressaem.

Claro que se pode perguntar se o que era lido na era comunista tinha qualidade. Afinal, vivia-se sob o império da censura. Na realidade, havia um lado bom e um lado ruim na leitura dos soviéticos. Por um lado, é verdade que a censura não permitia pontos de vista antissoviéticos e ao povo não chegava uma parte importante da cultura considerada, pelos detentores do poder, como "de direita". E a literatura partidária, bastante enfadonha, previsível e estereotipada abundava. Por outro, a cultura clássica era bastante difundida (eu mesmo me impressionava com a quantidade de pessoas, incluindo jovens, lendo poesia nos transportes coletivos e em casa). E a literatura considerada "de esquerda", tida como anticapitalista, frequentemente de qualidade, era disponibilizada em larga escala no país. Por exemplo, Jorge Amado, antigo membro do Partido Comunista no Brasil, era um escritor conhecido pelos russos. Até autores americanos eram populares, desde que se baseassem na crítica da injustiça social existente na sociedade de mercado. Era o caso, por exemplo, de John Steinbeck (autor de *A leste do Éden* e *As vinhas da ira*) e Sinclair Lewis (Nobel de literatura de 1930).

O fato é que os russos, pelo menos os mais instruídos, sempre tiveram orgulho de sua cultura, que, a bem da verdade, é o resultado de uma série de combinações e sínteses da cultura de diversos povos. Originalmente, a cultura do Estado kievano

Os russos leem muito e em todo lugar, e já era assim em tempos soviéticos. Neste cartaz, o estímulo à leitura aparece no texto: "Melhor para as crianças do que bater e xingar, é para elas livros comprar."

surgiu de uma interação dos nativos eslavos com a elite cultural da nobreza varega (*viking*) que passou a governá-la. Mesmo neste *big bang* original de Rus' kievana o elemento oriental já estava presente, pois aquele terreno originalmente tinha sido ocupado por ondas de povos das estepes como citas, hunos, avares e cazares. Quando os russos adotaram o cristianismo no século x, houve uma grande síntese com a cultura bizantina. Nos séculos seguintes, a religião ortodoxa seria considerada um dos grandes esteios definidores da cultura russa. O lado oriental se cristalizou quando os mongóis conquistaram Rus' e a mantiveram sob seu jugo por dois séculos (xiii a xv). Outro momento definidor foi a onda ocidentalizante iniciada por Pedro, o Grande, na virada do século xvii para o xviii. Finalmente, no século xx a Revolução Russa de 1917 buscaria colocar o comunismo marxista como o verdadeiro ponto definidor ideológico da União Soviética. A Rússia da última década do século xx e início do século xxi é uma somatória de todos esses vetores, amálgamas, sínteses e transformações. E uma somatória internamente contraditória. Nela coexistem saudosistas da

União Soviética, monarquistas, liberais ocidentalizantes, eurasianistas, nacionalistas eslavófilos, nacionalistas pragmáticos, muitas vezes com conflitos entre si. Veremos isso mais adiante. Por enquanto, vamos ver por que os russos são tão conhecidos mundo afora por sua cultura.

A LÍNGUA RUSSA

Fazendo parte da grande família indo-europeia (à qual pertencem também o alemão e o inglês, o persa e o português, entre muitas outras), o russo é uma língua relativamente recente, mas de grande difusão. Ele é falado como língua principal ou como segunda língua em quase metade da Eurásia, como pode ser notado em qualquer mapa linguístico. A grande difusão da língua russa tem muito a ver, é claro, com o imperialismo czarista, assim como com a influência que a União Soviética obteve, principalmente após a Segunda Guerra Mundial. Assim, em suas dezenas de repúblicas, espalhadas desde o extremo oriente da Ásia até a Polônia e os países bálticos (Lituânia, Letônia e Estônia), o russo era praticado, sendo seu uso obrigatório tanto nas escolas quanto nas repartições públicas de todo tipo.

O fim da União Soviética provocou uma reação dos países antes pertencentes à sua zona de influência contra o uso do russo: o emprego exclusivo das línguas nacionais era considerado uma atitude patriótica nos anos 1990. Com a superação (ou pelo menos o abrandamento) dos problemas econômicos que afligiram a Rússia, logo após o fim do comunismo, sua influência voltou a crescer e a língua russa retomou grande parte do seu prestígio, embora não dispute mais a primazia com o inglês, convertido em língua franca mundial. A abertura política e o surgimento de uma camada de milionários russos provocaram também uma presença maior da língua no mundo ocidental, tanto em intercâmbios culturais, cada vez mais frequentes, quanto no turismo e até no mundo das compras feitas em avenidas chiques das principais capitais europeias. A beleza e a sonoridade do russo já não assustam os que tinham medo até de ouvir a língua dos comunistas, como era considerada nos tempos da Guerra Fria.

Os russos utilizam uma versão, pouco alterada, do alfabeto cirílico, criado, como diz o nome, pelo missionário grego Cirilo, em colaboração com seu colega Metódio. Embora o alfabeto exista desde o século IX, o primeiro livro publicado em russo data apenas de 1625, cerca de 150 anos após a saída da primeira obra publicada em português. A questão de língua é tão relevante que o próprio czar Pedro, o Grande, fez questão de participar da reforma do alfabeto cirílico em 1708. A reforma marcaria o rompimento com o eslavo eclesiástico, praticado pela Igreja. Em 1767, o russo é declarado a língua de ensino na Universidade de Moscou.

A língua é difícil e os sinais são diferentes. Mas para quem vai visitar a Rússia vale ao menos tentar conhecer o alfabeto para não se perder nas cidades. Afinal, a grande maioria dos anúncios e sinais nas ruas não são transliterados para o alfabeto latino, muito menos traduzidos para línguas estrangeiras. Viajar "alfabetizado" permite, ao menos, ler os nomes das ruas e entender o que está escrito no mapa do metrô. Em três aulas é possível dominar as 33 letras do alfabeto cirílico e você poderá ler, soletrando devagar, qualquer placa na rua.

LISTA DE LETRAS DO ALFABETO CIRÍLICO COM SUAS CORRESPONDENTES NO SISTEMA DE TRANSLITERAÇÃO

☒ [a]	☒ [m]	☒ [ch]
☒ [b]	☒ [n]	☒ [sh]
☒ [v]	☒ [o]	☒ [shch]
☒ [g]	☒ [p]	☒ [']
☒ [d]	☒ [r]	☒ [y]
☒ [zh]	☒ [s]	☒ ['']
☒ [z]	☒ [t]	☒ [e]
☒ [i]	☒ [u]	☒ [yu]
☒ [k]	☒ [f]	☒ [ya]
☒ [l]	☒ [kh]	

A vantagem de aprender o alfabeto é que mesmo sem saber o significado da palavra, uma pessoa é capaz de se fazer entender. Isso porque a grafia do russo tem mais previsibilidade de pronúncia do que línguas como francês ou inglês. No entanto, se balbuciar algumas palavras pode ser animador, aprender realmente a língua é bem difícil. Como no latim, os casos da palavra (acusativo, dativo, genitivo) são demonstrados através da declinação das palavras. Assim, adicionam-se diferentes terminações ou sufixos a elas, ao contrário do português em que se poderia apenas acrescentar uma preposição antes da palavra no caso genitivo ou de posse, como na expressão "a maçaneta *da* porta". Assim, em português a palavra "menino" é sempre escrita "menino", independentemente de ela ser o sujeito da frase, objeto direto ou indireto. Em russo, dependendo da função sintática que a palavra exerce na frase, deve-se colocar uma terminação específica. Assim, o aprendiz estrangeiro precisa não apenas decorar a palavra "menino", mas também, quando for utilizá-la na frase, tem que colocar nela terminações específicas ("sufixos") que denotam se ela é sujeito ou objeto direto. Isso dificulta a fala fluente da língua. O alemão tem quatro casos para declinação e já é complicado. O russo tem seis e é mais complicado ainda.

Os aprendizes da língua podem se divertir conhecendo as gírias. Sugiro o meu *Pequeno dicionário trilíngue de gíria: inglês, português, russo*. O guia traz gírias russas traduzidas para o português em seus equivalentes, juntamente com frases de exemplo tiradas da vida real para demonstrar como são usadas na prática. Na pesquisa para esse dicionário deparei-me com um fenômeno linguístico interessante: o *mat*. Dentre os palavrões russos, há quatro palavras que são consideradas especialmente tabus. Apenas direi que começam com as letras (transliteradas) **b**, **e**, **p** e **kh** e significam, respectivamente (imaginem o equivalente em português chulo): uma mulher que vende ou dá facilmente o sexo, o ato sexual, o órgão sexual feminino e o órgão sexual masculino. O que é interessante é que a partir de apenas essas quatro palavras, através da colocação de sufixos, prefixos, adjetivação, substantivação, verbalização etc., são formadas centenas de outras palavras e expressões a ponto de se poder formar longas e complicadas frases (uma verdadeira linguagem paralela) utilizando apenas derivados desses quatro vocábulos. *Mat* é o grupo dessas quatro palavras mais todas as outras que delas derivam. O tabu sobre esse grupo de palavras era tão forte que, antes da Perestroica, mesmo na literatura de ficção mais realista, as expressões do *mat* não eram impressas, apesar de você escutá-las ao passar por certos ambientes singelos como uma obra em construção ou uma prisão ou perto de um grupo de adolescentes. Atualmente, essas palavras são ocasionalmente impressas na literatura russa pós-soviética, mas continua a aura de tabu especial sobre elas dentro do grupo maior dos palavrões russos em geral.[1]

LITERATURA

No século XIX, época em que foi abolida a servidão e o país começou a dar seus primeiros passos no desenvolvimento de uma economia capitalista, a literatura russa se tornou um sucesso no Ocidente. Ironicamente, o Ocidente também invadia a Rússia: havia nobres que chegavam a falar a língua francesa, símbolo de *status* cultural, no próprio lar com a família. Conhecemos, ou pelo menos ouvimos falar, da obra de dois grandes romancistas, Dostoievski (1821-1881) e Tolstoi (1828-1910), ainda hoje tidos como dos maiores escritores que o mundo já produziu. Seu brilho é tão intenso que ameaça colocar na sombra outras figuras exponenciais que, um par de séculos antes, já começavam a despontar.

É o caso de Mikhail Lomonosov (1711-1765), uma espécie de Leonardo da Vinci russo, que atuou em diversos campos das artes e ciências e erigiu as bases científicas para a língua culta, gramática e literatura russa da Era Moderna, além de ter fundado a Universidade de Moscou, a primeira, maior e mais importante da Rússia (e que atualmente leva o seu nome). Lomonosov fez descobertas em química, física, ótica, astronomia e mineralogia. Além de ter escrito poesia e prosa, sua contribuição seminal foi ter redigido, em 1755, uma gramática que definiu a língua russa moderna. Até ali, a língua culta era o chamado eslavo eclesiástico citado anteriormente. Já a população usava um vernáculo bem diferente. A gramática de Lomonosov criou as bases para a língua russa da Era Moderna ao conectar o antigo eslavo eclesiástico à língua popular.

O grande passo seguinte na direção de aproximar a língua literária da língua falada no cotidiano dos russos veio com a obra de Nikolai Karamzin (1766-1826). Apesar de não ser tão versátil como Lomonosov, Karamzin atuou em diversos campos da literatura e ciências humanas. Foi poeta, romancista, tradutor, ensaísta, crítico literário e historiador. Sua *História do Estado russo*, em 11 volumes, foi considerada a primeira grande história da Rússia. O autor foi o maior nome do sentimentalismo romântico na Rússia, escola que enfatizava os sentimentos acima da razão. Seu conto "Pobre Lisa" (1792) é o mais conhecido exemplo nesta direção. Influenciado pela literatura e língua francesas, escrevia frases mais curtas, mais próximas ao discurso do russo comum, em vez das longas e complicadas sentenças típicas do eslavo eclesiástico. Isso foi atacado por alguns puristas da época como vulgar, mas seu estilo acabou se disseminando e influenciando os futuros desenvolvimentos linguísticos do país.

O "Shakespeare" russo chama-se Aleksandr Pushkin (1799-1837), o maior poeta da Rússia. Considerado o fundador da literatura russa moderna, marcou a chamada Época de Ouro da poesia russa na primeira metade do século XIX. O escritor incorpora os elementos da língua popular às suas obras de poesia e ficção (sem vulgarizar a literatura, pelo contrário, dando dimensão literária ao russo cotidiano), criando, assim, as bases da literatura russa da época contemporânea. Pushkin atuou em diversos campos escrevendo obras-primas em forma de poesia (*Ruslan e Ludmila, O prisioneiro do Cáucaso, O Cavaleiro de Bronze*), contos ("A Rainha de Espadas"), romances (*A filha do capitão*), peças de teatro (*Boris Godunov, Mozart e Salieri*) e até estudos históricos (*A revolta de Pugachev*). Mas sua obra preferida e provavelmente a mais famosa é *Eugênio Onegin*, um romance narrado em verso, unindo poesia e prosa de maneira impressionante. A obra ocupa para o russo um lugar equivalente a que *Romeu e Julieta* desempenha para o inglês.

A cultura russa | 47

Alguns dos mais marcantes escritores do mundo são russos.
Dostoievski explora os dilemas e angústias da existência humana.
Seus temas universais e a forma de abordá-los até hoje são admirados.

No século XIX, a literatura russa atingiu seu auge e conquistou o mundo, com Dostoievski e Tolstoi pontificando em meio a uma série de romancistas que discutiam as grandes questões universais ao mesmo tempo que refletiam os processos sociais de transformação pelos quais passava o país. No rastro da abolição da servidão (em 1861) e do desenvolvimento do capitalismo surgiram diversos movimentos (populistas, socialistas e outros) que colocariam em xeque os modelos de desenvolvimento adotados até então. Em meio a tais transformações, as diversas camadas da população russa, de camponeses a nobres, viviam dilemas de escolhas e dilacerações existenciais de grande magnitude. E essas angústias, esperanças e medos eram refletidos nas obras dos novelistas e poetas russos.

Dostoievski foi, junto com Franz Kafka, o principal romancista a adotar temas existencialistas em suas obras. Ao contrário do racionalismo e positivismo prevalentes no Ocidente na época, os autores existencialistas não consideravam a razão o princípio organizador da vida humana e sim a própria existência, com seus dilemas e angústias. Para eles, não existia uma essência racional que define os homens. São os seres humanos, em sua existência e suas escolhas na vida, que definem sua essência. *Notas do subterrâneo* (1864), também traduzido com o título de *Memórias do subsolo*, é considerado o primeiro romance existencialista do mundo. Nele, um personagem desajustado, que em nenhum momento é nomeado, procura um sentido na vida, sem encontrar âncora moral a que se apegar.

Há até caráter profético na obra de Dostoievski. Na parábola *O grande inquisidor* (presente no romance *Os irmãos Karamazov*, de 1880), Ivan Karamazov narra a seu irmão Alyosha a volta de Cristo à cidade de Sevilha, na Espanha, na época da Inquisição. As ações e milagres de Cristo atraem o povo, mas o Grande Inquisidor manda prendê-lo e quer condená-lo à morte. Interroga Cristo e diz que ele já não é mais necessário à Igreja e mesmo perigoso ao homem comum. Afinal, Cristo pregava a liberdade e responsabilidade humana, o que poderia ser perigoso, segundo a visão do inquisidor: como a maioria dos homens é fraca, imperfeita, se fosse dada a liberdade de escolha, escolheriam mal, errado e, assim, como pecadores, estariam condenados. Como a maioria dos homens não são sábios, virtuosos ou santos, o melhor seria deixar que a Igreja os controlasse, que os levasse pelas mãos, como pequenas crianças imaturas, para que não se perdessem pelo caminho quando confrontados com as alternativas confusas proporcionadas pela liberdade de escolha. Cristo foi importante no início, mas naquele momento em que a Igreja já tinha toda uma estrutura montada e funcionando, sua volta seria apenas um elemento perturbador que talvez desestabilizasse o esquema de funcionamento que levara tanto tempo para ser implementado. Melhor uma sociedade ignorante, mas feliz, funcionando arregimentada e sem sobressalto de ideias "perigosas" pelas quais as pessoas agora começassem a pensar por si mesmas e acreditar que pudessem agir por conta própria, numa ligação direta com Deus, o que poderia causar o caos. Para evitar esse caos, o Grande Inquisidor manda Cristo embora, dizendo para nunca mais voltar, pelo bem da humanidade.

Uma parábola aparentemente apenas religiosa, mas que foi lida como uma advertência profética das desvirtuações que poderiam ocorrer nos grandes esquemas comunistas "perfeitos" em que a Rússia se meteria no século XX. Além disso, alguns críticos marxistas do sistema soviético no século XX não puderam deixar de notar que se Marx voltasse ao mundo na URSS, talvez fosse tratado pelos burocratas de Brezhnev e companhia da mesma forma que o Grande Inquisidor tratou Cristo no livro de Dostoievski.

No mesmo romance, o personagem Ivan Karamazov pronuncia uma das frases mais famosas do existencialismo: "Se Deus não existisse, tudo seria permitido". Para o filósofo existencialista francês Jean Paul Sartre, a frase mostra que o ser humano é absolutamente livre para fazer o que quiser, mas isso inclui ser totalmente responsável pelos seus atos (um fardo pesadíssimo!). Mas Dostoievski, ao contrário de Sartre, não era ateu. Criticando tanto o catolicismo quanto o racionalismo ateu do Ocidente, Dostoievski defendia o cristianismo ortodoxo como uma resposta aos dilemas existenciais do homem. Em suas obras, frequentemente personagens femininos ingênuos e puros mostravam a saída dos valores cristãos originais para os dilemas existenciais de personagens masculinos perdidos em um mundo sem sentido. É o caso de Sonia em relação a Raskolnikov em *Crime e castigo*.

Os dilemas da obra, porém, vão mais além e se mostram tão atuais que serviram de inspiração explícita para vários filmes de Woody Allen, como *Ponto final – Match Point*, *Crimes e pecados* e *O sonho de Cassandra*.

Lev Tolstoi foi o outro grande romancista da época. A história da Rússia foi marcada por grandes guerras e revoluções, como veremos. O clássico romance *Guerra e paz* (1869) toca em um dos pontos mais viscerais da experiência dos russos, tanto no século XIX como no XX, além de, na verdade, ser um tema eterno e universal da humanidade. O livro é um gigantesco (1.225 páginas) épico que narra a história de cinco famílias ao longo de todas as tribulações que conduzem à invasão da Rússia por Napoleão em 1812. Combinando pesquisa histórica com técnicas refinadas de narração de romance e divagações filosóficas, o livro se revela um enorme mosaico sobre as grandes questões de guerra e paz entre povos e pessoas. Tolstoi não escrevia apenas baseado em pesquisas históricas, mas em sua experiência pessoal, pois era veterano da Guerra da Crimeia (1853-1856), entre Rússia e Turquia (esta auxiliada por Inglaterra e França). Dezenas de personagens (alguns históricos, como Napoleão e o imperador russo Alexandre I) interagem ao longo do complicado enredo do livro. A busca por um sentido na vida ao longo das aparentemente irracionais atribulações da guerra toma várias direções. O possível *alter ego* de Tolstoi é o personagem ironicamente chamado de Pierre (um russo que foi educado no exterior). Após longas buscas, acaba encontrando sentido na vida em sua interação com Platon Karataev, um camponês simples e íntegro. Este será um tema que Tolstoi vai desenvolver ao longo de sua vida: o da pureza da alma camponesa contra a corrupção imperante na vida mundana urbana. O autor propôs uma filosofia pacifista como solução aos problemas da humanidade. Tolstoi também pregaria um cristianismo filosófico como princípio para a boa vida, mas ao contrário de Dostoievski, não era ligado à Igreja Ortodoxa e a criticava frequentemente: pregava simplesmente um estudo e apego aos ensinamentos originais simples e pacifistas de Jesus, independentemente de ligação com qualquer Igreja organizada.

Dostoievski e Tolstoi repercutiam fortemente o apego do povo russo às maneiras e ao suposto caráter puro dos camponeses em suas buscas espirituais por um sentido na vida, para além dos interesses materiais mundanos imediatos.

A leitura de ficção acontecia ainda nas revistas literárias. Muitos dos principais romances russos – como *Guerra e paz* e *Irmãos Karamazov* – foram inicialmente publicados em capítulos ao longo de diferentes números dessas revistas e apenas posteriormente publicados como livros. Uma espécie de folhetim, semelhante à novela ou série de televisão, hoje em dia.

No terreno dos contos, a figura máxima no século XIX foi Anton Tchekhov (1860-1904). Assim como Dostoievski foi um precursor dos existencialistas, Tchekhov antecipava o uso de mecanismos de narrativas psicológicas sutis, como o fluxo de consciência, em obras extremamente densas e sofisticadas. Além disso, como dramaturgo escreveu quatro peças que são consideradas obras-primas mundiais (*A gaivota*, *Tio Vânia*, *As três irmãs* e *O jardim das cerejeiras*). A encenação de três destas peças pelo grande diretor Constantin Stanislavski realçou o brilhantismo de seu "realismo psicológico". Até hoje se discute onde Tchekhov foi mais brilhante: se em seus contos ou em suas peças de teatro.

Menos conhecida no exterior (devido ao fato de a força total poética ser difícil de traduzir de uma língua à outra), mas não menos poderosa, é a poesia russa. Na última década do século XIX e nas duas primeiras do século XX, veio a chamada Época de Prata da poesia russa. Nela novas tendências diferentes do romantismo e do realismo (que tinham dominado respectivamente a poesia e o romance no século XIX) foram aparecendo: o simbolismo (com Alexander Blok (1880-1921)), acmeísmo e futurismo. A Época de Prata terminaria com o fim da guerra civil entre vermelhos e brancos (1918-1921) e a implantação do bolchevismo na década de 1920.

Poeta futurista, Maiakovski abraçou a Revolução Comunista. Mas não conseguiu seguir seu experimentalismo artístico na era Stalin. Suicidou-se em 1930.

O ambiente, conturbado, combinava com a turbulência inventiva das mais diversas artes russas. E quando o bolchevismo chega ao poder, as vanguardas artísticas que tomavam conta da Rússia chegam junto. Ambas as revoluções caminhavam bem próximas. Pelo menos até o fim dos anos 1920 e início dos 1930, com a ascensão de Stalin e do realismo soviético.

Assim, por exemplo, o poeta futurista Maiakovski (1893-1930) continuaria seu rebelde trabalho de qualidade neste período. O ano de 1917 na Rússia foi um projeto revolucionário no mais radical sentido da palavra. O propósito dos comunistas não era somente derrubar o antigo regime político: era forjar uma sociedade completamente nova. Não apenas no sentido econômico de superar o capitalismo e implantar o socialismo (feito que já seria muito ambicioso!), mas também criar um novo homem, com valores e comportamento diferentes dos anteriores. Imagina-se, assim, que uma tal sociedade seria um grande laboratório de experiências de *avant-garde*. Uma sociedade experimental!

Fora as grandes transformações econômicas e sociais, houve um forte experimentalismo na URSS na década de 1920. Mesmo depois da avalanche repressora do stalinismo na década de 1930, como veremos, pequenos grupos e indivíduos realizaram trabalhos não ortodoxos na URSS nas décadas subsequentes, como as poetas Anna Akhmatova (1889-1966) e Marina Tsvetaeva (1892-1941), o escritor Pasternak (1890-1960), o cineasta Tarkovski (1932-1986) etc. Basta relembrar dois fatos conhecidos que denotam a existência de uma vanguarda artística não conformista na URSS ao longo de sua trajetória: a famosa ocasião em 1962, em que Khrushchev visitou uma exposição com artistas de vanguarda na galeria Manezh e, furioso, disse que aquilo era "uma merda", e a própria existência da literatura dissidente *samizdat* nas décadas seguintes. Eram sinais de que a vanguarda existia e incomodava.

Maiakovski pode ser tomado como o símbolo desta relação contraditória entre experimentalismo e poder na URSS. Antes da revolução era um inquieto artista rebelde participante de um grupo que revolucionaria o uso da linguagem e representaria, literalmente, o futuro: os construtivistas futuristas. Maiakovski (e vários do grupo) aderiu à revolução e lutou ao longo de toda a década de 1920 para manter viva a chama do experimentalismo e do vanguardismo dentro do espírito bolchevista. Para o poeta, a Revolução Socialista era a antítese do espírito burguês e a superação do capitalismo deveria refletir uma atitude revolucionária, original, no campo da cultura. O conflito das almas permanentemente experimentais, revolucionárias, rebeldes dentro de uma sociedade que, ao se aproximar os anos 1930, ia se tornando cada vez mais conservadora e repressiva, foi expresso não só na vida, mas também na morte de Maiakovski: ele se suicidou em 1930. Incapaz de ver seu projeto libertário, experimental, desabrochar na URSS, mas também não querendo se tornar um oponente do regime (pois era um comunista), optou pela saída definitiva. Seu espírito sobreviveu, entretanto, inspirando vida literária experimental, rebelde, de vanguarda, não só dentro da URSS como também mundo afora nas décadas seguintes.

Maiakovski via o comunismo como o projeto do futuro. Não era à toa que chamava a si e ao seu movimento de futurista. Antes da revolução ele dizia que para que a arte e a literatura do futuro desabrochassem era preciso romper com o passado radicalmente, "jogar fora tudo, inclusive Pushkin". Jogar fora o maior poeta russo? Era a maneira metafórica de Maiakovski dizer que a sociedade russa pré-revolucionária tinha que se refazer totalmente.

O manifesto de 1912 de seu grupo Hileia, intitulado *Um tapa na cara do público*, seria considerado o manifesto inaugural do futurismo russo:

> *Aos leitores do nosso primeiro e inesperado*: Somente nós somos a cara de nosso tempo/ Através de nós a buzina do tempo soa/ O passado é apertado demais/ A Academia e Pushkin são menos inteligíveis que hieróglifos/ Jogue Pushkin, Dostoievski, Tolstoi etc. para fora do convés do Navio da Modernidade/ Aquele que não esquece seu primeiro amor não reconhecerá seu último/ [...]/ Todos esses Maksim Gorkiis, Krupins, Bloks, Sologubs, Remizovs, Averchenkos, Chorniis etc. precisam apenas é de uma *dacha* [casa de campo] perto do rio. Tal é a recompensa que o destino dá aos alfaiates/ Do alto dos arranha-céus nós olhamos para a sua insignificância/ *Nós ordenamos que os direitos dos poetas sejam venerados*: alargar o escopo do vocabulário do poeta com palavras arbitrárias e derivadas (novidade no mundo); sentir um ódio insuperável pela linguagem existente antes de seu tempo; [...]; ficar no topo da rocha da palavra "nós" em meio ao mar de vaias e indignação/ E se por enquanto os estigmas imundos do seu "senso comum" e "bom gosto" ainda estão presentes em nossas linhas, essas mesmas linhas pela primeira vez já se iluminam com o Raio de Verão da Nova Beleza Vindoura da Autossuficiente.

Após a revolução, a verve satírica e crítica de Maiakovski não se arrefeceu. Basta ver o poema "O Reunismo", de 1922, em que critica o burocratismo e a "mania de reuniões" que começava a infestar o sistema soviético. Aqui vão alguns trechos:

> Mal a noite se torna madrugada cada qual a seu trabalho vai/Vão para a Firma/ para a Cia./ para a S.A./ para a Ltda./ e nos escritórios desaparecem./ Derrama-se em torrente a papelada, mal se entre nesses escritórios. /Procure-se entre cem – o mais importante!/ – os empregados estão sumidos nas reuniões./[...]/ Então apareço eu e pergunto:/ "Quem pode me atender? Estou aqui há não sei quanto tempo"/ [respondem]. "O camarada Ivan Ivanovitch está em reunião com o Comissário-Geral do Povo para as Questões do Vinho"./ [...] Na tal reunião entro como um furacão,/ abrindo caminho com pragas selvagens./ Que vejo! Corpos pela metade, sentados./ Céus! Onde estarão as outras metades? "Decepados! Assassinados!"/ Correndo como

um louco, ponho-me a gritar./ Diante de tal quadro fico alucinado./ Ouço então/ o mais calmo dos funcionários observar:/ "Eles estão em duas reuniões ao mesmo tempo./ Há vinte reuniões por dia – /e às vezes mais –/ temos que assistir./ Por isso somos forçados/ a em dois nos dividir!/ Uma metade está aqui,/ a outra ali."/ Não pude dormir, assombrado. / A luz da manhã me colheu estremunhado./ "Oh! peço somente uma/ mais uma reunião/ para acabar com tantas reuniões!"

Lenin, que inclusive tinha gostos literários mais clássicos e ortodoxos e não se sentia atraído pelos grupos experimentalistas abstratos de vanguarda, adorou o poema e recomendou sua leitura aos membros do partido.

Maiakovski era a luzinha (frequentemente incômoda) que relembrava aos bolcheviques que sua tarefa era reconstruir não só o mundo, mas também o próprio homem. Foi o símbolo de quanto de novo o sistema soviético trouxe e podia trazer para a sociedade e também o símbolo dos limites e dificuldades com que executou (ou não executou) essa tarefa. Com a vitória definitiva do stalinismo na década de 1930, a arte deixa de estar a serviço da revolução para ficar a serviço do Estado e a mudança é radical. O experimentalismo dos anos 1920 dá lugar à ideologia oficial soviética, o realismo socialista, que deveria retratar de maneira "realista, mas socialista" a luta das classes desfavorecidas para superar esta condição e chegar ao socialismo. Na prática, significou retratar de maneira heroica e otimista o esforço de trabalhadores, camponeses e intelectuais progressistas para a superação da sociedade de classes e do capitalismo. Tanto o naturalismo por si mesmo quanto a experimentação foram reprimidas em prol deste novo paradigma de "realismo com um propósito social".

Em grande medida, a imposição do novo paradigma empobreceu a variedade de estilos até então existente e gerou uma série de obras estereotipadas e louvatórias. Mas, mesmo após os anos 1930, literatura de boa qualidade podia ser encontrada na URSS. A mudança é formalizada em abril de 1934 no Congresso de Escritores Soviéticos, presidido por Máximo Gorki (1868-1936). Mesmo dentro do realismo socialista algumas obras muito interessantes foram geradas, como os romances *Mãe*, do próprio Gorki (considerada a primeira obra do realismo socialista), *O Don Silencioso*, de Mikhail Sholokhov (1905-1984), e *Cimento*, de Fyodor Gladkov (1883-1958). Isaac Babel (1894-1940) é considerado o primeiro grande escritor da revolução. Seu *O Exército de Cavalaria* (ou *Cavalaria Vermelha*, a depender da tradução), livro de contos baseados nos acontecimentos pós-revolução, usa de imagens marcantes e formou mais de uma geração. Babel morreu fuzilado.

O movimento atraiu autores de outros países, como o brasileiro Jorge Amado e o chileno Pablo Neruda. Por outro lado, alguns autores russos produziram obras que não pertenciam ao realismo socialista. Mikhail Bulgakov (1891-1940) criaria a obra-prima *O Mestre e Margarita*, Boris Pasternak (1890-1960) seria indicado para o prêmio Nobel

A cultura russa | 55

O exemplo máximo do realismo socialista na arte russa é a escultura
Operário e camponesa de Kolkhoz feita em 1937 para a feira de Paris
por Vera Mukhina. Originalmente com altura de 24 metros
e pesando 75 toneladas, a obra celebra o Estado soviético.

por *Doutor Jivago*, Alexander Solzhenitsyn (1918-2008) escreveria *Um dia na vida de Ivan Denisovitch*, os poetas Yevgeny Yevtushenko (1933-) e (especialmente) Anna Akhmatova fariam poesia de alta qualidade que não se enquadrava no cânon stalinista. Isso para não falar dos autores emigrados, como Ivan Bunin (1870-1953), primeiro russo ganhador do Nobel de literatura. Inimigo das vanguardas, era considerado um escritor bastante tradicional e imigrou para o Ocidente na revolução. Desse autor, há poucos títulos disponíveis em português, um deles é *Insolação*.

Uma mulher que ganha destaque na época é a poeta Marina Tsvietaieva (1892-1941). Exilou-se em 1922. Voltou para a Rússia em 1940 e teve um fim trágico: seu marido, que pertencera ao serviço secreto, é fuzilado, e sua filha é internada em um campo de concentração. Ela, como Maiakovski fizera 11 anos antes, comete suicídio. De Tsvietaieva, em português, há o livro *Marina*.

O Arquipélago Gulag, de Alexander Soljenitsin (1918-2008), denuncia os horrores do regime stalinista. O autor conta como funcionavam os campos de trabalho forçado do país. Ele ficou preso por 11 anos e, assim que saiu, em 1973, publicou a obra no exterior. O livro só chegou à Rússia em 1989.

A atividade literária russa contemporânea continua ativa, dividida entre aqueles novos autores "modernos", que seguem as direções realistas ou preexistentes em períodos anteriores, como Oleg Pavlov (1970-) e Vera Pavlova (1963-), e os pós-modernistas, como Vladimir Sorokin (1955-) e Viktor Pelevin (1962-). Porém, no período pós-soviético dos anos 1990 em diante, não parecem ainda ter surgido gigantes. Muitos dos maiores autores contemporâneos parecem continuadores de períodos anteriores. Um fenômeno (em parte) semelhante com o Brasil pós-redemocratização de 1985? Talvez esteja em funcionamento o mecanismo de que períodos de dificuldades e repressões engendram, como reação, personagens com criatividades especialmente fortes para superá-las. "É nas dificuldades que se vê os amigos", diz um ditado: talvez nelas também nasçam, como reação expressiva, literaturas fortes para não só descrevê-las, como também para combatê-las. (Ou, então, como diz um crítico amigo meu, tudo seja apenas porque vivemos nos tempos do pós-moderno, em que as grandes narrativas e metanarrativas já não se enquadram mais).

AS ARTES

Em relação às artes pictóricas, devemos iniciar pela quintessência do que tem marcado a vida artística e espiritual do povo: a pintura de ícones. Ela é uma tradição da Igreja Ortodoxa. O ícone é uma imagem religiosa pintada sobre um painel plano,

A cultura russa | 57

A pintura dos ícones é uma marca da arte russa.
Andrei Rublev fez *Trindade* para a Catedral da Santíssima Trindade.

geralmente de madeira (mas podendo ser de outros materiais). Ele se desenvolveu como uma resposta cristã às imagens pagãs da Antiguidade. As estátuas pagãs tridimensionais enfatizavam a sensualidade dos corpos. Como resposta – e ao contrário da Igreja Católica romana, que aceitou o uso de imagens tridimensionais de santos –, a Igreja Ortodoxa no Oriente limita os ícones a superfícies planas ou, no máximo, a um baixo-relevo, visando enfatizar mais a santidade e espiritualidade da imagem que sua materialidade e sensualidade. Na Rússia, que se tornou o grande centro dessa arte, os ícones não eram colocados apenas em igrejas. Toda casa russa tradicional, especialmente entre os camponeses, tinha o chamado *krasnii ugol* ("canto vermelho" ou "canto belo"), um pequeno canto da casa onde ficava um ícone que simbolizava a religiosidade de seus moradores.

O grande nome da pintura de ícones na Rússia foi Andrei Rublev (1360-1427). É seu o mais famoso ícone russo, *Trindade* (c. 1411), que mostra os três anjos que visitaram Abraão sob o carvalho de Mambré, lidos como metáfora da própria Santíssima Trindade. *Trindade* foi feito para a Catedral da Santíssima Trindade da Lavra da Trindade-São Sérgio, famosíssimo monastério onde Rublev viveu e trabalhou, criando um grande número de ícones e afrescos que são considerados verdadeiras obras-primas. Por tudo isso Rublev foi canonizado como santo pela Igreja Ortodoxa em 1988.

Se a iconografia representa um dos ápices das artes russas pelo lado mais ortodoxo e conservador, elas se revelaram revolucionárias na passagem do século XIX para o XX. De 1890 a 1930 floresceram diversas escolas (construtivismo, futurismo, raionismo, suprematismo e neoprimitivismo) que formavam ao mesmo tempo a *avant-garde* na Rússia e no mundo.

A Academia de Artes da Rússia foi criada em 1757 (então sob o nome de Academia das Três Artes mais Nobres e, depois, Academia Imperial de Artes). Com o tempo, e com a chancela governamental, tornou-se a autoridade máxima no assunto. Ela favorecia o estilo neoclássico inicialmente, incorporando o romantismo na primeira metade do século XIX. Em meados do século XIX, sua autoridade seria contestada. Inicialmente pelos pintores realistas, que passaram a descrever algo mais próximo à vida diária dos próprios russos, muitos com forte crítica social. Um grupo de artistas realistas, chamados *peredvizhiniki* ("os andarilhos" ou "os itinerantes") se rebelou contra os cânones clássicos e limitações formais da Academia e criou sua própria instituição, separada, a Sociedade das Mostras Itinerantes de Arte (1870). O grande nome dos *peredvizhiniki* foi o pintor e escultor Ilya Repin (1844-1930). Seus dois quadros mais famosos são *Barqueiros do Volga*, que mostra os camponeses que puxavam barcaças no leito do rio Volga, e *Ivan, o Terrível, e seu filho Ivan na sexta-feira, 16 de novembro de 1581*, que mostra o czar Ivan arrependido logo após matar o próprio filho em um acesso de raiva.

Com temas fortes e traços marcantes, o pintor e escultor Ilya Repin ganhou notoriedade com *Barqueiros do Volga*. Seu *Ivan, o Terrível, e seu filho Ivan na sexta-feira, 16 de novembro de 1581* retrata o desespero do czar após assassinar seu próprio filho.

Os *peredvizhiniki* tinham forte consciência social e muitos deles (e dos realistas em geral) seguiram caminhos revolucionários na política contra o czarismo e a opressão das massas. Após os realistas, surgiram os simbolistas a partir da década de 1890. Apesar de o simbolismo ter sido mais forte na literatura (o poeta Aleksandr Blok foi seu nome máximo), também teve reflexo nas artes. Os pintores Mikhail Vrubel (1856-1910) (*O Demônio Sentado*, 1890, e *O Demônio Deprimido*, 1902), Viktor Borisov-Musatov (1870-1905) e Mikhail Nesterov (1862-1942) guardavam em si muitas das características do simbolismo europeu em geral, como a ênfase na intuição, no misticismo, na utilização de símbolos ou imagens religiosas ou místicas na leitura de fenômenos do mundo material.

O simbolismo e o realismo já existiam na Europa e se espalharam também pela Rússia. Mas alguns dos movimentos de vanguarda que viriam depois eram novidade no mundo todo e chegaram a influenciar o próprio Ocidente. Esse fermento artístico tem a ver com o fermento político pelo qual passava a sociedade russa no período final do czarismo e a instalação de um regime socialista pela via revolucionária. Uma arte revolucionária para um período revolucionário. Entre 1890 e 1930, neoprimitivismo, suprematismo, construtivismo, raionismo e futurismo fariam experimentos que revolucionariam as artes na Rússia nas obras de Marc Chagall (1887-1985), Wassily Kandinsky (1866-1944), Kazimir Malevich (1879-1935) e outros. Vejamos essas diferentes tendências dentro da vanguarda artística russa.

Convém lembrar que essas diferentes escolas muitas vezes interagem e se interpenetram, até mesmo com uma sendo parte da outra ou compartilhando muito terreno em comum e artistas transitando entre uma e outra. Vários artistas do futurismo vieram do neoprimitivismo, por mais que tais denominações pareçam opostas. A razão disso é que todas essas vanguardas compartilhavam o objetivo comum de sair dos cânones oficiais ortodoxos passados e explorar novos horizontes. Isso as fazia trocar muito entre si e, por vezes, elas se confundiam e fundiam umas com as outras.

Um exemplo seria Wassily Kandinsky. Considerado por alguns o primeiro pintor de arte verdadeiramente abstrata do mundo, foi influenciado pelo simbolismo russo e pelas vertentes cubistas de outros movimentos que desembocariam posteriormente no futurismo russo. Além de quadros seminais, como *O Cavaleiro Azul* (1903) e sua série de *Composições*, Kandinsky foi uma das maiores influências do século xx na teoria da arte. Ligou-se às vanguardas em Munique, na Alemanha. Voltou para a Rússia e, entre 1918 e 1921, colaborou na pedagogia de arte e reforma de museus. Nesse momento, fica evidente em sua arte o desejo de reconstrução da sensibilidade, da reordenação do mundo e contrário à arte como imitação do real. Ou seja, a ideia de construir o "novo homem" que a nascente cultura socialista traria. Ainda neste espírito, volta

Montagem do jornal *San Francisco Examiner* de 1º de novembro 1925 mostra Galka Scheyer, Lyonel Feininger, Wassily Kandinsky, Paul Klee e Alexei Jawlensky (esquerda para direita): os artistas russos ganham o mundo.

à Alemanha para trabalhar na Bauhaus. Porém, a crescente influência do partido bolchevista sobre a arte e sua função – que levou ao "realismo socialista" – fez com que Kandinsky se tornasse malvisto entre os intelectuais comunistas.

Outro exemplo de como os russos já começavam a fugir da mera repetição de escolas europeias veio com o chamado neoprimitivismo. O primitivismo – fuga dos cânones da modernidade, resgate da arte e modo de vida simples de povos primitivos, como Gauguin fez com os taitianos – já existia na Europa. Entretanto, o neoprimitivismo russo mesclava estes elementos de busca do primitivo no passado (especialmente nas histórias orais, costumes e folclore dos povos russos antigos) com os experimentos de cubismo e futurismo da época na Rússia. O pintor e teórico de arte Aleksandr Shevchenko (1883-1948) fixou o nome do movimento em seu livro *Neoprimitivismo* (1913).

Do neoprimitivismo, como vimos, muito artistas partiram para o futurismo. O movimento fazia parte da vanguarda revolucionária, tanto em termos artísticos quanto políticos (devido à atuação política rebelde de muitos de seus membros). Teve muita força na literatura, por exemplo, na radicalidade de Maiakovski, mas influenciou também artistas gráficos e plásticos que ou aderiram ao movimento ou criaram movimentos próprios derivativos do futurismo. A proposta era iniciar uma arte totalmente nova e experimental. O futurismo se dividiria em duas correntes principais: o cubo-futurismo e o ego-futurismo.

O cubo-futurismo (Natalia Goncharova (1881-1962), Vladimir Burlyuk (1886-1917) e os próprios Mikhail Larionov (1881-1964) e Kazimir Malevich (1879-1935), inicialmente) era influenciado pelo cubismo, pelo neoprimitivismo, além do futurismo italiano. Os cubo-futuristas em geral tinham forte preocupação social. O ego-futurismo foi uma corrente minoritária fundada a partir do manifesto *Tabelas* (1912) de Igor Severyanin (1887-1941). Apesar de ser também arte experimental de vanguarda, defendia o ideal da arte pela arte, contestado por outras correntes do movimento.

Kazimir Malevich, que participara da fundação do cubo-futurismo, em 1915 se "desgarraria" e fundaria o suprematismo, uma concepção radical de formas geométricas puras. Seus dois quadros famosos (*Quadrado Negro* e *Círculo Negro*), que representam apenas um quadrado e um círculo negro sobre um fundo branco (sendo que o primeiro deveria substituir o ícone religioso no altar dos ícones do lar russo) ilustram sua "gramática" artística suprematista. O outro grande nome do suprematismo seria El Lissitiski (1890-1941). Por outro lado, Mikhail Larionov e Natalia Goncharova desenvolveram, em 1913, o que chamaram de raionismo. Partindo do princípio de que o que vemos não são os objetos em si, mas sim os raios de luz que se refletem neles, Larionov e Goncharova pintaram quadros em que havia uma profusão de raios de diferentes cores, causando impressões na retina dos observadores que refletiriam a realidade a ser transmitida pelo artista.

A arte se tornava, assim, cada vez mais abstrata, geométrica, repelindo os cânones clássicos e adotando o dinamismo e o senso de avanço da sociedade moderna sobre os modelos anteriores arcaicos da Rússia e do mundo. Mas, ao contrário do futurismo italiano, em que essa adoração da velocidade e dinamismo da sociedade industrial moderna levaria vários de seus membros, incluindo o fundador do movimento Filippo Marinetti, a defender o fascismo capitalista posteriormente, o futurismo russo, de maneira geral, seguiu uma alternativa de esquerda. Muitos de seus membros apoiaram os movimentos revolucionários socialistas que levariam à Revolução Socialista de 1917. Com a eclosão da Revolução Russa e os primeiros anos da construção socialista no país, foi se consolidando dentro dessa vanguarda artística a concepção do construtivismo, movimento originalmente russo (ou melhor dizendo, soviético, pois incluía vários artistas das outras nacionalidades do Estado soviético) e que influenciou correntes no Ocidente como Bauhaus, o grupo holandês De Stijl e outros. Adotando o dinamismo do mundo novo industrial tecnológico conjuntamente com as aspirações políticas socialistas da Revolução Russa, os construtivistas propunham abandonar o foco artístico tradicional na composição e enfatizar a construção. A obra artística não deveria almejar mostrar uma beleza abstrata ou apenas refletir a subjetividade do autor, mas sim estudar e manipular cuidadosamente os materiais utilizados para a criação de objetos funcionais que participem na construção do mundo novo. O originador do construtivismo é considerado Vladimir Tatlin (1885-1953) que, em 1915, havia exibido inusitados contrarrelevos (estruturas de madeira ou ferro para serem penduradas nos cantos das paredes). Tatlin também projetou o que é considerado a obra mais marcante do construtivismo: o *Monumento à Terceira Internacional* (1920), uma gigantesca torre de ferro ligeiramente inclinada que deveria ultrapassar em altura a torre Eiffel em Paris. Era um projeto soviético combinando elementos da torre Eiffel e da torre inclinada de Pisa, mas não chegou a ser construído.

Essas vanguardas sobreviveriam (e mesmo floresceriam) nos anos 1920 na União Soviética. Com o advento do stalinismo desenfreado na década de 1930 sofreriam retração e a arte na URSS passaria a ser monopolizada pelo estilo favorecido oficialmente: o realismo socialista.

CINEMA

O cinema russo também foi revolucionário. Na década de 1920, os soviéticos estiveram na vanguarda artística cinematográfica com as obras de Sergei Eisenstein (1898-1948). Seus filmes pretendem induzir ao debate de ideias, e a montagem das cenas explora o contraste das imagens. *A greve*, de 1924, mostra sua estética recheada de metáforas e ação. No ano seguinte, dirige sua obra-prima, *O encouraçado Potemkin*, uma homenagem aos 20 anos do levante popular russo de 1905, precursor da revolução. É um filme clássico, considerado pelos críticos um dos mais importantes da história do cinema.

A chamada vanguarda do cinema soviético compreendeu ainda Aleksandr Dovjenko (1894-1956) e Pudovkin (1893-1953). O primeiro, ucraniano, serviu à Revolução como cônsul em Varsóvia, Munique e Berlim. Ao voltar para a Rússia, torna-se cineasta. Entre outros, ficou conhecido com *Zvenigora* (1928), narrativa da história do povo ucraniano até a Revolução Bolchevista. Com *Shchors* (1939), sobre a luta socialista na Ucrânia, ganhou o primeiro de seus dois prêmios Stalin (1941/1949). Realizou três longos documentários durante a Segunda Guerra Mundial. Depois disso, entrou em desgraça, concluindo ainda *Mitchurin* (1946). Já Pudovkin foi capturado pelos alemães durante a Primeira Guerra Mundial. Após o conflito, abandonou a engenharia e dedicou-se ao cinema. Contrastando com o estilo de Eisenstein, seus filmes costumam enfocar a ação – e coragem – individual. Ele tornou-se conhecido com *Mãe* e *Tempestade sobre a Ásia*.

O país teve, ainda, muitos nomes importantes. Lev Kuleshov (1899-1970), por exemplo, criou a primeira escola de cinema do mundo.

Mesmo os períodos stalinista e pós-stalinista (com muita censura) tiveram alguns destaques, como *As cegonhas estão voando* (de Mikhail Kalatozov (1903-1973), que ganhou a Palma de Ouro no Festival de Cannes em 1958), *Balada de um soldado* (que ganhou o prêmio britânico BAFTA de melhor filme em 1959), *Guerra e paz* (a milionária adaptação de oito horas do romance de Tolstoi por Sergei Bondarchuk (1920-1994) em 1965) e *Moscou não acredita em lágrimas* (1979) de Vladimir Menshov (1939-). O maior nome da cinematografia soviética pós-Segunda Guerra foi o mundialmente aclamado Andrei Tarkovski com *Andrei Rublev* e *Solaris*.

Há filmes que não ganharam o mundo, mas que estão na lista dos preferidos dos próprios russos. *O sol branco do deserto* (1970), de Vladimir Motyl (1927-2010), é o primeiro "faroeste passado no Oriente" asiático da URSS que, por tradição, é sempre assistido pelos astronautas russos antes de irem a missões no espaço. O filme se tornou tão popular que várias expressões que fizeram sucesso na tela entraram no vocabulário do dia a dia do russo: "O Oriente é uma coisa sutil"; "Alguma pergunta? Nenhuma pergunta."; "É mais calmo quando se está morto, mas também é mais chato".

Entre os filmes mais queridos dos russos ainda há a comédia satírica *Ironia do destino* (1975), de Eldar Ryazanov (1927-), sempre televisionada no dia do Ano-Novo. A minissérie televisiva de 1973 *Dezessete instantes da primavera* introduziu o personagem do espião russo Maksim "Stierlitz" Isaev, uma espécie de "James Bond" soviético. Destacam-se, ainda, duas comédias-pastelão de Leonid Gaidai (1923-1993), *Operação Y e outras aventuras de Shurik* e sua continuação *Rapto em estilo caucasiano*, respectivamente, de 1965 e 1967. No período pós-soviético, os filmes de Nikita Mikhalkov (1945-) têm se sobressaído no exterior (*e.g.*, *Olhos negros*, com Marcelo Mastroiani, de 1987, *O sol enganador*, de 1994).

MÚSICA

A musicalidade do povo russo é proverbial. No século XIX, o povo, em grande parte analfabeto e sem acesso às artes plásticas, canalizava para a música muito do seu talento. Os judeus, de forma particular, voltaram-se às atividades musicais. Não

Povo musical por excelência, os russos não se apresentam apenas em grandes orquestras do mundo todo. É comum vê-los nas esquinas tocando em pequenos conjuntos. Acima, uma apresentação à beira de um canal em São Petersburgo.

havia festa de casamento em aldeias que não exigisse a presença de um conjunto de *klezmers*, um violino, uma flauta e um contrabaixo, no mínimo. Nos dias de hoje há um grande movimento que busca retomar essa música *klezmer*, incluindo nele músicos eruditos de primeira linha, como Itzhak Perlman (1945-); nela podem-se notar traços da música russa tradicional, assim como da judaica e até da música cigana.

Os russos desenvolveram ainda um vasto repertório de música religiosa, cantada geralmente apenas pelos homens. Mas não foi nessa área que mostraram todo o seu talento, mas na música clássica. Consumidores da música europeia, Mozart e Beethoven estavam presentes em saraus. Com as mudanças na sociedade russa no século XIX começam a surgir, de um lado, compositores notáveis e, de outro, músicos extraordinários. Na primeira categoria não se pode deixar de ressaltar Peter Ilich Tchaikovsky

(1840-1893), maior nome do romantismo russo e um dos maiores do mundo. Sua obra vai de sinfonias a balés, de concertos a óperas. Todos conhecem o seu badalado concerto para piano e orquestra, executado pelos maiores intérpretes em todos os tempos. Seu concerto para violino é igualmente executado, para prazer das plateias. Contudo, suas obras mais conhecidas hoje em dia talvez sejam as suítes dos balés *O quebra-nozes*, *O lago dos cisnes* e *A bela adormecida*. Em muitas capitais do mundo (inclusive em São Paulo) há uma tradição de se executar, no mês de dezembro, o balé *O quebra-nozes*, de modo a popularizar ainda mais essa obra. Tchaikovsky também criou algumas obras polêmicas, como *Capricho italiano*, que os críticos consideram *kitsch* e, principalmente, *1812*, uma pequena peça que exige a presença de carrilhões de sinos e de canhões disparando poderosos tiros entre os instrumentos da orquestra... Essa obra costuma ser especialmente malvista pelos franceses, pois descreve a derrota de Napoleão Bonaparte em sua tentativa de conquistar a Rússia. Nela, a *Marselhesa* é abafada pelo hino czarista, pelos sinos e pelos tiros de canhões.

Mas essa foi uma incursão ocasional de Tchaikovsky, que produzia uma música mais universal. Nacionalista, por definição e convicção, foi "O grupo dos cinco", inspirado em Glinka (1804-1857) e composto por Balakirev (1837-1910), Mussorgsky (1839-1881), Borodin (1833-1887), Rimsky-Korsakov (1844-1908) e Cesar Cui (1835-1918), com a preocupação de ressaltar aspectos do universo russo, mesmo os menos conhecidos pelos próprios russos. *Ruslan e Ludmila*, do primeiro, a ópera *Boris Godunov*, de Mussorgsky (que também compôs *Quadros de uma exposição*), *Nas estepes da Ásia Central*, de Borodin, e *A grande Páscoa russa*, de Rimsky-Korsakov (embora este seja mais conhecido pela sua brincadeira *O voo do besouro*, desafio para virtuoses de qualquer instrumento) são exemplos da produção desses compositores preocupados em devolver ao mundo, sob forma musical, o empréstimo técnico obtido por eles. Com a facilidade que a internet oferece não custa ao leitor tentar ouvir trechos das músicas citadas.

Mas não ficamos aqui. Logo depois aparece um grande compositor que é considerado um romântico tardio, uma vez que ainda estrutura parte de sua obra em harmonias utilizadas em meados do século XIX. Falamos de Rachmaninov (1873-1943), autor do célebre *Concerto número 2* para piano e orquestra, e das mais célebres ainda *Variações sobre um tema de Paganini*. Acusado de produzir um tipo de música "superada", Rachmaninov, que foi também grande pianista e maestro, passou metade da sua vida no Ocidente, onde foi extremamente popular.

Enquanto isso, na Rússia e já na época da União Soviética, apareceram três dos mais importantes compositores clássicos de todos os tempos: Stravinsky (1882-1971), Prokofiev (1891-1953) e Shostakovitch (1906-1975). Este último sofreu muito com

A graça e a leveza da dança de Nijinsky.

a censura estabelecida pelo regime soviético, corporificado pela figura de Andrei Jdanov, que, defensor incondicional do realismo socialista em nome do governo, sentia-se no direito de perseguir os artistas que fugissem do seu cânone. A luta pela livre expressão do pensamento e da arte, discurso importante dos revolucionários de 1917, foi substituída por uma arte utilitária, a serviço do regime. A livre criação não era aceita pelo regime stalinista, o que levou muitos artistas, de diferentes matizes, a emigrarem para o Ocidente.

Antes mesmo da Revolução Russa de 1917, Stravinsky, com menos de 30 anos de idade, já havia se tornado uma sensação em Paris com seu balé *O pássaro de fogo*, executado pelo grupo *Balés Russos*, coreografado e chefiado por Diaghilev, com figurinos revolucionários de Bakst, todos russos. Cansados dos maneirismos e do que consideravam excesso de civilização de sua cultura, os franceses ficaram maravilhados com certo "primitivismo" da arte russa, na verdade, com a lufada de frescor que a cultura russa enviava para o Ocidente. Isso é percebido pelo então jovem pintor Marc Chagall, que reelabora a cultura do *shtetl* (aldeia com forte presença judaica na Rússia e Europa Oriental), produzindo uma pintura cuidadosamente concebida, mas com uma aparência um pouco primitiva. Assim também eram vistos a obra de Stravinsky, as coreografias e os saltos acrobáticos de Nijinsky dançando *Petruchka*, a vigorosa literatura e, mais que tudo, os músicos russos.

Grandes músicos, os russos. Os melhores críticos não economizam elogios a esses intérpretes que, segundo se diz, aliam a precisão dos alemães com a emoção dos italianos. Particularmente nas cordas (mas não só), os músicos russos criaram uma escola imbatível, com violinistas do quilate de David (1908-1974) e Igor Oistrach (1931-) e violoncelistas da dimensão de Mstislav Rostropovich (1927-2007). A Orquestra Sinfônica de Leningrado (depois São Petersburgo) tem sido considerada uma das melhores do mundo. O regime soviético deu sequência a uma política de formação de músicos não só das grandes cidades da região ocidental, como também dos rincões mais remotos (da mesma forma que fazia com relação aos atletas), descobrindo e estimulando talentos, criando conjuntos musicais que iam de trios a orquestras de cem músicos.

Com o fim do Estado comunista, esse estímulo sofreu uma interrupção de continuidade súbita, provocando um êxodo artístico nunca visto antes. O que pode não ter sido bom para a Rússia (e a União Soviética, assim como para outros países a ela vinculados, como a Bulgária, a Lituânia e a Ucrânia), foi muito positivo para a Europa Ocidental, os EUA e até o Brasil. Para cá afluiu um importante número de músicos que ficaram sem perspectivas profissionais exatamente quando a Osesp (Orquestra Sinfônica do Estado de São Paulo) se reestruturava e abria concursos internacionais para o preenchimento de vagas. Outras importantes orquestras, como a Filarmônica de Israel, ganharam uma injeção de qualidade graças a este êxodo de virtuoses. Pequenas formações foram criadas por músicos russos, com resultados variáveis; algumas delas faziam concertos muito concorridos e chegaram a gravar discos que se tornaram referência para os amantes da música clássica, enquanto outras passaram a tocar em feiras de artesanato, em estações de metrô ou mesmo na rua em troca de moedas.

A melhoria econômica atingida uma década depois não trouxe de volta todos os que saíram (mesmo porque muitos já estavam bem alocados, tinham constituído família e não cogitavam retornar), mas permitiu a retomada de instituições de formação musical de alto nível, fazendo com que uma vez mais o mundo fosse surpreendido com uma nova leva de grandes virtuoses, como o assombroso pianista Denis Matsuev (1975-).

NOTA

[1] Por insistência do editor, que não se conformou em eu ser excessivamente pudico e não nomear, no texto, as quatro palavras que constituem o cerne do *"mat"* russo, vou enumerá-las aqui. São, respectivamente (em relação às descrições no parágrafo anterior), as seguintes: *blyad', ebat', pizda, khui*. Para se ter uma ideia da verdadeira linguagem que é criada a partir dessas quatro palavras tabu, basta ilustrar com a seguinte frase poética emitida em um canteiro de obras por um capataz contrariado ao notar que o operário tinha feito produtos além do que lhe tinha sido pedido: "Na **khuy**a do **khuy**a na**khuy**aril? U**eby**vai na **khui**!" (que traduzido para russo decente significa: "Por que você fez tanto? Sai daqui!"). Note que todos esses verbos, advérbios, pronomes, conjunções etc. são formados a partir de apenas duas das palavras acima de *mat*.

COMO PENSAM, COMEM, VIVEM E SE DIVERTEM OS RUSSOS

CULINÁRIA

Batata, legumes e carne suína: esses são os alimentos mais comuns do cardápio russo. Sopa e chá são sempre bem-vindos, especialmente no frio (o que não é exatamente raro por lá). As principais sopas são *borsch* (de beterraba) e *shchi* (de repolho). O consumo de carne suína e de pequenos animais (incluindo aves) é o mais tradicional, mas a carne bovina tem conquistado os russos na época pós-soviética, principalmente entre as camadas mais abastadas. Almôndegas costumam fazer sucesso.

O caviar, que é considerado um artigo de alto luxo no Ocidente, também é caro na Rússia, mas não tanto. Existem marcas melhores e mais caras que são consumidas apenas ocasionalmente, mas existem marcas mais baratas e acessíveis. Para acompanhar, o pão preto russo de centeio constituiu sempre um dos principais esteios da alimentação do povo. É mais saudável e nutritivo que os pães de farinha branca.

Em vez de saladas, os russos preferem legumes cozidos (como cenoura ou beterraba) ou as conservas, do tipo picles. Muitos as fazem em casa. Especialmente populares são os picles de pepino: servem como um dos *zakuski* (acompanhamentos sólidos para beliscar), muito utilizados para serem degustados entre goles de vodca. Voltaremos a essa bebida em breve.

A refeição russa completa é tradicionalmente dividida em quatro partes, chamadas literalmente de Primeira, Segunda, Terceira e Quarta. A Primeira (o equivalente à nossa "entrada") é uma sopa. Em seguida, vem o prato principal, geralmente carne com um acompanhamento (batata, macarrão etc.). A Terceira é a bebida (chá, café, iogurte líquido etc.). E, finalmente, a Quarta é uma sobremesa.

O caviar não é prato do dia a dia russo, mas é mais barato do que no Ocidente.

Um doce caseiro muito apreciado é o *varen'e*. Cozinham-se pequenas frutas (como amora, cereja) em água e açúcar formando uma espécie de geleia. As frutas são mantidas sólidas e íntegras ao mesmo tempo que são circundadas por líquido viscoso doce. Uma variação é o *kompot*, que consiste em ferver água, açúcar e pequenos frutos de modo a fazer um líquido doce, que pode ser bebido como uma espécie de refrigerante caseiro natural.

Outro prato tradicional é a *kasha*, um tipo de mingau ou papa que pode ser feito de diversos cereais (milho, arroz, trigo e outros) e servido salgado ou doce. Os russos comem *kasha* tanto no café da manhã, quanto no almoço ou jantar, inclusive como prato principal. Há, ainda, uma grande riqueza de pastelões (*pirozhiki*) na cozinha russa que frequentemente vêm com recheio misto de carne e diferentes tipos de hortaliças e cogumelos. Outro prato muito popular são os *blini* (panquecas).

Essa é uma rápida descrição da alimentação russa tradicional, que remete à base de alimentos bastante integrais e de feitura caseira dos camponeses russos ao longo dos tempos. Desde o fim da URSS, no entanto, os hábitos alimentares do Ocidente têm penetrado no país. O primeiro McDonald's foi inaugurado ainda nos tempos finais soviéticos (1990) e recebia filas diariamente. Cadeias de restaurantes *fast-food*, pizzarias e outros estabelecimentos e comidas do tipo ocidental têm competido com os tradicionais *pirozhiki, blini* e outros componentes da culinária russa tradicional pelo coração (e estômago) dos nativos. Em 1994, a Coca-Cola, outro símbolo norte-americano, instalou sua primeira fábrica por lá. Atualmente são 15.

Embora enfrente a concorrência de bebidas alcoólicas e não alcoólicas, a vodca mantém seu *status* elevado.

Vodca

Se os brasileiros têm como bebida nacional a cachaça, os russos têm a vodca. A palavra vem de *voda* (água) e significa literalmente "pequena água" ou "aguinha". O termo, porém, não corresponde ao alto teor alcoólico da bebida: 38% é o teor padrão, apesar de algumas vodcas especiais terem componente de até mais de 50%. A vodca é feita pela destilação de substâncias fermentadas, tais como batata, cereais ou mesmo algumas frutas. Rússia e Polônia disputam a honra de terem sido o berço da iguaria, na virada do primeiro para o segundo milênio d.C. (algo como a disputa entre brasileiros e norte-americanos sobre a invenção do avião entre Santos Dumont e os irmãos Wright). Mas os russos definitivamente fizeram da vodca sua bebida nacional.

Há até rituais consagrados. Por exemplo: sempre beber a três (*troika*). Isso porque beber sozinho é ruim (pode levar a problemas de alcoolismo e solidão), em duas pessoas pode ser enfadonho e, assim, três é o número ideal para uma atmosfera íntima, mas não solitária. Outro costume é sempre "beliscar" *zakuski* (literalmente, "algo que se morde depois") imediatamente após os tragos. Entre as *zakuski* mais populares estão pepinos em conserva, salsicha e peixe. Dessa forma, pode-se beber muito sem ficar bêbado logo ou ter ressaca forte no dia seguinte.

O brinde russo vai muito além do nosso "saúde". Nessas ocasiões, os russos fazem pequenos discursos filosóficos, desejando felicidade, sucesso e outras coisas de forma pormenorizada e personalizada. Então, já vá treinando seu discurso. Para começar, treine "*Vashe zdorovie!*" ("À sua saúde!") ou "*Za vas*!" (A vocês!). Mas se quiser realmente fazer bonito – e conquistar novos amigos –, espere o anfitrião fazer as honras na mesa e, em seguida, diga palavras agradáveis a respeito dele e todos os presentes.

O apreço dos russos pela vodca – que significa literalmente "pequena água" – não é segredo. Mas eles também gostam de cerveja e *kvas*.

Na Rússia fazer um brinde é considerado uma habilidade social importante, mas no Cáucaso isso é elevado à condição de arte oratória em si... Um brinde georgiano – ainda mais em situações especiais como aniversário ou casamento – é um verdadeiro discurso, que pode se prolongar por mais de 15 minutos.

A vodca, porém, não é associada apenas à festa e celebração. Como na Finlândia e alguns outros países do leste da Europa, o alcoolismo historicamente tem constituído um problema e uma preocupação nacional. Era assim na época do czarismo e da União Soviética. Na economicamente catastrófica década pós-soviética de 1990, os problemas de desemprego e desajuste social elevaram o alcoolismo a uma das causas principais da queda, no período, da expectativa de vida média da população do país. Assim, a vodca é ao mesmo tempo a companheira de momentos de prazer social entre os russos (especialmente os homens) e também um flagelo. Nos anos 2000, com a melhoria da situação econômica, a situação sanitária também se tornou menos dramática. E o consumo generalizado de cerveja, antes visto como um hábito mais ocidental, aumentou muito, chegando a concorrer estatisticamente com a vodca. Em 2010, os russos consumiram em média 12,5 litros de bebidas alcoólicas *per capita* por ano, sendo que a cerveja respondeu por 4 litros e a vodca por pouco mais de 5 litros. Ironicamente, o que poderia significar uma melhora na situação de alcoolismo no país (as pessoas, especialmente os jovens, passarem a consumir uma bebida de menor teor alcoólico, como a cerveja) se revelou um perigo. Acostumados a beber uma bebida forte, os russos encaram a cerveja como "inofensiva", que pode ser consumida livremente. Isso tem levado alguns a um exagero no consumo da cerveja, com consequências nefastas, como acidentes de trânsito por exemplo.

Os russos têm, ainda, uma bebida alternativa interessante, na fronteira entre o que é alcoólico e não alcoólico: o *kvas*. Fermentada a partir de pão de centeio, possui teor alcoólico entre 0,05% e 1% e é vendida em quiosques nas ruas.

ESPORTES

Olimpíadas de Moscou, 1980. Apesar de um boicote maciço do Ocidente – especialmente dos Estados Unidos –, os jogos emocionaram o mundo. No quadro de medalhas, a União Soviética dominou com folga, premiando o investimento no esporte de ponta. O ginasta Aleksandr Dityatin com seus movimentos perfeitos conquistou oito medalhas. O dobro do que toda a delegação brasileira. O feito tão extraordinário

O ursinho Misha, símbolo das Olimpíadas de 1980 de Moscou, até hoje é lembrado como um dos mascotes mais queridos dos jogos.

sobreviveu à Guerra Fria e mesmo ao fim da URSS: só seria igualado em 2008 pelo nadador norte-americano Michael Phelps, em Pequim.

Em meio à dureza da competição e da guerra não declarada, a cena que marcaria os jogos é de ternura: no encerramento, o ursinho Misha, mascote, solta uma lágrima. A singela lágrima, porém, não diminuiu a vontade da União Soviética de superar o adversário, já que a URSS era também uma superpotência esportiva. Fazia parte da competição ideológica com o capitalismo a disputa por medalhas olímpicas com os EUA. Participou de nove edições dos jogos olímpicos (de 1952 a 1988. Em 1984 boicotou os jogos de Los Angeles). Obteve o maior número de medalhas em sete deles e o segundo maior número nas outras duas! Seus times de voleibol, basquetebol, esportes de inverno e vários outros eram memoráveis. Os soviéticos investiam esforço e dinheiro para fornecer aos atletas de ponta condições excelentes para criar

Esporte e política sempre estiveram muito associados. As Spartakiadas – homenageadas no selo acima – deveriam funcionar como um rival comunista às Olimpíadas e envolviam todo o bloco de poder da URSS.

equipes competitivas em nível mundial. Isso gerava uma situação de tensão com os países capitalistas no caso das Olimpíadas. Teoricamente, as Olimpíadas, no auge da Guerra Fria, eram apenas para atletas amadores. Entretanto, os esportistas soviéticos recebiam auxílios e bolsas (além de outros privilégios, como autorização para faltar em seus locais de trabalho nominais) que representavam verdadeiros salários e condições de atletas profissionais. As potências olímpicas capitalistas reclamavam desta situação, mas também tinham seu telhado de vidro: muitos atletas amadores ocidentais de ponta recebiam patrocínios que equivaliam a verdadeiros salários.

No período pós-soviético, a Rússia vem encontrando dificuldade para manter um nível à altura no esporte mundial. A imensa crise econômica dos anos 1990 no país levou a que o financiamento desportivo caísse e os russos não mais conseguissem ganhar tantas medalhas quanto antes. Seus times já não metem medo nos adversários como acontecia. Porém, se a Rússia nunca liderou o quadro como a antecessora sempre esteve entre os três primeiros colocados.

Uma curiosidade sobre os esportes na URSS foi a existência das Spartakiadas. No período anterior à Segunda Guerra Mundial, os soviéticos tentaram criar uma rival comunista para as Olimpíadas. Organizaram uma competição multiesportiva internacional regular que nomearam em homenagem a Espártaco, o legendário líder de uma gigantesca rebelião de escravos romanos. A ideia era dar um caráter classista à competição em contraste com a "aristocrática Olimpíada". A primeira Spartakiada de inverno foi realizada em Oslo em fevereiro de 1928, seguida da Spartakiada de verão em Moscou em agosto de 1928. A segunda ocorreu em Berlim em 1931. As Spartakiadas internacionais terminaram quando a URSS se juntou ao movimento olímpico internacional em 1952. Mas os soviéticos promoveram uma continuação das Spartakiadas em nível interno. A partir de 1956, organizaram-se as "Spartakiadas dos Povos da URSS", uma competição imensa que se realizava regularmente (em geral de quatro em quatro anos) em que podia participar qualquer pessoa, de cidadãos comuns a atletas de alto nível. Era algo como a maratona de Nova York ou a São Silvestre de São Paulo em que ao lado de pessoas comuns ou atletas amadores concorrem atletas profissionais. Como englobavam diversos tipos de esportes, estas Spartakiadas soviéticas tinham participação massiva: na Sexta Spartakiada de Verão chegaram a participar 90 milhões de cidadãos soviéticos. O esporte fazia parte da Guerra Fria e os comunistas esperavam com a massificação do esporte colher um grande número de atletas de alto nível.

Atualmente, mesmo nos esportes de inverno, sua grande especialidade, houve uma queda. Por isso os jogos olímpicos de inverno de 2014, que serão realizados no balneário russo de Sochi, no mar Negro, estão sendo vistos como uma prova de fogo para a nação. Os russos querem, de qualquer maneira, se recuperar dos relativos "fiascos" nas últimas olimpíadas em alguns esportes que antes dominavam. "Sochi-2014" é um mote que está em toda parte pelo país. Igualmente, a realização da copa do mundo de futebol em 2018 na Rússia tem levantado o entusiasmo dos fãs no país. E pensando a longo prazo, os russos decidiriam fazer um convênio com um time brasileiro. O Figueirense fornece mão de obra e, principalmente, técnicas para formação de jogadores. No pequeno povoado de Kabardinka, à beira do mar Negro, uma escola de futebol abriga meninos de 12 a 13 anos e de 16 a 17. Eles recebem alimentação, moradia, atendimento gratuito e, principalmente, o treinamento em futebol com um técnico brasileiro.

Fora dos esportes olímpicos, no xadrez o campeão mundial desde a década de 1930 até a dissolução da URSS, em 1991, sempre foi um soviético (com a exceção do breve período 1972-1975, em que o campeão mundial foi o norte-americano Bobby Fischer).

Mas nem só desses esportes conhecidos vive a Rússia. Assim como o Brasil tem a capoeira e outros esportes peculiares, a Rússia guarda algumas curiosidades. Por exemplo, o atleta-presidente Putin é um dos praticantes do *sambo*, uma arte marcial russa criada pelo exército soviético nos anos 1920 e que mistura técnicas de judô e karatê com formas de lutas nativas antigas das repúblicas soviéticas. Outro esporte curioso é a natação invernal, quando se abre um buraco no gelo de lagos congelados e se nada, de sunga ou maiô, na água gelada no inverno. Dizem que, se praticada adequadamente, ou seja, "sem exageros" (sic!), esse esporte aumenta a resistência corporal a resfriados e gripes. Aprendi na pele esta lição, pois no início de minha estada na URSS, eu vivia gripando no inverno. Depois que aderi ao esporte gelado, quase não me gripei mais.

FESTAS, ATRASOS E OUTROS FORAS

O fim da União Soviética teve consequências imediatas, mas a transição é percebida ainda no dia a dia do russo. O momento é de passagem de um sistema socialista para um capitalista. Na parte da economia, essa transformação se processa mais rápido. Fábricas são abertas, lojas diversificam as possibilidades de consumo, alguns enriquecem rapidamente. Entretanto, hábitos e mentalidades enraizados demoram mais a mudar. Assim, há diferentes ritmos para diferentes grupos e faixas etárias da população. Os mais velhos ainda se mantêm com uma sensível carga de influência do período soviético. As gerações mais novas já se diferenciam tanto dos pais quanto dos avós e são as mais afastadas da visão que temos do *homo sovieticus*. É importante manter esse aspecto transicional em mente quando falarmos das características mais comuns dos russos em seu cotidiano.

Como é o dia a dia típico dos russos atuais e como ele se diferencia do final dos tempos soviéticos? Quando morei na Rússia nos anos 1980, já sob a Perestroica, Moscou era uma cidade em construção ou remodelação. Era incrível o número de edifícios sendo construídos ou reformados e o número de caminhões passando pelas ruas. Como quase não havia carros particulares nas ruas, o número de caminhões parecia gigantesco. Praticamente não existiam aqueles cartazes a gás neon cheios de propaganda que vemos nos países capitalistas. Nesse sentido, Moscou à noite parecia uma pacata cidade pequena do Ocidente: as pessoas dormiam cedo para trabalhar no dia seguinte e quase não havia vida noturna ou mesmo bares. Lembrando-me do que via nas grandes cidades brasileiras, com muitas pessoas nos bares praticamente todo dia até tarde da noite, o contraste era muito forte. Existiam restaurantes, mas praticamente não havia bares ou *pubs* onde as pessoas sentam e ficam bebendo por várias horas. Festas e reuniões com amigos aconteciam em casa e não na rua. Era o que chamamos no Brasil de "festinhas" ou "reuniõezinhas". Quando, além de conversar em grupo regado à vodca ou chá, alguém queria dançar, chegavam-se os móveis para o lado e iniciava-se o "arrasta-pé".

Nas duas últimas décadas, na Rússia pós-soviética, esse cenário mudou. As cidades russas agora são tão cheias de cartazes noturnos a gás neon quanto as ocidentais. E há bares e *pubs* no sentido ocidental. Mas (até devido aos preços altos destes estabelecimentos para uma boa parte da população), os hábitos gregários das festinhas em casa de amigos continuam com toda força.

Para mim, as reuniões tinham um gostinho extra: era a chance de conhecer melhor a intimidade do povo local. Hospedado em alojamento estudantil e cercado por estrangeiros, a oportunidade que eu tinha de conhecer russos genuínos era na rua. Mas o primeiro contato é difícil. Para se enturmar, não funciona muito o papo na rua com estranhos. Geralmente é preciso conhecer alguém. Esta pessoa te apresenta ao grupo dela. E, a partir daí, os russos vão se abrindo e se tornando seus amigos. Agora, convidado para uma festinha, eu teria mais chances de amizade.

Comecei com uma gafe. Na verdade, um choque cultural que só fui perceber muito tempo depois: a questão da pontualidade e horários. Os russos não são tão pontuais quanto os alemães e suíços, mas certamente são *muito* mais pontuais que os cariocas! (o que, convenhamos, não é nenhum grande elogio...). Os russos são muito hospitaleiros e, como os brasileiros, gostam de "fazer sala": não são muito diretos ou rudes com os hóspedes, mesmo que esses estejam cometendo uma indelicadeza. Assim, levou um ano para a anfitriã da casa onde participei de muitas reuniõezinhas me dizer, cheia de dedos: "Seu comportamento tem chocado um pouco as pessoas aqui". Surpreso, eu balbuciei: "Meu comportamento? Por quê?" Ela prosseguiu: "Você chega 20 minutos, às vezes meia hora atrasado para os jantares a que foi convidado, senta e age como se nada tivesse acontecido". De fato, era meu hábito. Afinal, os cariocas estão sempre atrasados, a começar pelos anfitriões de festas em sua preparações, e assim chegar com meia hora de atraso é praxe e até uma forma de cortesia. Na Rússia, não é nada disso. As pessoas são mais pontuais e geralmente os anfitriões estão sempre no horário para receber os convidados. Ninguém atrasa? Sim, mas existe uma *regra de ouro*. Atrasos de até 15 minutos são desculpáveis. Mais do que isso, deve-se avisar que está atrasado e dar uma ideia de quando vai chegar. E eu pensando que atrasando de propósito 20 minutos estava fazendo um favor à anfitriã...

Nas casas alheias, os visitantes tiram os sapatos antes de entrar. Isso é para evitar que se traga sujeira da rua para dentro da casa, especialmente no inverno, quando os sapatos e botas vêm pingando de gelo e detritos. Mas ninguém fica descalço ou apenas de meias. Os russos têm, em suas casas, muitos pares extras de *tapochki* (chinelos) velhos e usados de diversos tamanhos que são calçados pelos visitantes com meias durante a visita. Inicialmente fiquei pouco entusiasmado com a ideia de colocar o pé para fora do sapato na casa de estranhos, mas depois notei que realmente é muito mais confortável ficar de *tapochki* que de pesadas botas de inverno dentro de casa durante um jantar.

Outros hábitos que se mantêm são gestos cavalheirescos, um tanto em desuso no Brasil entre os mais jovens. Quando se visita alguém, deve-se levar flores para a anfitriã. Da mesma forma, um homem deve sempre dar a mão à dama na saída de carro e de ônibus.

Banya, a sauna

Assim como a sauna está no DNA finlandês, os russos (especialmente os homens) não podem passar sem a sua *banya*. A *banya* russa é uma forma de sauna não extremamente quente (40 a 60 graus), mas com uma umidade muito alta (90 a 100%). Assim, como a praia é uma forma de vida para os brasileiros, a *banya* é tanto um momento de relaxamento, meditação e reflexão, como uma forma de vida social entre amigos. Tudo isso em um ambiente considerado medicinal e bom para a saúde. Uma *banya* russa contém uma cabine de madeira dividida em três partes (*hall* de entrada, local para tomar uma ducha e a cabine de vapor aquecida por um forno de pedra). A peculiaridade dos russos está no hábito de se "flagelarem" com *venik*, um instrumento parecido com um espanador ou vassoura de cabo curto que contém, em vez de cerdas, galhos com muitas folhas de árvores amarradas nela. No calor úmido da *banya*, os russos se batem de leve (às vezes não tão de leve) com esse instrumento, pois dizem que o contato das folhas com a pele na situação de calor e umidade forma uma massagem boa para os poros e melhora a circulação.

Ir a *banya*, a sauna russa, é um programa comum entre amigos.
Mas além da vida social, ela proporciona momentos de relaxamento e reflexão.

Maslenitsa, o carnaval

No Brasil, temos o Carnaval, que acontece antes da quaresma, os quarenta dias que antecedem a Páscoa. Na Rússia, na mesma época, há também uma festa de uma semana em que se come, bebe e dança antes de se entrar nas tradicionais privações de comida da quaresma: a *Maslenitsa*. A festa tem origem pagã. Nos tempos antes da cristianização da Rússia, os pagãos comemoravam o período do início da primavera (equinócio da primavera), demarcando o fim das privações do rigoroso inverno, com grandes danças e comedeiras. O grande prato era o *blini* (panqueca russa redonda e amarela como o sol da primavera). Cristianizada, a Rússia manteve a *Maslenitsa* pagã

Festa de origem pagã, a *Maslenitsa* sobreviveu à cristianização e ao comunismo. Com duração de uma semana, tem comidas e danças típicas.

com suas panquecas adaptando-a para o novo período antes da quaresma. O governo soviético não acabou com a tradição, que voltou mais forte ainda na Federação Russa pós-soviética. Na festa, que vai de domingo a domingo, há uso de máscaras, fogueiras, desfiles de trenó e lutas de neve. No centro da festa constrói-se uma boneca da chamada Senhora Maslenitsa, que no último dia é queimada na fogueira. Pelas dimensões, relembra mais as festas juninas brasileiras, mas os paralelos com o Carnaval são muitos. Além da origem mista cristã/pagã, o fato de ser antes da quaresma e cheia de máscaras, danças e brincadeiras, há as controvérsias sobre as origens dos nomes. O termo *Carnaval* se originou da expressão de origem latina *carnis valles* ("prazeres da carne", isto é, os deleites de se poder comer carne antes do tradicional jejum da quaresma). A origem mais aceita da palavra russa *Maslenitsa* é que ela deriva de *maslo* ("manteiga" em russo, a matéria usada nas panquecas *blini*), mas alguns filólogos dizem que o termo é uma versão antiga de *miasnoi post* ("jejum de carne"). Seja dançando seminus no calor escaldante, seja dançando em trenós na neve, brasileiros e russos arranjaram sua maneira de celebrar antes da entrada da quaresma.

MENTE OU ALMA?

Mas o que pensam e, principalmente, como pensam os russos? O que os ocidentais chamam de "a mente russa" ("*russian mind*") para entender o comportamento dos habitantes daquele país, na língua russa é traduzido por *russkaya dusha* ("a alma russa"). Essa nuança entre "mente" (racional) e "alma" (espiritual) está no centro de uma diferença importante. Os ocidentais são percebidos como racionais e materialistas enquanto os russos seriam mais espirituais. Não apenas no sentido religioso estrito (apesar de haver tal conotação também), mas principalmente no sentido de voltados para o mundo da cultura, para o mundo interior (da "alma") e não da realidade material imediata.[1] A percepção dessa diferença fundamental dá vazão a uma série de estereótipos sobre os russos como mais ricos espiritualmente (e mais pobres materialmente), fatalistas, resignados, capazes de suportar maiores sofrimentos externos, generosos e menos ligados ao dinheiro que à amizade ("Mais vale ter cem amigos que cem rublos", diz um provérbio).[2] Falaremos desses estereótipos mais para frente. Antes vamos voltar a Gogol e ao início do conceito da *dusha* russa.

O escritor Nicolau Gogol publicou, em 1842, o romance *Almas mortas*. Nele, o espertalhão Chichikov inventa um golpe contábil em que consegue receber pagamento por servos ("almas") já mortos. Em russo, no século XIX, a palavra "alma" (*dusha*) era utilizada para significar também "pessoas", e em especial "servos", em contagens como nos censos. A descrição satírica e crítica de Gogol do tratamento desonroso dados aos servos russos foi elevada à categoria icônica pelo crítico literário progressista de origem popular Vissarion Belinski. Ele inverteu a escala de valores sociais colocando o servo (*dusha*) russo como um símbolo do que havia de melhor na alma (*dusha*) russa em geral. A partir daí, uma série de autores começou a usar o conceito de "alma russa" associado a características espirituais do povo. Dostoievski trabalhou com esse conceito e a reverberação de seu trabalho levou a discussão do tema da "alma russa" ao Ocidente. A partir de então e até hoje o debate sobre a existência e as peculiaridades da *dusha* russa tem ocorrido tanto dentro como fora do país.

Personagem de Gogol, o trapaceiro Chichikov negocia almas.

Fora essa dicotomia básica entre "espírito" russo *versus* "razão" ocidental, uma série de outras características coadjuvantes foram sendo acrescidas ao longo do tempo na literatura e na sabedoria popular como típicas dos russos. Sobre este assunto, o psicólogo Júri Allik e sua equipe realizaram um trabalho de pesquisa muito interessante. Primeiramente, fizeram um levantamento das principais características associadas com a "alma russa" na literatura ficcional e acadêmica do país. Em seguida, fizeram um teste estatístico para verificar comparativamente se, nas percepções daquelas características específicas, os russos se diferenciam dos outros povos.

Para listar as características principais associadas à "alma russa", partem da definição da linguista Anna Wierzbicka das palavras *dusha* ("alma"), *sud'ba* ("destino") e *toska* ("melancolia") como as que mais essencialmente refletem a mentalidade russa nesse contexto. *Sud'ba* denotaria certo fatalismo dos russos, o que os levaria a tenderem para uma atitude melancólica perante a vida. Pela lista de autoestereótipos arrolada por Allik e equipe, os russos seriam gregários, algo indolentes, capazes de autossacrifício, extremistas (dados a reações exageradas), ligados mais em amizade e família e menos em dinheiro, entre outras coisas.

Interessante notar que no estudo estatístico de Allik e equipe, os russos não se diferenciaram sensivelmente de outros povos no que se refere à maioria dessas características. Isso mostra que os estereótipos são historicamente construídos e podem variar de época para época, não sendo uma imagem "eterna" de um povo (algo parecido com a repetida visão do brasileiro como "preguiçoso" e pouco trabalhador, quando as estatísticas mostram que o trabalhador brasileiro tem horários de trabalho extensos em comparação com a média internacional e a dos países avançados). Por exemplo, os jovens russos pós-soviéticos, mais influenciados pela cultura ocidental, certamente têm hábitos mentais diferentes de seus pais "comunistas".

Mesmo não representando uma visão "essencial" (eterna, imutável) do povo russo, o conceito de "alma russa", com as características arroladas, é importante não apenas porque é aceito por uma boa parte da população nativa, como também porque faz com que os russos frequentemente sejam vistos (ou tratados) no exterior a partir desses estereótipos. E, muitas vezes, a percepção que as pessoas têm de si mesmas influencia seu comportamento.

Certamente, para quem está acostumado a um povo extrovertido, como o brasileiro, os russos parecem mais introvertidos e ligados a um mundo de reflexões interiores. Já a visão dos russos como indolentes é antiga e em muito associada ao contraste dos nativos russos em relação aos "diligentes" imigrantes alemães nos séculos anteriores. Os germânicos eram vistos como um povo trabalhador por excelência, perto do qual os russos faziam figura feia. Isso foi chamado de oblomovismo. O termo se reporta ao romance *Oblomov*, de Ivan Goncharov, publicado em 1859. O protagonista da obra, o russo Oblomov, era o símbolo da indecisão e da procrastinação em comparação com Stolz, o industrioso personagem de etnia alemã. Ao longo da história, porém, os russos foram capazes de exemplos de autossacrifício e trabalho duro sob condições difíceis. Basta relembrar os sacrifícios de épocas como a Segunda Guerra Mundial, por exemplo. Quem vê brasileiros pobres em favela construindo a sol a pique suas próprias casas nas horas vagas, ou fazendo mutirão para ajudar a construir casas de vizinhos, compreende que aquelas pessoas não são preguiçosas. Da mesma forma, os russos constroem suas *dachas* (casas de campo rústicas) às vezes ao ar livre em pleno inverno inclemente. É verdade que, se os russos não fogem do trabalho, eles também apreciam o lazer, momentos de relaxamento em que se pode beber com os amigos.

Outro aspecto em que os russos são parecidos com os brasileiros é o que Allik e equipe chamaram de extremismo (isto é, dados a reações exageradas), e que prefiro chamar de *exagerado*. Russos e brasileiros tendem a fugir da moderação ou do termo médio. No Brasil, ora nos consideramos o grande "país do futuro", onde se plantando tudo dá, ora nos consideramos um "país pouco sério", onde tudo dá errado. Os russos também, ora são o maior país do mundo (nos tempos da União Soviética, em que realmente foram os segundos do mundo, havia épocas de otimismo exagerado aos seus feitos), ora é um país em que tudo dá errado ("nunca conseguiremos ser um país normal como no Ocidente"). Se o filósofo grego Aristóteles considerava que "no meio está a virtude", então russos e brasileiros, com seu exagero, certamente não são aristotélicos...

Os russos dão mais importância ao seu círculo de amizades e à família e menos ao dinheiro que os habitantes de alguns países ocidentais avançados (como os EUA, por exemplo). Geralmente, quanto mais o capitalismo se desenvolve, mais as relações giram em torno de dinheiro. Como a Rússia, tanto nos tempos dos czares quanto na época soviética, não se destacava por ser um país de ponta do capitalismo, talvez esteja aí uma chave para esse comportamento.

Por sinal, o aspecto gregário era muito forte no período soviético não só pela ideologia comunista, mas também pelas dificuldades de fornecimento de produtos por parte do sistema, o que fazia com que as pessoas formassem redes informais de autoajuda. Essa característica já aparecia mesmo nos tempos pré-comunistas com a instituição da *mir*, ou "comuna rural", na qual os camponeses se organizavam de maneira coletivista. No pós-comunismo, a luta individual na economia de mercado do país vem ganhando espaço. Mas a mudança de mentalidade, como vimos, não acontece da noite para o dia.

FAMÍLIA

A família russa vem de uma tradição bastante patriarcal. Até 1900, por exemplo, era comum entre o campesinato a transmissão de herança apenas para os filhos ou outros parentes masculinos. Além disso, os casamentos arranjados ocorriam com frequência, embora a Igreja Ortodoxa os condenasse. A família russa hoje segue um padrão relativamente tradicional, comum em países ocidentais com desenvolvimento econômico médio. O pai é considerado o trabalhador prioritário da família, a mãe frequentemente trabalha, mas é obrigada a enfrentar a dupla jornada, já que a maioria dos afazeres domésticos fica por sua conta.

Mas tendo vivido grande parte do século XX sob um regime comunista, não deveria o país ter uma estrutura familiar diferente dos outros países capitalistas? Em termos.

Com a Revolução Russa de 1917, a estrutura familiar de fato sofreu transformações. Em outubro de 1918, publicou-se uma lei de família com ênfase na igualdade entre marido e mulher, incluindo a possibilidade de escolha do sobrenome. Algo bastante avançado para os padrões da época. Na década de 1920, antes do auge do stalinismo, vários experimentos foram feitos, inclusive de vida comunal e marital não tradicionais. Com o stalinismo nos anos 1930, porém, houve um retrocesso tendendo a um padrão mais tradicional. As leis de divórcio e aborto que haviam sido liberalizadas nos anos 1920 foram restringidas nos anos 1930 com o objetivo de estabilizar a família. Mesmo a educação igualitária de meninos e meninas, que teve força no início da revolução, sofreu um revés em 1943.

Assim, como o sistema soviético não conseguiu criar uma nova sociedade, realmente libertária, seu caráter repressor público tendeu a fortalecer a família como a esfera, por excelência, em que as pessoas podiam se manifestar mais livremente. Durante a fase do terror do alto stalinismo, os pais evitavam conversar sobre assuntos polêmicos e perigosos até em casa, especialmente na frente dos filhos (para não expô-los). Mas nas fases mais relaxadas e menos repressoras politicamente, de Khrushchev em diante, a família passou a ser o círculo em que as pessoas podiam falar dos assuntos polêmicos. A *kukhnya* (cozinha) da casa passou a ser o lugar onde as pessoas discutiam esses assuntos com a família ou com amigos próximos.

Outra característica que se manteve ao longo do tempo foi o fato de os jovens ficarem muito tempo na casa dos pais. Ao contrário dos jovens americanos, por exemplo, que frequentemente saem de casa quando começam a cursar a faculdade, na Rússia os jovens costumam ficar com a família até pelo menos se formarem. Esse padrão lembra um pouco o Brasil. O que o difere de nosso país é que, por vezes, jovens casados, por dificuldade de encontrar moradia a custo baixo, continuam a morar

Cartaz da era Stalin celebra o dia das mulheres:
exaltação do papel feminino no desenvolvimento do Estado comunista.

com suas famílias. Isso era extremamente comum durante o período soviético, em que havia falta de moradias individuais para todos. Inclusive, naquela época havia as chamadas *komunalkas* (moradias comunitárias), em que várias famílias dividiam um mesmo apartamento. Criadas embrionariamente na época de Lenin, as *komunalkas* se expandiram muito para resolver o problema da falta de moradias no período pós-Segunda Guerra Mundial, quando a URSS estava destroçada. Mesmo nos anos 1980 ainda havia algumas *komunalkas*, pois os apartamentos eram fornecidos a preço extremamente baixo (subsidiado) à população e a demanda excedia constantemente a oferta nas grandes cidades. No período pós-soviético, os apartamentos foram privatizados aos seus moradores e as *komunalkas* deixaram de ser significativas como antes. Mas os altos preços dos apartamentos na era capitalista criam dificuldades para um jovem casal que quer ter moradia própria.

Assim, tanto por motivos econômicos como por motivos culturais, ainda há casos de três gerações diferentes de uma família vivendo sob o mesmo teto. Os avós ajudam na criação dos netos e as relações entre as diferentes gerações são bastante estreitas. Um norte-americano, mais individualista, geralmente acha que há uma falta de espaço privado e intromissão demais dos membros da família na vida de cada um, mas um brasileiro não sentiria isso da mesma forma, pois as relações familiares são mais estreitas em nosso país também. As crianças têm uma relação próxima com os parentes, frequentemente os avós servem de babás e educadores para os netos enquanto os pais trabalham fora. A ajuda dos avós neste terreno é importante, pois a maioria esmagadora das famílias russas não conta com empregadas domésticas ou mesmo faxineiras, como no Brasil, fazendo elas mesmas o trabalho doméstico. Um problema extra foi a mudança na condição das creches no período pós-soviético. Na época da URSS, havia uma abundância de creches gratuitas, pois não apenas o Estado, mas as próprias empresas, forneciam este tipo de serviços aos seus trabalhadores. Com a transição para a economia de mercado nos anos 1990, acompanhada de forte crise econômica, muitas creches foram fechadas, o que dificultou a guarda dos filhos enquanto os pais estavam no trabalho. Mesmo a recuperação econômica no país nos anos 2000 não restaurou a quantidade anterior dessas instituições, principalmente as de baixo custo ou gratuitas. Assim, a procura continua maior que a oferta.

Educação

Em relação à educação, um aspecto se manteve ao longo do sistema soviético: a tentativa de incentivar o apego à coletividade socialista acima da mera esfera familiar tida então como individualista. O grande símbolo disso foi o verdadeiro culto a Pavel

Morozov, o menino de 13 anos que, em 1932, denunciou o pai por corrupção às autoridades durante o processo de coletivização agrícola e foi, por vingança, morto por membros da sua família. O governo soviético elogiou a atitude do garoto, colocou-o como herói popular em livros de criança, criou poemas e peças teatrais em sua honra e organizava excursões escolares à escola na vila de Gerasimovka, onde ele estudou.

Na Rússia pós-soviética, a estrutura da família foi despida dos contornos da propaganda ideológica comunista. Mas a crise econômica da passagem ao capitalismo que sobreveio na década de 1990 afetou a vida familiar dos russos. Acostumados com uma série de facilidades proporcionadas pelo sistema soviético (amplo sistema de creches gratuitas, sistemas de educação e saúde gratuitos e abrangentes), muitas famílias tiveram problemas na transição. Eles se refletiram dramaticamente numa queda da população total e da expectativa de vida no país, devido a problemas de saúde, alcoolismo etc. Com a melhoria da situação econômica na década de 2000, algumas tendências negativas começaram a se inverter: 2009 foi o primeiro ano desde o fim da URSS em que a população da Rússia teve crescimento positivo. A população da Rússia, que era de 148,6 milhões de pessoas em 1991, ainda era de 141,8 milhões em 2010. A expectativa de vida dos homens, que tinha caído catastroficamente para 56 anos na década de 1990, atingiu 62 anos em 2010 (ainda baixa em comparação com o período soviético). A expectativa de vida do total da população em 2010 era de 69 anos (e de 73 anos para mulheres). A diferença na expectativa de vida entre homens e mulheres na Rússia leva muitos especialistas a crer que a queda brutal na expectativa de vida no período pós-soviético tenha sido devida ao alcoolismo (em razão do desespero que acompanhou as dificuldades da transição à economia de mercado) que afeta mais os homens que as mulheres. Outros especialistas culpam o próprio ritmo da transição, feita às pressas como uma "terapia de choque", que não levou em conta os custos sociais das transformações econômicas à velocidade tão vertiginosa.

As crianças de 10 a 15 anos, no sistema soviético, além da escola comum, frequentavam a organização dos chamados *pioneiros* (a versão soviética dos escoteiros). Entre 14 e 28 anos, os jovens soviéticos podiam fazer testes para participar no Komsomol (Liga da Juventude Comunista), a ala jovem do partido comunista.

A educação escolar sofreu mudanças desde o tempo soviético, mas ainda guarda muitas heranças. Tradicionalmente, o ensino era bastante hierarquizado, com o professor em uma posição superior em relação ao aluno. Havia muita ênfase no ensino técnico e nas ciências exatas e pouca discussão crítica nas ciências sociais, que deveriam seguir o padrão marxista-leninista único. A exigência da memorização no ensino de literatura trazia ao menos um lado bom: fazia com que as crianças frequentemente soubessem de cor várias poesias dos autores mais famosos, como Pushkin.

No período pós-soviético, a escola se tornou mais aberta e menos autoritária, apesar de persistirem resquícios de hierarquização, "decoreba" e falta de livre debate em algumas escolas públicas. A forte crise econômica que acompanhou a passagem da Rússia do socialismo ao capitalismo nos anos 1990 afetou a educação ao diminuir o orçamento do governo para as escolas. Surgiu o ensino privado em todos os níveis, mas o ensino público continua a ser obrigação do Estado. Mesmo com a crise, a Rússia ainda é um dos países com maior índice de escolaridade do mundo, com níveis de alfabetização acima de 99% da população e uma percentagem de diplomados em nível superior que é o dobro da média dos países da Organização para a Cooperação e Desenvolvimento Econômicos (OCDE). No entanto, outros resultados internacionais assustam: os exames do Programa Internacional de Avaliação dos Alunos (Pisa) colocaram o país em 43º lugar entre os 65 países de todo o mundo avaliados.

Apesar de a Constituição russa garantir a educação gratuita em todos os níveis, muitas universidades estatais adotaram um sistema duplo para seu vestibular. Os candidatos devem escolher concorrer a vagas para ensino gratuito ou vagas para ensino pago. Nas primeiras a concorrência é maior. Assim, candidatos com renda mais alta e desempenho mais baixo costumam concorrer às vagas pagas, pois ali o ingresso é facilitado.

Aliás, uma das heranças ruins do sistema soviético é que ocorrem casos de corrupção para facilitar a entrada de certos candidatos (favorecidos seja por compadrismo seja por questões monetárias) em instituições muito requisitadas. Na época soviética a corrupção facilitava a entrada de filhos dos membros poderosos ou bem relacionados do Partido Comunista ou da sociedade soviética nas universidades mais prestigiosas. A corrupção por motivos pecuniários parece ter aumentado na Rússia capitalista. Tentando diminuir esse problema, o governo russo criou o Exame Estatal Unificado (similar ao Enem brasileiro ou ao SAT norte-americano) para substituir o tradicional sistema de vestibular isolado para cada instituição de nível superior. Todos os formados da escola secundária fazem esse exame unificado. As universidades russas devem escolher seus alunos com base no resultado do exame. O novo sistema tem sofrido resistência de algumas instituições de ensino de nível superior (especialmente as mais prestigiosas) que alegam que o exame nega autonomia às universidades para cobrar conhecimentos da forma específica de que necessitam.

Outra mudança é a adesão ao sistema de Bolonha, fruto de um acordo europeu para padronizar o ensino superior nos diversos países signatários. Porém, tradicionalmente, a Rússia segue o antigo sistema soviético. Uma graduação de 6 anos (mais ou menos equivalente à graduação e mestrado juntos no sistema brasileiro), seguida da chamada *aspirantura* (discutivelmente equivalente ao doutorado ou PhD ocidental).

Há um nível também chamado de *doktorantura*, mas o grau de exigência era bem mais alto que o PhD ocidental, sendo mais propriamente descrito como alguma forma de pós-doutorado. Só é possível, aliás, a professores com alguns anos de docência universitária. Como existem várias controvérsias sobre essas equivalências em relação ao sistema ocidental, as instituições russas começam a oferecer cursos de graduação de quatro anos e uma *magistratura* (mestrado) de dois anos como no Ocidente.

O ensino pré-universitário é formado de 11 séries: 4 de escola primária, 4 de secundária e 2 de pré-vestibular (as 9 primeiras séries são obrigatórias para todos; os dois últimos anos só são obrigatórios para aqueles que querem continuar até a universidade). Os alunos vão às aulas 5 ou 6 vezes por semana (algumas escolas têm aulas no sábado), no período das 8h às 13h ou 14h. O ano escolar se inicia ao final do verão russo, em 1º de setembro. Este é o chamado *Dia do Conhecimento*, quando há cerimônias oficiais festivas de abertura do ano escolar, com as famílias participando, as crianças da primeira série oferecendo flores aos professores. Geralmente, o ano escolar se divide em trimestres, com férias curtas entre eles (a maior delas, de quase três meses, é no verão russo, de junho a agosto).

MULHERES

Elas estudam mais e ganham menos. Além disso, se separam com muita frequência e, não raro, são mães solteiras. A igualdade de oportunidades para homens e mulheres ainda está longe de ser plenamente conquistada. Apesar de haver 2 milhões de mulheres com diploma superior a mais que homens, o salário delas chega a apenas 60% do deles. Em casa, a divisão de tarefas acaba sobrecarregando as mulheres. Mesmo quando trabalham fora, os homens não costumam dividir integralmente o trabalho doméstico. Eles "ajudam", mas não assumem metade dos afazeres.

Um número muito grande de casamentos vem sendo desfeitos. E o número subiu enormemente depois da década de 1960, quando pouco menos de dois casamentos em dez terminavam em divórcio. Entre 1995 e 2000, o número de divórcios chegou a 50% e está subindo: segundo reportagem do jornal *Gazeta Russa* de 2011, enquanto cerca de um milhão de casamentos são registrados na Rússia todos os anos, 700 mil casais de separam.

Conhecida por sua beleza no mundo inteiro, a mulher russa ainda tem muito a conquistar em seu próprio país.

A sociedade russa, como vimos, era tradicionalmente patriarcal e orientada para o sexo masculino. Muito por causa do *background* religioso, às mulheres era dado um papel central como esteio moral da família, mas dependente economicamente do homem. Na época da URSS, as mulheres ganharam uma série de novos direitos (inclusive de voto) que não tinham na época czarista. Não só os direitos políticos foram equalizados, mas também no campo da educação houve progressos enormes, sendo quebradas várias barreiras morais, religiosas e de costumes para que a mulher obtivesse educação igual à dos homens. O avanço foi especialmente notável nas regiões muçulmanas da Ásia central onde o papel subordinado da mulher era ainda mais saliente. O progresso das mulheres no campo educacional e profissional na URSS foi tanto que em algumas esferas elas ultrapassaram os homens em termos de taxa de ocupação de emprego. Ao se adentrar a década de 1970, três em cada quatro médicos eram mulheres e um em cada três engenheiros também. Por esta mesma época, a União Soviética também adotou "políticas afirmativas" para aumentar a participação de mulheres em órgãos partidários, governamentais e sociais (as cotas variavam entre 30% e 40%).

Todos esses avanços encontraram algumas barreiras de costumes e também de limitações e preconceitos que o próprio sistema não superou. De maneira semelhante ao Brasil (onde o racismo é ilegal e punível por lei, mas subsiste) ou Cuba (onde o machismo é condenado pelo Estado, mas também subsiste), as mulheres soviéticas enfrentavam problemas mesmo dentro da nova configuração. Por exemplo, a questão da dupla jornada: a mulher passou a trabalhar fora, mas ainda era a responsável pelo trabalho doméstico. Para complicar, na URSS não havia empregadas domésticas como no Brasil ou a grande simplificação do trabalho caseiro através de máquinas, como nos EUA. Além disso, as mulheres gastavam uma porção grande do seu tempo buscando produtos do lar no tradicionalmente complicado (desabastecido e cheio de filas) comércio soviético.

O grande símbolo das mulheres russas e soviéticas na luta por sua liberação foi Alexandra Kollontai. Filha de um general russo, tornou-se comunista ainda na Rússia czarista. Ajudou a socialista alemã Clara Zetkin na organização do Dia Internacional das Mulheres, que começou como um marco da luta socialista das mulheres. Apoiou a Revolução Bolchevique de 1917, sendo nomeada Comissária (= "ministra") dos Assuntos Sociais e fundando e dirigindo no partido o chamado *Zhenotdel* (Departamento de Mulheres). Mesmo sendo amiga de Lenin, teve duas grandes discussões com ele. Antes da revolução, sua defesa do que chamava amor livre (não necessariamente atividade plural sexual, mas amor livre de preconceitos e de amarras da dependência econômica) se chocava com as posições mais conservadoras de Lenin. E, em 1920, juntamente com o sindicalista Aleksandr Shlyapnikov, fundou a Oposição Operária, uma corrente dentro do partido bolchevique

Alexandra Kollontai era comunista, amiga de Lenin, mas tinha posições bem mais avançadas que seus companheiros em relação ao papel da mulher na sociedade. Tornou-se diplomata e ficou afastada do centro de decisões.

que pregava maior papel para os operários *stricto sensu* dentro do partido. Por suas posições heterodoxas dentro do partido bolchevique – que tendia a se concentrar na luta de classes e desconfiar dos particularismos de movimentos como o feminista –, Kollontai acabou sendo afastada do centro do poder nos anos 1920. Foi enviada como emissária diplomática à Noruega, onde se tornaria a primeira mulher embaixadora do mundo. Posteriormente, foi também embaixadora no México e Suécia. Levando em conta seus pontos de vista, foi um milagre que não tenha sido vítima das repressões do alto stalinismo dos anos 1930. O fato de ter estado fora do país, combinado com a atuação discreta que manteve nesses anos, pode ter sido decisivo para isso. Morreu em 1952. Sua herança é reivindicada por muitas feministas, apesar da sua relação com o feminismo ocidental ser controversa. Ela dizia que suas posições nada tinham a ver com o feminismo liberal burguês e via a luta de libertação das mulheres como parte da luta maior pela libertação da classe trabalhadora. Também costumava argumentar que as mulheres operárias tinham mais a ver com os homens operários que com as mulheres burguesas. A maior controvérsia em relação a ela no partido, e com Lenin em especial, ocorreu quando creditaram a ela a frase de que fazer sexo é "como beber um copo d'água" (na verdade, o que ela escreveu em suas *Teses sobre a moralidade comunista no campo das relações conjugais* foi que "O ato sexual não deve ser visto como algo vergonhoso ou pecaminoso, mas como algo tão natural quanto as outras necessidades de um corpo saudável, tais como fome ou sede"). Na Rússia pós-soviética, o feminismo ainda tem uma face bastante diversa do movimento combativo do Ocidente. Várias organizações defendem os direitos das mulheres, mas muitas russas são tradicionalistas e rejeitam o feminismo do tipo ocidental. Testemunhei o feriado do Dia das Mulheres (8 de março) sendo comemorado com discursos que exaltavam, em sua maioria, o papel da mulher como mãe! Nesse dia as mulheres recebem flores dos homens.

A situação das mulheres piorou em alguns sentidos. Não só o desemprego é maior que no período soviético (quando era praticamente inexistente) como o imenso sistema de creches gratuitas entrou em colapso. Na URSS, a creche pré-escolar era tão comum e considerada quase tão necessária quanto a própria escola primária, o que permitia às mães deixarem suas crianças lá enquanto trabalhavam. A queda deste sistema de creches na Rússia pós-soviética afeta muito as mulheres, principalmente as mães solteiras, em sua capacidade de conseguir (bons) trabalhos. A dupla jornada e o fato de o desemprego atingir desproporcionalmente as mulheres fazem com que, no período pós-soviético, elas enfrentem barreiras bem maiores que as dos homens.

NOTAS

[1] Em russo, como em alemão, há duas palavras com sentidos distintos para "espiritual". *Dukhovnyi* (alemão *geistlich*) denota espiritual no sentido de religioso ou ligado à igreja. *Dushevniy* (alemão *geistig*) significa espiritual no sentido de "mental" (do mundo da mente em oposição ao mundo material externo). Entretanto, os dois planos estão interconectados semanticamente pelo fato de que *dushevniy* provém da palavra *dusha* ("alma" em russo que significa tanto a alma descrita na religião como o mundo interior mental das pessoas). A palavra *um* (literalmente "mente" em russo) tem uma conotação neutra, médico-fisiológica, "fria" do que chamamos de "mente" em português. *Dusha* é uma palavra "quente", carregada de sentidos conotativos de riqueza espiritual e mental do mundo interior das pessoas.

[2] Literalmente o provérbio russo *Ne imei sto rublei, a imei sto druzei* significa "Não tenha cem rublos, tenha cem amigos". Isso denota uma sutileza do pensamento russo que sugere uma oposição entre riqueza e amizade, entre riqueza no mundo interior e no mundo exterior.

AS ORIGENS E A CRISTIANIZAÇÃO

O ESTADO KIEVANO

Quando se iniciou a formação deste povo do qual tanto falamos? As origens não estão dentro das fronteiras da Rússia atual, e sim na Ucrânia, em torno da região de sua capital Kiev. No século IX se formou o chamado Estado kievano ou Rus', que amalgamava os eslavos orientais daquela região. Na época ainda não havia surgido a diferença entre grão-russos (os russos atuais), pequeno-russos (os ucranianos atuais) e russos brancos (os bielo-russos atuais), que formavam um povo só. Rus' era uma confederação solta de cidades-Estado governadas por nobres vassalos do Grande Príncipe de Kiev.

Essa origem comum e o fato de Kiev ter sido o berço da civilização russa atual explicam muito do caráter ambíguo (de amor/ódio) da relação existente hoje entre a Rússia e a Ucrânia. Parte dos ucranianos, principalmente os que vivem no leste do país, deseja ter laços íntimos com o "Grande Irmão" russo, ao passo que a outra metade, geralmente localizada no oeste do país, quer evitar a dependência e viver sua própria vida.

Mas deixemos o presente e voltemos à história. Como surgiu este Estado kievano? Sua origem é controversa e está envolta em lendas. A *Crônica primária russa* – a mais antiga crônica histórica escrita de Rus' que chegou aos nossos dias – narra que algumas tribos dos eslavos orientais da região convidaram três irmãos varegos (nome dado para os *vikings* na região na época) para os governarem na década de 860. Isso porque precisavam de ajuda para manter a independência e governar adequadamente diante de inimigos. Após dois anos, com a morte de dois dos irmãos, o mais velho, de Rurik, que governava a partir de Novgorod, passou a ser o único soberano inaugurando a dinastia que governaria Rus'. O príncipe Oleg (cunhado de Rurik e que governou como uma espécie de regente do filho menor de Rurik, Igor') conquistou a cidade de

Kiev, atual capital da Ucrânia, foi o centro do Estado kievano dos séculos IX-XIII, origem mais remota da civilização russa como um todo.

Kiev por volta de 882 inaugurando assim a Rus' kievana. Rus' seria assim o resultado da mistura da elite governante varega com os eslavos orientais nativos. Essa gênese está envolta em controvérsia. Há dúvidas sobre até que ponto a *Crônica primária russa* é fiel aos fatos históricos. Além disso, historiadores soviéticos ou russos nacionalistas tendem a diminuir o papel dos varegos na formação de Rus' dizendo terem sido eles apenas uma presença episódica que não teria alterado as dinâmicas internas já vigentes entre os próprios eslavos orientais.[1]

O fato de a *Ilíada* russa (a já mencionada *Crônica primária russa*) ter descrito a vinda dos varegos a partir de um convite dos próprios nativos eslavos também ajudou a criar e reforçar outra ideia recorrente no imaginário histórico dos russos: de que a formação dos diversos impérios russos através da história (incluindo o czarista posteriormente) teria sido realizada mais por aproximações amigáveis ou convites para alianças por parte dos próprios nativos do que por conquista pela força, como foi o caso dos impérios coloniais ocidentais. Adiantando um pouco nossa história, sabemos que lá na frente, a partir do século XVI, se formará um Império Czarista, centrado em Moscou, que, ao contrário dos impérios ultramarinos ocidentais, será basicamente um império terrestre contíguo a partir de um avanço para o Oriente. E em uma boa parte da historiografia russa tradicional, vários episódios desse avanço serão narrados não como uma conquista a partir de Moscou, mas sim como uma ocupação de espaços vazios ou formação de alianças a partir de convites dos nativos. Assim, a grande expansão para a Sibéria (no século XVII) será vista como migração de russos para uma imensa área vazia e despovoada.

A incorporação da Geórgia ao Império Czarista em 1801 foi narrada como um pedido de intervenção do próprio rei georgiano Jorge XII para poder se livrar das constantes ameaças de invasão dos persas e turcos otomanos. Realmente, como a Geórgia e a Rússia eram da religião ortodoxa, e os georgianos estavam sob constante ameaça de conquista ou saque pelos persas e turcos muçulmanos, os governantes georgianos estavam há algum tempo pensando na aliança com a Rússia cristã ortodoxa como o mal menor. Em 1783, o reino georgiano de Kartli-Kakheti assinou o Tratado de Giorgievski, que voluntariamente o colocava como protetorado russo e, em 1800-1801, houve esse suposto pedido de Jorge XII para que a Rússia interviesse para ajudar a resolver a disputa interna de sua sucessão e ajudar na defesa contra as invasões externas dos muçulmanos, o que acabou levando à incorporação. Igualmente, a entrada de muitos outros povos menores no Império Russo ou na União Soviética foi narrada, em suas épocas, como uma forma de ajuda ou salvação a populações que, sem auxílio russo, estariam entregues ao atraso ou à mercê de seus inimigos. Assim, o mito da incorporação amistosa aos impérios russos pode ser visto como uma contrapartida do mito da missão civilizadora que as metrópoles ocidentais teriam exercido em suas colônias no ultramar.

Algumas características da Rus' kievana merecem atenção. Em primeiro lugar, ela não ficava atrás, em termos de avanço cultural ou econômico da Europa Ocidental. No século IX, e por um bom tempo, a Europa se recuperava das invasões e migrações bárbaras que destruíram o Império Romano do Ocidente no século V e se encontrava ainda, em grande parte, em estado de desorganizada fragmentação em feudos isolados e de economia de subsistência. Seria apenas a partir dos séculos X a XII que na Europa Ocidental as cidades e o comércio se reergueriam com força e a região iniciaria sua lenta ascensão com centros de grande avanço. Se na época, a florescente Rus' kievana não ficava atrás da Europa Ocidental, uma das grandes questões é quando e por que a Rus' kievana passou a ser mais atrasada que o Ocidente. Uma das explicações refere-se ao fato de que foi a Renascença, a partir do século XVI – com sua introdução de uma visão menos religiosa e divina, mais racional e antropocêntrica – que teria feito com que a Europa Ocidental tivesse um progresso científico, tecnológico e econômico mais adiantado que outras regiões. Seguindo esta linha, o que teria impedido Rus' e Rússia dos séculos IX-XIV de passar por uma "Renascença" foi o domínio mongol que se abateu sobre elas por dois séculos (XIII a XV). Esse jugo teria impedido a Rússia de manter seus laços com o Ocidente e de participar do fluxo de desenvolvimentos europeus que levariam à Renascença.

Veremos essa questão controversa dos efeitos do domínio mongol de dois séculos sobre a Rússia posteriormente. Pelo momento, basta registrar que a Rus' kievana era um importante centro do comércio entre Ocidente e Oriente através das rotas dos rios Volga e Dniepre.

Outra de suas características teria consequências posteriores importantes. Rus' não era um Estado centralizado. Era uma confederação de cidades-Estado governadas por membros da suposta dinastia de Rurik e que mantinham vassalagem ao Grande Príncipe de Kiev. Em momentos de guerra, a descentralização frequentemente se refletia em desunião na defesa contra o inimigo comum. Como a florescente, mas desunida, Rus' kievana foi dominada pelos mongóis, alguns analistas apontaram para seu caráter descentralizado como uma fraqueza. Principalmente porque, com relação ao momento posterior, fica evidente o contraste com o centralizado Estado moscovita que libertaria os russos do domínio mongol no século XV. Essa experiência de ter um Estado descentralizado florescente, mas incapaz de resistir às ameaças militares maiores, e mais tarde um Estado centralizado que seria não apenas capaz de repelir os invasores, mas criar um dos maiores impérios contíguos do mundo marcaria a psique social russa: por isso, pelos séculos e até hoje, há um grande apoio à ideia de que um Estado forte e centralizado é o ideal para a Rússia. Esse apoio explica, em parte, a popularidade de políticos como Vladimir Putin, que no século XXI reforçou a ideia de um Estado russo forte e centralizado, após a era Yeltsin.

Mas voltemos ao passado.

As diversas civilizações russas sempre foram uma mistura de diferentes culturas, uma espécie de síntese de muitas influências e povos – ao contrário, por exemplo, de uma civilização como a japonesa que teve uma dinâmica geral bem mais isolacionista e refratária a miscigenações. A Rus' kievana já nasceu como uma mistura de diversos elementos locais, além da controversa relação básica entre nativos eslavos orientais e uma elite inicial nobre de varegos nórdicos. Outra grande influência formativa viria através da religião: a relação com o Império Bizantino. Após a queda do Império

Romano do Ocidente no século v, o Império Romano do Oriente (Bizâncio) ainda perduraria por dez séculos e exerceria forte influência na região de Rus'. Desde o início, o comércio entre os dois Estados foi forte e extremamente vital para Rus', quando dominava a rota de comércio entre Ocidente e Oriente que passava pelos rios Volga e Dniepre. Então, surgiu o passo crucial que marcaria uma aproximação civilizacional enorme entre eles: a cristianização de Rus' no reinado de Vladimir, o Grande, no século x.

O CRISTIANISMO RUSSO

A adoção do cristianismo no século x, durante o reino de Vladimir, o Grande, teve consequências fundamentais. A Rússia, a partir dali, passaria a ser identificada com aquela religião. Inclusive, depois da queda de Roma no século v e de Constantinopla (Bizâncio) no século xv, lentamente se formaria na Igreja cristã Ortodoxa do país a ideia de que Moscou estaria destinada a se tornar a Terceira Roma, ou seja, o centro principal do cristianismo nos novos tempos. A ideia foi reforçada pelo fato de a Rússia ter se tornado o mais importante país ortodoxo do mundo após a tomada de Constantinopla pelos turcos em 1453.

A Rus' kievana adotou o cristianismo ortodoxo no século xi, quando houve o cisma definitivo que levaria à separação das igrejas cristãs do Ocidente (baseada no papa em Roma) e do Oriente (baseada em Constantinopla, no Império Bizantino). Moscou seguiria Bizâncio, com quem tinha ligações históricas, e não Roma.[2] Assim, antes de falarmos da cristianização da Rússia, vamos contextualizar esse cisma.

A história do cisma tem suas origens na fase de decadência do Império Romano unificado. Premido pela exagerada extensão e heterogeneidade do império e pelas ameaças de diversos lados que sofria, o imperador Diocleciano criou em 286 d.C. uma tetrarquia, dividindo-o em quatro jurisdições, cada uma governada por um imperador ou césar. Apesar de reunificações posteriores sob imperadores fortes, a partir daí cada vez mais as partes ocidental e oriental do império marchariam em direções diferentes. O imperador Constantino, o Grande, que havia se tornado cristão e legalizado o cristianismo no império, fundou, em 330, uma nova cidade, que chamou de A Nova Roma de Constantino (Constantinopla). A cidade passaria a ser o grande centro político desse Império Romano do Oriente em gestação. O Império Romano do Oriente seguiria até o século xv sobrevivendo à queda do Império Romano do Ocidente pelas invasões bárbaras em 476. Nessa época ainda não havia um papa, ou chefe único, de toda a cristandade. A Igreja cristã era cons-

A adoção do cristianismo no século x foi marcante para a história russa. A pintura *O batismo dos kievanos*, de Klavdi Lebedev, mostra a visão sobre o acontecimento mais de oito séculos depois.

tituída de bispos de diferentes regiões geográficas, sendo que o bispo de Roma (por esta ter sido a capital do Império) era considerado uma espécie de *primus inter pares*. Entretanto, a partir da queda de Roma ante os bárbaros no século v, Constantinopla passou a ter um papel cada vez mais proeminente. A dispersão de centros decisórios levou a disputas teológicas entre os diferentes patriarcados (como passaram a ser chamadas estas jurisdições religiosas geográficas supremas). As disputas foram aumentando até que, em 1054, houve o chamado Grande Cisma, que dividiu definitivamente a cristandade em suas vertentes ocidental (latina) e oriental (de influência grega helenística).

A adoção oficial do cristianismo pela Rus' kievana por ordem de Vladimir, o Grande, ocorreu em 988. Posteriormente, na época do Grande Cisma, Kiev se alinhou à parceira Constantinopla. Inclusive, foi por obra de contatos com as autoridades políticas e religiosas de Bizâncio que Vladimir "se decidiu" por adotar o cristianismo monoteísta em vez do paganismo reinante até ali. A *Crônica primária russa* descreve o episódio de forma poética e mitológica. A fim de escolher a melhor religião monoteísta para seu país, Vladimir enviou emissários para estudar *in loco* o islamismo, o judaísmo, o cristianismo do ocidente e o cristianismo de Bizâncio. Segundo a *Crônica*, Vladimir viu deficiências nas três primeiras (interessante notar que, ao comentar que o islã proibia comer carne de porco e tomar vinho, Vladimir disse que "Beber é prazer dos russos. Não podemos existir sem esse prazer."). Em contraste, os emissários ficaram impressionados com o esplendor e magnificência das cerimônias e a beleza das igrejas de Bizâncio. Vladimir se decidiu por ela.

A crônica narra os acontecimentos de forma mitológica, mas acompanha vários dos processos históricos envolvidos. A Rus' kievana até ali não tinha uma religião central: ao lado de figuras históricas ou grupos ocasionalmente convertidos às diferentes religiões, o grosso da população adorava diferentes deuses pagãos, dependendo da região. A adoção de uma religião oficial central monoteísta seria um fator integrador do desunido e descentralizado Estado kievano. Isso foi bem percebido por Vladimir. E a ligação religiosa com Bizâncio seria a rota mais natural e efetiva para tal, visto os estreitos laços já existentes entre os dois Estados.

Vladimir se casou com Ana, a irmã dos imperadores bizantinos e, em 988, ordenando a destruição de todos os ídolos pagãos, batizou-se cristão, com seus nobres, nas águas do rio Dniepre, e determinou que toda a população de Rus' fizesse o mesmo.

Essa conversão de cima para baixo, por ordem do príncipe, seria paradigmática da relação da Igreja com o Estado na Rússia. Assim como em Bizâncio, e ao contrário do Ocidente – onde eram frequentes os embates entre poderes temporais e eclesiásticos –, Igreja e Estado se tornariam historicamente imbricados em uma relação simbiótica na Rússia, com preponderância para o monarca temporal.

Outra consequência da conversão foi a elevação do nível cultural da Rus' kievana, já que a ligação religiosa mais umbilical com Bizâncio, herdeiro da rica tradição cultural grega helenística na Idade Média, levou à um incremento da geração e divulgação de obras religiosas e literárias ligadas à Constantinopla.

Com exceção do interregno soviético, a influência da Igreja Ortodoxa na Rússia se manteria forte por muitos séculos atravessando os períodos pós-kievanos do domínio mongol (os mongóis não se intrometiam na vida religiosa dos povos sob seu domínio), Império Czarista e Federação Russa atual.

A Igreja Ortodoxa

Os ortodoxos (como o nome indica) gostam de afirmar que representam as formas religiosas cristãs mais originais e puras que as do supostamente desvirtuado catolicismo romano. Por exemplo, na Igreja Ortodoxa não existe um papa ou chefe universal. A Igreja é uma comunidade de 15 igrejas autocéfalas – que se administram de forma autônoma –, unidas eclesiasticamente. O credo adotado foi determinado através de conselhos ecumênicos (reuniões de representantes de todas as comunidades), que foram convocados de maneira esporádica ao longo da história para resolver disputas teológicas. As igrejas autocéfalas geralmente têm denominações nacionais (ex., Igreja Ortodoxa Grega, Igreja Ortodoxa da Polônia etc.) e umas não se imiscuem nos assuntos internos das outras. Estas igrejas são governadas por um sínodo de bispos, presidido por um deles, chamado de patriarca, metropolita ou arcebispo, dependendo do país. Além de vários países da ex-URSS e Leste Europeu (Rússia, Bielo-Rússia, Ucrânia, Moldova, Geórgia, Bulgária, Romênia, Montenegro, Sérvia e Macedônia), Grécia e Chipre também têm a ortodoxia como religião principal. Em muitas outras nações, ela é a segunda ou terceira maior denominação.

A Igreja Ortodoxa Russa é liderada pelo patriarca de Moscou. Ela nasceu, isto é, se tornou independente ou autocéfala em 1448, quando o patriarcado de Constantinopla lhe concedeu a autocefalia. Após a cristianização de Rus', o líder da Igreja local era o metropolita de Kiev, que ficava sob jurisdição do patriarcado de Constantinopla. A partir de 1322 o metropolita passou a estar baseado em Moscou. Em 1589, foi criado o patriarcado de Moscou. O líder da Igreja passou a se chamar patriarca. A Rússia começou a ter papel central na Ortodoxia após a conquista de Constantinopla pelos turcos em 1453. Com a conquista posterior das outras grandes nações ortodoxas pelos turcos muçulmanos (Grécia, Bulgária, Romênia, Sérvia), a Rússia passou a ser a única grande nação ortodoxa independente. Pedro, o Grande, em seus esforços de subordinar a Igreja ao Estado, aboliu o patriarcado em 1721 e substituiu-o por um sínodo de bispos (logo chamado de Santo Sínodo) que governaria a Igreja. O patriarcado foi reinstituído em 1917. Entre 1925 e 1943, as eleições para o patriarcado foram suspensas pelo governo soviético. Em 1943, em plena Segunda Guerra Mundial e como parte do esforço de união nacional pela salvação do país, Stalin reinstituiu o patriarcado novamente, que segue até hoje. Em 1948, a Igreja Ortodoxa Russa concedeu autocefalia (independência) à Igreja Ortodoxa Polonesa, em 1951 à Igreja Ortodoxa da Tchecoslováquia e em 1970 à Igreja Ortodoxa da América. Em 1970, concedeu autonomia à Igreja Ortodoxa Japonesa.

As origens e a cristianização | 107

A Igreja Ortodoxa não tem nenhuma ligação com o Vaticano. São 15 igrejas autônomas. A Igreja Ortodoxa Russa é liderada pelo patriarca de Moscou. Mesmo durante o comunismo, em que vigorava o ateísmo, o cristianismo não desapareceu.

Para um brasileiro que chega pela primeira vez à Rússia sem conhecer a ortodoxia, algumas coisas chamam a atenção. Por exemplo, o luxo e a beleza das igrejas, vestuários e equipamentos utilizados em seus ritos. Seguindo a tradição grega bizantina, há uma grande preocupação com os rituais externos que compõem a liturgia da Igreja. Há também grande preocupação em seguir de maneira pura e ao pé da letra as cerimônias. Uma missa ortodoxa é bastante intricada em seus detalhes e geralmente é, em sua maior parte, cantada. Os coros são importantíssimos. Os fiéis acompanham a missa basicamente em pé, sem seção especial de bancos para sentar. A duração das cerimônias também impressiona. Algumas missas, em datas especiais, como as de Ano-Novo, podem durar cinco horas ou mais.

Aos ocidentais que criticam o que consideram excesso de preocupação com os rituais externos, os padres ortodoxos costumam replicar com uma parábola sobre o assunto criada por Dostoievski. O escritor conta que havia pessoas simples de espírito que adoravam com grande fervor um vaso que continha um líquido precioso, vital. Críticos os acusavam de serem ignorantes, que o importante era o líquido (o conteúdo) e não o vaso, mero receptáculo. "Idólatras, joguem fora o vaso, adorem apenas o líquido vital e não o vaso." Tanto falaram que aquelas pessoas simples, convencidas, acabaram jogando fora o vaso para fugir da acusação de idolatria. O resultado? Após ser jogado fora o vaso, o líquido vital escorreu, desaparecendo sob o solo... Com essa parábola, os ortodoxos afirmam que os ritos ajudam a manter e propagar a doutrina original em sua pureza. E que a forma é importante para a preservação do conteúdo.

Ao contrário da Igreja Católica Romana, a ortodoxa aceita como padres homens casados (desde que o casamento tenha ocorrido antes da ordenação). Há até certa preferência, pois conhecendo o casamento na prática, esses padres poderão aconselhar melhor os casais de fiéis a levar o matrimônio na linha correta cristã. Os mosteiros, tanto de homens quanto de mulheres, são numerosos e têm um papel central na Igreja.

Para alguns historiadores, a religião ortodoxa constitui a pedra angular definidora do caráter da civilização russa. Ao contrário do Ocidente, onde a separação Igreja-Estado foi se tornando um requisito da vida política, na Rússia ambos atuavam em simbiose, pelo menos até a Revolução Bolchevique de 1917. A tendência à subordinação da Igreja ao Estado chegou ao auge quando Pedro, o Grande, aboliu o patriarcado, em 1721, como vimos anteriormente, e fez com que a Igreja fosse regida por um sínodo de bispos e burocratas leigos que seriam nomeados por ele. Essas reformas seriam modificadas mais tarde, mas a relação Igreja-Estado a partir dali passou a se inclinar fortemente para o lado do segundo.

A relação degringolou durante o período soviético. A Igreja Ortodoxa era tão identificada com o regime czarista que o governo soviético passou a vê-la como inimiga. Essa disposição foi reforçada pelo apoio que grande parte das autoridades da Igreja deu ao exército branco (czarista) durante o período da Guerra Civil (1918-1921) com os vermelhos (comunistas). Além disso, os bolcheviques subscreviam a tese de Marx de que "a religião é o ópio do povo" e eram contra qualquer forma de religião.

Este último aspecto criou uma situação interessante na União Soviética. O Estado adotou o ateísmo como sua doutrina no campo espiritual e as escolas passaram a incluir no currículo a disciplina de "ateísmo científico". Seria o equivalente das aulas de "mitologia" no Ocidente. Assim, crianças e adolescentes estudavam as diferentes religiões do mundo de um ponto de vista antropológico, como os deuses gregos são estudados nas escolas ocidentais. Assim, Zeus e os deuses gregos, o Deus cristão, Alá etc. eram estudados da mesma forma: como uma série de mitos criados a partir de sociedades baseadas na alienação do homem em favor de forças míticas superiores a ele.

Apesar de o Estado pregar o ateísmo, a religião não foi proibida na União Soviética. Pela constituição, havia liberdade religiosa. Porém, liberdade de praticar a religião na URSS não significava liberdade de *pregar* a religião. Esta última atividade era submetida a fortes controles estatais. Na prática, o Estado soviético acabava limitando a liberdade de religião. Além do confisco de propriedades da Igreja Ortodoxa – muitos monastérios e igrejas foram transformados em museus, departamentos burocráticos e até prisões –, de tempos em tempos, campanhas antirreligiosas eram conduzidas, e membros do clero e fiéis discriminados na busca de empregos. Além disso, houve episódios de torturas a inimigos selecionados dentro do clero durante o pior período das repressões sob Stalin e mesmo Lenin. Do período Brezhnev em diante, a religião era de fato tolerada, desde que se mantivesse discreta (após décadas de propaganda ateísta nas escolas, o número de fiéis já não representava mais um problema sério no país).

Dessa forma, o padrão de subordinação da Igreja ao Estado se reproduziu no período soviético. A hierarquia da Igreja conseguia prosseguir com suas atividades, desde que isso fosse feito de forma discreta. O patriarcado de Moscou, após as contendas iniciais, realizava suas atividades e não criticava abertamente o Estado soviético. Mesmo na época das campanhas antirreligiosas, como a de Khrushchev em 1959, o patriarcado de Moscou não as denunciava ao mundo exterior. Essa atitude de acomodação com o Estado comunista causou um racha dentro da Igreja. Desses embates, surgiu a dissidência da Igreja Ortodoxa Russa no Exterior (com futura sede em Nova York), que denunciava a atitude excessivamente dócil da Igreja Ortodoxa Russa oficial. No período pós-soviético, em 2007, as duas entidades se reunificariam.

Na abertura da Perestroica de Gorbachev, entre 1985 e 1991, a religião ressurgiu com força graças, principalmente, às incertezas dos novos tempos. Muitos cidadãos viram na religião uma maneira de encontrar um referencial no meio daquele turbilhão de experiências existenciais novas. Eu presenciei esse renascer. A maioria da população soviética, sobretudo os jovens, tinha nascido e vivido sem uma religião específica. Foi interessante ver os esforços das pessoas para tentar novamente (ou pela primeira vez) acreditar em Deus: as missas das igrejas começaram a encher, as pessoas (re)aprenderam os diferentes rituais religiosos. Independentemente dos aspectos exteriores, interessava-me a experiência existencial de seres que antes viveram suas vidas escutando sobre Cristo e Alá como personagens do mesmo time de Zeus, Thor etc. e agora tentavam experienciá-los como algo diferente e realmente existente.

E a religião voltou firme. Atualmente, cerca de 70% da população da Federação Russa se identifica de alguma maneira com a religião ortodoxa.

Outras religiões

Nem apenas do cristianismo ortodoxo vive o país. Pelas pesquisas de opinião, além dos 70% ortodoxos, há 6% de muçulmanos, 12% de ateus e menos de 1% de budistas, católicos, protestantes ou judeus. Frequentemente, as divisões religiosas se fazem em bases étnicas. Os ortodoxos estão majoritariamente entre os eslavos. O islã se concentra na região Volga-Ural e no norte do Cáucaso, onde tradicionalmente viveram os povos de origem turca. E a maioria dos budistas está nas três regiões de origem mongólica ou turco-mongólica: Buriátia, Calmúquia e Tuva.

A Constituição russa garante a liberdade religiosa e a igualdade entre as religiões. Mas, devido ao seu papel histórico, a Igreja Ortodoxa tem, na prática, destaque e prioridade na Constituição frente ao Estado secular. Por exemplo, o preâmbulo da lei de 1997 "Sobre a Liberdade de Consciência", que regula as atividades religiosas, afirma que cristianismo, islã, budismo e judaísmo constituem uma parte inseparável da herança histórica do país, mas ressalta a "contribuição especial" da ortodoxia para a história do país e para o estabelecimento e desenvolvimento de sua cultura. Este e outros fatos deram origem ao conceito (informal) das quatro grandes religiões "tradicionais", com papel especial para a Igreja Ortodoxa. Alguns críticos notam que as religiões não tradicionais ou as religiões novas no país (como testemunhas de Jeová, pentecostalistas, Hare Krishna) sofrem de má vontade e limitações por partes das autoridades, especialmente locais. O catolicismo romano até hoje não conseguiu que o papa visitasse a Rússia, devido às resistências da Igreja Ortodoxa Russa. Depois das guerras da Chechênia e do atentado de 11 de setembro de 2001, uma série de controles foram estabelecidos sobre certos grupos islâmicos (um problema, aliás, internacional).

Ainda assim, de maneira geral, houve um reavivamento do papel da religião na Rússia pós-soviética e ela agora faz parte constituinte central da vida cultural e política do país.

Sexualidade e religião

A questão da sexualidade e moralidade chama atenção para quem vem do Brasil. Eu ficava um pouco surpreso com certo recato moralista nas soviéticas. Por exemplo, tive uma namorada que se recusava a trocar beijos em lugares públicos, como estação de metrô, ônibus. Lembrando-me do que via nas praias do Rio de Janeiro, eu estranhava. Geralmente, associamos a repressão da moralidade à religião. Mas praticamente não havia religião na URSS. Minha namorada, como a maioria dos jovens soviéticos, era ateia ou não pensava muito na ideia de Deus. Assim, de onde vinha esse recato? Pode ser que fosse consequência de uma sociedade politicamente repressora, como escrevera o psicólogo Wilhelm Reich. Ele e outros autores diziam que no início da Revolução Russa e em parte dos anos 1920 houve uma série de comunas e outras experiências de vida alternativa que apontavam para uma relação menos cerceada em relação à sexualidade. Mas essas experiências foram sendo fechadas na medida em que o stalinismo impôs um regime mais repressor, com leis moralistas voltando ou mesmo se intensificando. Como vimos, o divórcio, que havia sido facilitado, voltou a ser um obstáculo aos cidadãos. A dúvida sobre de onde vinha o moralismo me perseguiu durante toda minha estadia na URSS. A conclusão é que a moral repressora sobre a sexualidade não tem apenas origem religiosa, como eu pensava antes. Na Rússia pós-soviética, onde a religião voltou com força, é mais comum ver jovens casais se beijando em público que nos tempos da ateia URSS.

NOTAS

[1] Eslavos orientais são os russos, ucranianos e bielo-russos. Eslavos meridionais são os da antiga Iugoslávia, como servos, croatas etc. (*iugo* = "sul", em russo) e os búlgaros. Os eslavos ocidentais são os polacos, tchecos, eslovacos e outros que vivem mais a oeste.

[2] A palavra *Bizâncio* é usada em dois sentidos. Em um ela é sinônimo de Império Bizantino ou Império Romano do Oriente (que existiu de 330 a 1453). Bizâncio foi também o nome da cidade colônia grega fundada em 667 a.C., local onde o imperador Constantino construiu a nova capital do Império Romano do Oriente em 330 d.C. Essa cidade seria chamada de Constantinopla até 1930, quando, dentro do quadro das reformas de Kemal Atatürk na Turquia, seria renomeada Istambul.

CONQUISTADA E CONQUISTADORA

O DOMÍNIO MONGOL: A FACE ASIÁTICA DA RÚSSIA

Dos séculos XIII ao XV a Rússia esteve sob domínio dos mongóis. E não apenas a Rússia, mas imensas partes da Europa e da Ásia.

O grande catalisador da construção do Império Mongol foi Gengis Cã. Antes dele, os mongóis formavam um grupo de diferentes tribos desunidas. Gengis Cã completou sua unificação por volta de 1206 e daí em diante esse povo partiu para a conquista do mundo. Ele e seus descendentes criaram simplesmente o maior império contíguo da história (33 milhões km²) e o segundo maior em geral (perdendo por pouco para o Império Britânico, com 33,7 milhões km²). Esse tamanho é cinco vezes maior do que o Império Romano em seu auge. Os mongóis são frequentemente vistos como nômades selvagens que conquistaram apenas através da força e crueldade. É verdade que o povo foi um dos precursores na utilização do terror sistemático de Estado como forma de submissão – poupavam os que se rendiam imediatamente e faziam terra arrasada de quem ousava resistir –, mas foram bem mais do que isso. Simplesmente eles não teriam número para conquistar apenas pela força. Sua população, no auge, chegava a apenas um milhão. Além de suas habilidades como guerreiros (especialmente montados a cavalo, com incrível mobilidade e técnicas sofisticadas de cerco e aniquilamento), tinham uma grande capacidade intelectual de recolher o que havia de mais adiantado nas tecnologias e formas organizacionais dos povos avançados e utilizá-las para a conquista e administração burocrática eficiente.

As tropas dos cãs[1] que conquistaram o mundo não eram compostas apenas de mongóis. Cada povo conquistado contribuía com tributo financeiro e soldados para seu exército. Exigia-se submissão política, mas pouco se intrometia no dia a dia dos conquistados, deixando-os manterem seus líderes, sua religião e sua cultura. Assim, a cada conquista, os exércitos aumentavam com os recrutas de cada região. Os mongóis extraíam também o que havia de melhor da tecnologia e dos artesãos e suas técnicas.

Sanguinário para uns, brilhante para outros, Gengis Cã formou o grande Império Mongol. Seus descendentes dominaram a Rússia por dois séculos.

Conquistada e conquistadora | 115

A obra retrata a Batalha do rio Vozha de 1378.
O jugo mongol só terminaria um século depois, no confronto do rio Ugra.

Assim, formaram um exército sofisticado que usava as técnicas militares de infantaria (foguetes, catapultas e outras armas de sítio) da civilização mais avançada do mundo na época – a China, que seria conquistada por eles – de uma forma não apenas imitativa, mas criativa. E, uma vez conquistado o maior império contíguo da história, administraram-no de maneira admiravelmente eficiente, utilizando as técnicas avançadas que tomaram emprestado da Pérsia ao se islamizarem posteriormente. A chamada *pax mongolica* permitiu uma das primeiras grandes ondas de globalização na história da Terra: o comércio podia fluir tranquilamente pela Rota da Seda do Ocidente até a China sem receio de perigos, perturbações, guerras ou assaltos.

A invasão da Rus' kievana começou em 1237 e a conquista estava completa por volta de 1242. O domínio mongol sobre a Rússia duraria até o confronto do rio Ugra em 1480, no reinado de Ivan III, o Grande, quando os russos definitivamente derrotaram os mongóis e se libertaram.

A influência mongol

Qual foi, afinal, o resultado do jugo mongol por mais de dois séculos? A visão tradicional defende que ao cortar os laços autônomos de Rus' com o Ocidente, o jugo impediu que ela acompanhasse o desenvolvimento europeu e passasse também por uma Renascença, ponto fulcral para o pulo à modernidade. Com suas técnicas de terror e terra arrasada, os mongóis teriam destruído grande parte da Rússia, matado cerca de 5% da população e atrasado o desenvolvimento russo por séculos. Essa concepção se assemelha à antiga visão sobre a Idade Média como a idade das trevas que atrasou o desenvolvimento europeu (as conquistas mongóis teriam assim tido o mesmo efeito das invasões bárbaras que destruíram o Império Romano no século V e jogaram a Europa no feudalismo).

Assim como hoje já se afirma que houve, sim, avanços consideráveis no feudalismo europeu, na Rússia há defensores do período mongólico. Os mongóis, como vimos, não se imiscuíam exageradamente na vida cultural (e mesmo na política interna) dos povos conquistados. Eles toleravam todas as religiões e permitiam que os governantes nativos continuassem em seus postos (desde que, claro, não fossem rebeldes). Dessa forma, não havia grande alteração da vida interna de cada povo.

Argumenta-se, então, que, fora o impacto dos ataques devastadores iniciais que destruíam os resistentes (e poupavam e governavam os que se rendiam de imediato), nos territórios conquistados os mongóis não destruíam o *modus vivendi* das populações locais. Com isso, além de não destruírem a dinâmica interna preexistente, os mongóis podem ter acelerado outras dinâmicas de Rus' que viriam a ser cruciais para a afirmação do poderoso Estado moscovita posterior. Trata-se, em especial, da questão da *centralização* do Estado.

Como vimos, a Rus' kievana era uma confederação de cidades-Estado com vassalagem ao Grande Príncipe de Kiev. Um Estado florescente, mas descentralizado e desunido. Em tempos de ameaça militar estrangeira nem sempre os príncipes de Rus' atendiam ao chamado de luta contra o inimigo externo comum. Isso foi fatal diante de certos rivais. Ao contrário, o Estado baseado em Moscou, que se ergueu após o término do jugo mongol, era extremamente centralizado. Essa característica explicaria o sucesso e a força do Estado moscovita, que se transformaria em um verdadeiro império. Na visão de alguns autores, foram os mongóis que uniram os desunidos eslavos da região ao conquistar todas (ou praticamente todas) as partes da antiga Rus' kievana e trazerem-nas a um domínio comum. Quando Moscou expulsou os mongóis, no confronto do rio Ugra em 1480, herdou, de certa maneira, um império eslavo unido.

Os príncipes de Moscou, uma cidade de importância secundária até então, tiveram uma atuação bastante astuta durante o domínio mongol. Eles não apenas colaboraram com os mongóis, mas também passaram a fazer isso frequentemente em detrimento das suas rivais eslavas. Ao conseguir a confiança dos conquistadores, atuaram até como intermediários entre os mongóis e outras cidades eslavas mais rebeldes. Chegaram a recolher tributos de outras cidades. Assim, Moscou foi aumentando sua influência, enfraquecendo seus inimigos e conquistando sua hegemonia sobre outros centros de poder. Com a expulsão dos mongóis, os novos governantes russos adotaram algo das técnicas administrativas avançadas dos mongóis: sua nova administração burocrática centralizada seria muito mais eficiente que os antigos laços soltos confederados da Rus' kievana. Um exemplo dessa influência seria o grande número de palavras russas de sentido econômico-burocrático de origem turco-mongólica, como *kaznachei* ("tesoureiro"), *kazna* ("tesouro") etc.

A ideia de que o jugo mongol isolou a Rússia do mundo também é questionada. Ao contrário, a *pax mongolica* teria permitido o florescimento de um grande comércio eurasiano ao evitar seu distúrbio por guerras e conflitos armados. Além disso, os mongóis ajudaram a fortalecer os dois futuros pilares do Império Czarista: o monarca e a Igreja Ortodoxa. Isso porque apoiaram tanto os príncipes cooperativos localmente em suas disputas contra os boiardos (nobres) quanto a Igreja Ortodoxa, que ainda disputava espaço com outras religiões e mesmo o paganismo. Assim, vemos que a avaliação do impacto mongol sobre a Rússia divide os próprios russos. Na verdade, faz parte de uma discussão maior sobre a identidade russa. Serão os russos europeus, asiáticos, uma mistura dos dois ou nenhum dos dois (e sim uma civilização única)? A face asiática da Rússia é vista como negativa por muitos (autores ocidentais, russos "ocidentalistas" e mesmo marxistas soviéticos), como desdobramento, por exemplo, do chamado "despotismo oriental". Já outros (como os eurasianistas) a defendem em contraposição a um modelo exclusivamente europeu e ocidental do que significa progresso, modernidade e avanço, lembrando que na maior parte da história era na Ásia que se encontravam as civilizações mais avançadas do mundo e não no Ocidente. Veremos com mais detalhes essas discussões no próximo capítulo. Por enquanto, examinemos outros exemplos de influência asiática na formação da Rússia.

Bazar

Palavra de origem persa, *bazar* significa "lugar dos preços". Remete aos mercados livres, do tipo feira, mercado a céu aberto ou mercadinho com barracas, onde se comercializam alimentos, vestuário e outros produtos leves. Constitui uma das primeiras corporificações civilizacionais da ideia do mercado em geral, isto é, da troca de produtos com fins comerciais. Tradicionalmente, na Rússia os bazares são dirigidos e têm a maioria de seus vendedores formada de pessoas das etnias mais orientais (chechenos, azerbaijanos, georgianos, armênios etc.). Na época da União Soviética, quando a propriedade privada dos meios de produção deixou de existir, os bazares eram uma das últimas formas restantes de iniciativa privada e de mercado no país. Os camponeses das fazendas coletivas podiam cultivar uma pequena horta própria perto de suas casas e comercializá-la. As hortaliças, frutas e outros produtos colhidos podiam ser vendidos em pequenos mercados livres (feiras), que não tinham que seguir os preços tabelados das lojas estatais. Nas feiras era comum a prática de pechinchar, como nos países orientais. Após a época de Stalin, o regime passou a permitir uma abertura para a criação de bazares cada vez maiores, que passaram a vender outros produtos leves de consumo. Os mercados livres eram uma alternativa às lojas oficiais, de preço tabelado baixo, mas com problemas de falta de estoque. Os soviéticos iam ao bazar atrás de mais opções.

Assim, a ideia de iniciativa privada e de mercado na União Soviética foi mantida viva com base nessa importante herança asiática. Até hoje os bazares continuam ativos na Rússia. No sul do país mantém-se a palavra original *bazar*, ao passo que mais ao norte utiliza-se a palavra russa *rynok* (que significa literalmente "mercado"). E, a despeito da concorrência das cadeias de supermercados que apareceram na Rússia pós-soviética, grande parte dos russos ainda prefere alimentos e produtos

Herança asiática, o bazar é tradicional na Rússia,
como mostra esta foto do início do século XX.

frescos oferecidos nesses mercados livres por vendedores vindos das regiões mais orientais do país.

Xamanismo

O xamanismo é uma prática quase generalizada na história dos povos, mas, dentro da Rússia, é na Sibéria que ela continua sensivelmente influente. A exuberância e onipresença da natureza na Sibéria provavelmente têm a ver com a sobrevivência desta prática, especialmente entre os povos menos numerosos e menos urbanizados. Os iacutos, buriatas, altai e chukchis, por exemplo, mantêm fortes tradições xamânicas. O xamã é considerado uma pessoa especial, que, através de aprendizado, pode incorporar um espírito ou alma poderosa e, com isso, praticar curas, adivinhações etc.

120 | Os russos

Ainda bastante presente na Sibéria, o xamanismo tem relação muito forte com a natureza. O xamã, como o da foto acima, cura, adivinha e também chama a chuva.

O xamã é um instrumento do espírito que se incorpora nele. Para entrar no transe da incorporação do espírito, o xamã pratica rituais, que incluem dança e, por vezes, a inalação de substâncias especiais.

No xamanismo siberiano é muito forte a concepção dos três mundos: o superior, este mundo e o inferior. O xamã, com seus poderes, pode se utilizar da chamada Árvore do Mundo, que conecta os três, para passar de um a outro, levando assim conhecimento e influenciando o destino. Como o animismo é forte entre os povos siberianos, o xamã, através dos espíritos, pode se conectar com os deuses presentes nas diversas substâncias e objetos da natureza, para efetuar curas, fazer adivinhações e chamar a chuva.

Na ateia União Soviética, os fenômenos parapsicológicos eram cuidadosamente pesquisados. Despidos de qualquer conotação religiosa ou miraculosa, telepatia, hipnose, adivinhação do futuro e telecinese eram objeto de experiências de laboratório. Os soviéticos estudavam tais fenômenos de forma científica e sistemática com a esperança de poder usá-los para finalidades práticas, civis ou militares. Psicólogos, médicos, físicos e outros cientistas foram reunidos em 1922 para estudar fenômenos parapsicológicos no Instituto de Estudos do Cérebro em Petrogrado. A partir daí ocorreu um *boom* na literatura científica sobre o assunto. Entretanto, quando Stalin chegou ao auge de seu poder, em meados da década de 1930, ele desestimulou tais estudos devido à sua proximidade com os fenômenos considerados espirituais e religiosos. Nos anos 1960, voltou-se a esses estudos. Cientistas como L. L. Vasilev conduziam experimentos em uma série de instituições científicas dedicadas a tal. Um dos mais famosos foi o experimento de transmissão de pensamento entre Moscou e Leningrado (600 km) e entre Moscou e Tomsk (4000 km). Muitos desses estudos faziam parte de programas secretos desenvolvidos pelos ministérios militares. Se houvesse alguma forma de utilizar cientificamente tais fenômenos, especialmente para fins bélicos ou medicinais, a União Soviética queria estar na dianteira neste campo.

Iguarias do Oriente

A culinária e a alimentação russa ganharam muitas influências orientais. A tradição do chá entrou na Rússia vinda do Oriente. Os famosos *pelmeni* (pasteizinhos de carne com massa fina e cozidos em vez de fritos) têm origem siberiana. Através do Cáucaso veio o *shashlik* (uma espécie de churrasco em espeto com diversos tipos de carne, especialmente de ovelha, misturados com hortaliças). Os *manti* (bolas cozidas de farinha recheadas de carne ou hortaliças e colocadas em sopas) também foram trazidos pela Ásia central por mongóis e turcos. Nutritivo e relativamente barato, o *pilaf* do Azerbaijão (arroz cozinhado e misturado com carne) se disseminou pela Rússia com o nome de *plov*. Estes e outros pratos orientais se tornaram parte constitutiva da alimentação russa.

A CRIAÇÃO DO IMPÉRIO CZARISTA

Com o domínio mongol, os laços de vassalagem que uniam as cidades-Estados de Rus' a Kiev foram cortados. Moscóvia – como era chamado o Grão-ducado de Moscou sob o domínio mongol – era centralizada e iniciaria um império em igual estilo. Este contraste com a descentralizada Rus' kievana marcaria profundamente a psique social russa através dos séculos, como vimos. A ideia de que um Estado (*gosudarstvo*) centralizado e forte foi essencial para que a civilização e a sociedade russa florescessem tornou-se extremamente arraigada também no pensamento político russo.

Essa foi uma experiência histórica bem distinta do liberalismo, que surgiria séculos depois na Inglaterra. Entre os ingleses, a ênfase nos direitos individuais e em um Estado mínimo foi vista como solução para resolver a opressão religiosa estatal. O movimento surgiu na Inglaterra com a Revolução Gloriosa do século XVII. Até ali, o país tinha sido dilacerado por guerras civis, muitas de caráter religioso. Quando um grupo se apossava do poder estatal, impunha sua religião à sociedade. A solução encontrada pelo liberalismo foi diminuir o poder do Estado sobre o indivíduo e transferir a questão religiosa para a esfera (consciência) individual.

Já a Rússia passou por uma experiência histórica diferente, reforçando a crença de que foi com o fortalecimento e a centralização estatal que a civilização e sociedade russas puderam florescer até seu apogeu. Como mencionado no capítulo anterior, isso ajuda e explicar, por exemplo, a popularidade de Vladimir Putin, nos anos 2000. Ele teria sido um *gosudarstvennik* (defensor de um Estado forte), que fortaleceu e recentralizou o Estado russo após o período Yeltsin nos anos 1990, caótico e com tendências centrífugas. O que foi encarado por muitos no Ocidente como um processo autoritário de recentralização estatal, foi visto por um grande número de russos como um reequilíbrio da balança política.

Mas voltemos ao século XV. Moscou, que tinha sido um entreposto de comércio relativamente secundário fundado às margens do rio Moscou no século XII, foi crescendo em importância durante o domínio mongol, como vimos, devido às políticas astutas de seus governantes. O grande exemplo foi Ivan I (r. 1325-1340), chamado de Ivan Kalita (*kalita* literalmente significa "saco de dinheiro"). Ele conseguiu dos mongóis a prerrogativa de coletar impostos de outras cidades russas em nome dos conquistadores. Isso, somado a uma política de conquista e domínio de outras cidades-Estados russas rivais, levou a que Moscou passasse a exercer uma hegemonia sobre outras regiões eslavas. Finalmente, Ivan III, o Grande (r. 1462-1505), expulsou definitivamente os mongóis em 1480.

Se até ali os moscovitas estavam apenas retomando as terras eslavas conquistadas, Ivan IV, o Terrível (r. 1553-1584), iniciou a criação do Império Russo ao anexar regiões não tradicionalmente eslavas: ele começou a avançar para as terras mongóis ao cruzar o rio Volga e conquistar os canados de Kazan e Astrakhan, respectivamente em 1552 e 1556. No século XVII houve a expansão para o leste, na

A crueldade de Ivan, o Terrível, não tinha limites: matava e torturava quem ficava em seu caminho. Considerado o primeiro czar e responsável pela centralização do Estado moscovita, porém, é visto como herói por alguns nacionalistas.

Sibéria, e até o rio Dniepre. No século XVIII, Pedro, o Grande (r. 1682-1725), levou as fronteiras ao norte até o mar Báltico (alcançando finalmente uma saída para os oceanos), enquanto Catarina II, a Grande (r. 1762-1796), conquistou a Crimeia ao sul (chegando ao mar Negro). No século XIX, houve a incorporação da Geórgia (1801), Finlândia (1809), das montanhas do Cáucaso ao sul e da Ásia central muçulmana, completando a construção do Império Czarista.

Nessa construção houve alguns momentos-chave. Ivan IV, o Terrível, inaugurou oficialmente o título de czar, que significa César, ou seja, imperador, em russo. Ivan III já tinha informalmente utilizado o título antes, mas Ivan IV foi o primeiro a ser coroado como tal. O epíteto "Terrível" lhe caiu bem. Ele utilizou métodos cruéis (repressões, torturas) contra seus inimigos e, num acesso de cólera, chegou a matar seu próprio filho. Entretanto, assim como Drácula para os romenos e Gengis Cã para os mongóis, foi visto como herói nacional pelos soviéticos e vários historiadores russos nacionalistas por ter sido o responsável pelo impulso definitivo de centralização do Estado moscovita que possibilitou o fortalecimento para a criação do império. E essa centralização também foi feita a ferro e fogo.

Até Ivan IV, o poder dos boiardos (nome dos nobres senhores feudais em Rus') ainda era considerável. O príncipe tinha que tratar com a *duma* (assembleia) dos boiardos. Como seus pais morreram quando ele ainda era criança pequena, Moscóvia foi governada por regentes da classe nobre até que Ivan IV fizesse 16 anos e assumisse o trono. Assim, os boiardos obtiveram, neste período regencial, grande controle sobre a vida política e Ivan se sentia manipulado por eles. Quando atingiu a maioridade e assumiu o poder plenamente, Ivan se vingou de maneira avassaladora. Rompeu o poder dos boiardos, reduzindo-os à impotência por medidas extremas. Chegou a dividir o país em duas partes em 1565: a *oprichnina* (governada diretamente pelo czar, sem intervenção dos nobres) e a *zemschchina* (onde os boiardos ainda mantinham seus poderes tradicionais). Gradualmente, Ivan foi ampliando os poderes do czar e diminuindo os dos boiardos por métodos violentos, com repressões e execuções. Em 1572, a divisão do país em *oprichnina* e *zemshchina* foi anulada. No governo de Ivan IV, o czar se tornou um autocrata e o antigo poder e autonomia feudais da aristocracia foram dissolvidos.

Transformações radicais, geralmente de caráter forçado e centralizador, em curto espaço de tempo e ligadas ao nome de uma pessoa específica se repetiriam ao longo da história russa. Além de Ivan IV, também no período de Pedro, o Grande, e de Stalin, por exemplo, os russos viveram processos análogos. E geralmente após governos desse tipo sobrevêm momentos confusos em que sucessores não têm legitimidade para prosseguir no mesmo ritmo e, descontentes com as reformas radicais, tentam revertê-las (sem grande êxito, pois a direção geral das reformas é mantida).

Ivan, o Terrível, ajudou a piorar os problemas sucessórios quando, em um ataque de raiva, matou seu filho Ivan Ivanovich e deixou como herdeiro seu filho mentalmente debilitado, Teodoro [Feodor] I. O possível sucessor de Teodoro, seu irmão Dmitri, morreu ainda criança, provavelmente assassinado. O chamado Período das Desordens (1598-1613) caracterizou-se por uma série de lutas sucessórias, rebeliões internas e guerras externas. Esse período extremamente caótico só terminaria com a eleição, pela Assembleia da Terra (*Zemskii Sobor*, o equivalente russo da reunião dos Estados Gerais na França), de Miguel Romanov como czar. A dinastia Romanov governaria a Rússia por mais de trezentos anos, até a Revolução de 1917. Isso garantiu estabilidade à linha sucessória no país, pois Teodoro I tinha sido o último governante ainda ligado à dinastia de Rurik (o lendário fundador varego da monarquia que governara a Rus' kievana) e a falta de uma linha dinástica bem demarcada fora uma das causas das disputas de sucessão do Período das Desordens.

Rússia czarista x Rus' kievana

Vimos que a Rus' kievana era uma estrutura descentralizada, enquanto o Estado moscovita era extremamente centralizador. Isso se refletiria na relação entre Estado e sociedade. Rus' era uma confederação de cidades-Estado bem diferentes entre si e sem uma forma política homogênea. Havia elementos monárquicos, aristocráticos e mesmo democráticos se justapondo uns aos outros. Os príncipes (supostamente da casa de Rurik) eram os principais líderes (princípio monárquico). O funcionamento concomitante dos conselhos de nobres ou príncipes (*dumas* de boiardos ou de príncipes) introduzia a aristocracia na direção do país e impedia que o Grande Príncipe se tornasse um autocrata. E havia até um elemento democrático nas assembleias chamadas *veche*, em que todos os homens livres (mesmo do povo) podiam participar e votar. Na cidade comercial de Novgorod, por exemplo, o próprio príncipe da cidade era eleito pela *veche*. Já no Estado moscovita, o princípio monárquico prevaleceu e acabou se tornando autocrático.

Outro diferencial foi o fortalecimento da servidão no Império Czarista. Na Rus' kievana havia escravidão (o comércio de escravos, principalmente estrangeiros, era um dos grandes comércios dos *vikings* varegos que fundaram Kiev), mas a maioria dos camponeses era livre e os laços de vassalagem e servidão que havia então eram relativamente frouxos. Vassalos, servos e camponeses livres podiam trocar de senhor ou suserano e se mudar para outro lugar com bastante facilidade. O Estado moscovita acabou com essa mobilidade e prendeu o camponês e o servo à terra. O *Sudebnik* (código de lei) de 1497 de Ivan III restringiu o período em que um camponês podia mudar de residência a apenas duas semanas por ano, sempre próximo ao dia de São Jorge, 26 de novembro. A situação piorou ainda mais quando Ivan IV, em 1570, decretou que em alguns anos a mudança seria proibida mesmo nessas duas semanas. O *Ulozhenie* (código de lei) de 1649 praticamente fixou o fim da mobilidade do camponês ao tornar obrigatório seu registro de forma sempre ligada à propriedade onde trabalhava. O camponês russo estava literalmente preso à terra.

É interessante notar que a servidão se intensificou na Rússia ao mesmo tempo que a monarquia absolutista se impunha. Na Europa Ocidental, a servidão foi mais forte durante a Idade Média propriamente dita, ao passo que a chegada da monarquia absolutista a partir do século XVI veio, de maneira geral, acompanhada de um afrouxamento e da diluição das instituições feudais (como a servidão). A Rússia trilhou um caminho diferente. A dúvida sobre se houve feudalismo na Rus' kievana ou mesmo na Rússia czarista até hoje é contraversa.

O surgimento dos russos atuais

A formação do Estado moscovita a partir da Moscóvia nos séculos XV e XVI marcará o nascimento dos russos atuais (os chamados grão-russos) através de sua diferenciação definitiva dos outros ramos dos eslavos orientais: os pequeno-russos (atuais ucranianos) e os russos brancos (os bielo-russos contemporâneos, pois *belyi* significa "branco" em russo). Como vimos, esses três ramos dos eslavos orientais formavam um povo só na época do chamado Estado kievano ou Rus' nos séculos IX ao XIII. Rus' era descentralizada e desunida. Assim, quando o domínio mongol de dois séculos (XIII-XV) se estabeleceu sobre ela, suas diferentes regiões começaram a tomar caminhos próprios. O fortalecimento de Moscóvia e o aparecimento do Estado moscovita marcaram a consolidação do processo de formação da identidade própria dos grão-russos.

Entretanto, este processo de diferenciação foi bastante heterogêneo e complexo, dando vazão às grandes controvérsias de hoje, em especial sobre o caráter de diferenciação e independência das atuais Ucrânia e Bielo-Rússia em relação ao Império Czarista. Afinal, elas existiram como nações próprias no passado? Os nacionalistas das três nações defendem diferentes versões sobre estas questões.

Com a desintegração de Rus', as terras ucranianas atuais ficaram divididas sob controle de três potências estrangeiras: a Horda de Ouro mongol, o Grão-Ducado da Lituânia e o reino da Polônia. O retalhamento e a ocupação das diferentes partes da Ucrânia por países estrangeiros aumentaram na Grande Guerra do Norte (1700-1721) e principalmente no século XIX, quando suas terras ficaram divididas entre a Rússia e o Império Austríaco. Após a Revolução de 1917, a Ucrânia faria parte da União Soviética. Somente com o fim da URSS em 1991 passaria, pela primeira vez, a existir um país independente chamado Ucrânia. Os nacionalistas ucranianos argumentam que um movimento que pregava a existência de uma Ucrânia independente já existia desde o século XIX. Mesmo antes disso, os cossacos da região ucraniana haviam se organizado no chamado Hetmanado no século XVII e exigiam autonomia para os habitantes daquela região. Ou seja, os pequeno-russos tinham consciência nacional e tentaram por várias vezes conquistar sua independência, sendo impedidos pelo poder militar das potências estrangeiras.

Caso mais delicado é o da Bielo-Rússia. Como o ucraniano, a língua é muito próxima ao russo (algo como espanhol e português). Quando da desintegração do Estado kievano a maior parte dos territórios bielo-russos foi incorporada ao Grão-Ducado da Lituânia, que se fundiria com a Polônia em 1659 formando a Comunidade Polaco-Lituana, que existiu de 1569 a 1795. Ela foi destruída pela Terceira Partilha da Polônia em 1795, que acabou com a existência da Polônia independente e dividiu suas terras entre Rússia, Prússia e Áustria. As terras bielo-russas passaram então a fazer parte do Império Russo. Com a vitória comunista em 1917 passaram a fazer parte do que seria posteriormente a União Soviética. Com a desintegração da URSS em 1991, constituíram um Estado independente.

Rússia e Bielo-Rússia têm grandes afinidades. Além da língua, o fato de a Bielo-Rússia não ter defendido grandes pretensões de afirmação própria como potência torna a relação dos dois países parecida com a de irmão menor com irmão maior. Na década de 1990, os presidentes da Rússia e da Bielo-Rússia (Boris Yeltsin e Aleksandr Lukashenko) chegaram a criar um projeto para a futura união dos dois países. A influência da língua russa é tão grande que, apesar de 85% da população declarar que considera o bielo-russo sua língua materna, 72% da população declara falar russo em casa (o bilinguismo é muito alto no país).

Já a relação da Rússia com a Ucrânia é mais complicada. No oeste da Ucrânia, a maioria da população tem nacionalidade ucraniana, fala ucraniano, é bem nacionalista, procura se aproximar do Ocidente e se diferenciar claramente da Rússia. Já na sua parte leste grande parte da população é de origem étnica russa (pelo princípio do *jus sanguinis* são considerados de nacionalidade russa, devido a seus ancestrais serem russos). E ali o apoio à Rússia é muito forte. Isso cria uma grande divisão interna e gera os impasses eleitorais vividos pelo país, que alternam governantes pró-Ocidente e governantes pró-Rússia: uma verdadeira esquizofrenia identitária difícil de superar.

E no dia a dia? Os russos, ucranianos e bielo-russos são muito diferentes entre si? Afinal, são eslavos orientais e compartilham a ortodoxia como sua religião principal. Para estrangeiros não eslavos é difícil diferenciar entre os três em termos de peculiaridades de caráter e personalidade. Várias das descrições iniciais deste livro sobre os russos (*russkie*) – introvertidos, leitores vorazes, com grande ligação com a natureza, mais espirituais e menos materialistas que os anglo-saxões – servem igualmente para as três nacionalidades. Os nacionalistas da Ucrânia e Bielo-Rússia tendem a enfatizar as diferenças enquanto os grão-russos tendem a enfatizar as semelhanças. O resultado é frequentemente uma guerra de estereótipos, dependendo da posição política de quem fala.

NOTA

[1] Cã ou khan era o título dos governantes supremos mongóis.

A RÚSSIA E O OCIDENTE

PEDRO, O GRANDE

O reinado de Pedro, o Grande (r. 1682-1725), marcou a história da Rússia em muitos pontos. Um deles, porém, teve consequências mundiais: a relação do país com o Ocidente.

A questão da identidade da Rússia em relação à Europa e ao Ocidente é controversa entre os próprios russos. Afinal, a Rússia é um país europeu, asiático, uma mistura dos dois ou nenhum dos dois? A Rus' kievana era muito ligada à Constantinopla (Bizâncio), no Oriente, tanto cultural quanto economicamente, como já vimos. Posteriormente, no Período das Desordens, além de guerras civis e disputas palacianas, o país sofreu diversas invasões vindas mais do oeste, especialmente da Polônia. Isso aumentou o contato dos russos com os estrangeiros e, no período dos primeiros Romanov, houve um discreto aumento dos intercâmbios com o Ocidente.

Entretanto, o caso de Pedro, o Grande, foi *sui generis*. Convencido de que a Rússia estava muito atrasada em relação ao Ocidente, Pedro iniciou um processo de ocidentalização forçada. Longe de ser um admirador servil da Europa, seu objetivo era adotar técnicas ocidentais para alcançar e ultrapassar aquele mesmo Ocidente. Era algo parecido com a Revolução Meiji na segunda metade do século xix no Japão, quando os nipônicos resolveram abrir seu país para a influência ocidental de modo a se fortalecer contra o próprio Ocidente. Ou como o processo de industrialização soviético no século xx, que incorporou várias técnicas tayloristas e fordistas do capitalismo ocidental para tentar alcançar e ultrapassar o Ocidente capitalista avançado.

Pedro era uma figura incomum. A começar pelo seu tamanho: era um gigante de cerca de dois metros de altura (ainda mais destoante naquela época de pessoas mais baixas). Seus apetites também eram exagerados. Na juventude, costumava se divertir comendo, bebendo e (segundo as más línguas) fornicando em proporções pantagruélicas. Mas tinha uma capacidade de trabalho e concentração muito for-

Com quase 2 metros de altura, Pedro, o Grande, ficou na história por tentar europeizar a Rússia. Criou São Petersburgo – creditando o nome da cidade ao santo e não a si próprio – com essa intenção.

tes. Desde pequeno era fascinado pelas técnicas militares e seus brinquedos eram relacionados com soldados, exércitos, navios. Quando jovem, passou a frequentar a *Nemetskaya sloboda* (o "distrito dos estrangeiros" ou "gueto dos estrangeiros"), a parte da cidade reservada à residência de estrangeiros. Lá teve contato mais íntimo com a cultura e a vida na Europa, de onde provinha a maioria dos residentes. Com todas essas influências formou-se um soberano dedicado a soldados, marinha e tecnologia avançada do tipo ocidental.

A partir dessa formação, Pedro deu, então, um passo totalmente fora dos figurinos da realeza da época. Fez uma viagem de contatos e aprendizado à Europa em 1697. Entre outras experiências, trabalhou incógnito como operário em um estaleiro da Holanda. Esse tipo de ocupação era simplesmente impensável para um membro da realeza, mas deu-lhe experiência direta com a tecnologia europeia da época. De volta à Rússia, Pedro levou consigo cerca de 750 técnicos e artesãos, principalmente holandeses.

A viagem foi interrompida por questões domésticas: uma revolta dos *streltsy* ("arqueiros"), um corpo especial de mosqueteiros russos que formava uma espécie de "guarda pretoriana" no país. Muito desconfiados de influências estrangeiras, queriam colocar no poder Sofia, a meia-irmã de Pedro. A vingança de Pedro foi terrível. Mandou executar e torturar em público um número enorme de *streltsy*.

Influenciado tanto pela viagem europeia quanto pela revolta conservadora que derrotara, Pedro inicia um processo de modernização ocidentalizante na Rússia. O início teve momentos folclóricos. Pedro instituiu um "imposto da barba" para todos, com exceção dos camponeses ou membros do clero. Quem das classes altas quisesse usar a tradicional barba russa (sinal de atraso para Pedro) agora teria que, literalmente, pagar caro por isso.

Mas as reformas foram mais a fundo e afetaram a sociedade e a economia. Pedro adotou medidas mercantilistas e usou o apoio estatal para criar uma série de novas indústrias e manufaturas no país. Recrutou artesãos e técnicos na Europa e enviou russos para aprenderem lá. Mudou a forma de administração estatal russa. Substituiu a *duma* boiarda (a assembleia de nobres russos que tradicionalmente cuidava de vários aspectos administrativos internos do país) por um senado nomeado por ele. Em 1707 dividiu a Rússia em oito regiões chamadas *guberniya* (dirigidas por governadores nomeados por ele), que se subdividiam em *provintsii* (províncias), por sua vez subdivididas em *uezdy* (distritos). Os governadores eram auxiliados por *landraty* (diretorias provinciais do tipo sueco). Um procurador-geral, auxiliado por uma rede

Monumento de Pedro, o Grande: o czar até hoje é reverenciado por seus feitos.

de fiscais, supervisionava o funcionamento do senado e o trabalho dos governadores com o objetivo de combater a corrupção endêmica no país.

Mandou realizar um censo de todos os nobres e, em 1722, introduziu uma medida revolucionária: a tabela de graduações. Agora todos os nobres (e pessoas comuns envolvidas na administração) teriam sua importância frente ao país estabelecida por serviços e não mais por hereditariedade. Assim, independentemente de sua posição de nascimento, os nobres teriam que servir em diversas posições do serviço governamental e ir subindo nos 14 estágios da escala da tabela de graduações. Em 1714 Pedro havia abolido as diferenças entre as propriedades do tipo *votchina* (alódios ou feudos hereditários, sem obrigação de serviço ao monarca, e com direito a serem vendidos ou alienados) e *pomestie* (feudo de serviço, em que os nobres recebiam, em caráter temporário, a terra em troca de serviços ao Estado):

dali em diante todas as terras seriam hereditárias e implicariam serviço ao Estado. O objetivo de todas essas reformas era acabar com a ociosidade da nobreza, que deveria ser útil ao Estado e ao imperador.

Por intermédio de uma série de longas e custosas guerras, Pedro conseguiu abrir uma saída para o mar. Teve sucesso inicial em 1696-1697 ao conquistar a fortaleza de Azov e outros portos dos turcos no mar Negro, ao sul, o que lhe permitiu iniciar a construção de uma marinha russa. Mas perderia esses pontos posteriormente em 1710. A definitiva saída para o mar seria obtida ao norte, no mar Báltico, através da Grande Guerra do Norte, ao fim da qual, em 1721, a Rússia conquistou da Suécia as províncias da Livônia, Estônia, Ingria e parte da Karélia.

Foi próximo ao mar Báltico que Pedro construiu sua "Brasília às avessas". Do nada, com enorme esforço em termos financeiros e também de vidas humanas, criou a cidade de São Petersburgo (em esperta homenagem ao santo cristão de nome Pedro), especialmente designada para ser uma "janela da Rússia para o Ocidente".

OCIDENTALISMO, ESLAVOFILISMO, EURASIANISMO

A carga (inclusive financeira e de intensificação do trabalho) necessária para promover as reformas e as longas guerras de Pedro recaiu fortemente sobre o campesinato, prosseguindo o processo de intensificação da servidão à medida que o absolutismo real se instalava. Em reação a isso, ocorreram os grandes levantes camponeses que sacudiriam o país, como a gigantesca Revolta de Kondraty Bulavin (1707-1708).

Além disso, as reformas modernizantes de Pedro não resolveram alguns dos problemas fundamentais da Rússia. Um deles era a corrupção endêmica que tradicionalmente assolou (e assola até hoje!) o país. Pedro criou uma rede de fiscais e espiões que buscavam denunciar casos de corrupção. Mas como o sistema era baseado não em transparência, mas em um forte absolutismo em que a palavra da autoridade autocrática era final, esses esforços anticorrupção esbarravam nos favoritismos e protecionismos daqueles que estavam no poder. Algumas pessoas eram intocáveis e, a partir dali, a corrupção se recusava a morrer e se reproduzia. Aliás, é interessante notar que muitos críticos veem a reprodução desse dilema na Rússia do início do século XXI: esforços anticorrupção são dificultados pelo clima autoritário pouco propício à transparência e no qual algumas pessoas são intocáveis. Assim, a corrupção recusa-se a morrer e, ao contrário, se reproduz.[1]

Com tantos elementos prós e contras, após a morte de Pedro os russos se dividiram entre seus admiradores e detratores. No século xix, essa divisão se institucionalizou nos debates entre ocidentalistas e eslavófilos. Os ocidentalistas defendiam a herança do imperador: consideravam a Rússia um país basicamente europeu e que, por isso, deveria seguir o desenvolvimento do tipo ocidental. Já os eslavófilos consideravam que a Rússia não era um país europeu ou asiático puro, e sim uma civilização única, com características diferenciadas tanto da Europa quanto da Ásia e que, por isso, deveria seguir seu caminho próprio.

Esse debate foi detonado pela publicação da *Primeira carta filosófica*, de Pedro Chaadaev em 1836. Chaadaev, um filósofo russo que tinha lutado nas guerras napoleônicas e havia viajado pela Europa, escreveu esse texto como uma crítica devastadora do panorama cultural da Rússia e seu papel no mundo. A leitura de alguns trechos bastará para entender:

> [...] Posicionados entre duas das principais partes do mundo, Oriente e Ocidente, apoiando-se em um ombro na China e no outro na Alemanha, deveríamos fundir em nós os dois grandes princípios da natureza espiritual – a imaginação e a razão – e combinar, em nossa civilização, a história do mundo inteiro. Mas tal papel não foi determinado a nós pela providência [...]. Solitários no mundo, não demos nada ao mundo, nada lhe ensinamos. Não introduzimos nenhuma ideia na massa de ideias da humanidade, não contribuímos para o progresso da razão humana. [...] Um dos traços mais deploráveis de nossa peculiar civilização é que ainda estamos descobrindo verdades já assumidas pelos outros povos. [...] A razão é que nunca marchamos junto com os outros povos. Não pertencemos a nenhuma das grandes famílias da raça humana. Não somos nem Ocidente nem Oriente e não temos as tradições de nenhum deles. Colocados como que fora do tempo, a educação geral do gênero humano não nos alcançou.

O czar se enfureceu: mandou exilar o editor da carta e diagnosticar o autor oficialmente como doente mental. A intelectualidade se dividiu em dois campos no debate que se seguiu. Para superar os desafios colocados provocativamente por Chaadaev, os ocidentalistas pregavam que os russos não deveriam tentar reinventar a roda: deveriam seguir a modernização do tipo ocidental, como havia proposto Pedro. Entre os ocidentalistas estavam o crítico literário Vissarion Belinski (um dos primeiros intelectuais do país de origem popular, não nobre), o pensador e editor progressista Aleksandr Herzen, T. N. Granovski e outros. Já os eslavófilos (Aleksei Khomyakov, os irmãos Aksakov, os irmãos Kireevski, Yuri Samarin e outros) consideravam a Europa como a pátria de um materialismo individualista decadente e pregavam respeito aos tradicionais valores russos de espiritualidade gregária. Os dois grupos lutariam para influenciar a política russa e os diferentes czares se equilibrariam entre essas duas linhas sem se deixar prender a elas.

Essa luta de ocidentalistas *versus* eslavófilos é muitas vezes descrita no Ocidente como a disputa entre modernizadores e reacionários, mas a realidade é mais complexa. Vários eslavófilos lutaram pela emancipação dos servos russos, quase todos eles eram a favor da liberdade de imprensa e seus periódicos sofriam forte censura devido às suas críticas políticas. Em ambos os campos havia intelectuais de peso representando suas posições.

Na década de 1920, em especial entre um grupo de emigrados russos na Europa fugidos da Revolução de 1917, surgiu uma terceira corrente alternativa: os eurasianistas. Eles enfatizavam a natureza eurasiana da Rússia e URSS, isto é, simultaneamente europeia e asiática. Assim como os eslavófilos, criticavam a ênfase europeia dos ocidentalistas, mas, ao contrário deles, não davam ênfase à natureza eslava pura dos russos. Enfatizavam as raízes asiáticas da Rússia e diziam que a civilização russa era resultado de uma mistura, uma simbiose entre elementos europeus e elementos asiáticos (turcos, mongóis etc.). E é essa mistura que representaria a verdadeira riqueza da cultura russa e soviética.

A relação dos eurasianistas com a União Soviética era ambígua. Apesar de a maioria deles serem refugiados da Revolução Russa na Europa, não tinham aversão completa ao sistema soviético ou desejavam sua destruição e retorno ao sistema czarista anterior como a maioria dos emigrados. Ao contrário, achavam que a União Soviética – ao reunir em condições formais de igualdade as diversas repúblicas nacionais (dos ucranianos, cazaques, georgianos etc.) que antes faziam parte de um império com relações de dominação – havia realizado uma tarefa histórica importante. A união de todos esses povos da Europa e da Ásia seria a base para a grandeza do país no futuro, uma vez que os excessos do regime soviético pudessem ser superados através de uma evolução progressista. Essa visão contribuiu para alimentar a polêmica sobre a identidade russa.

Voltando ao reinado de Pedro, o Grande, podemos compreender sua importância nessa questão da identidade russa, observando que ele representou uma mudança radical com relação ao período anterior. Enquanto a Rus' kievana era ligada mais ao Oriente, o Estado moscovita, principalmente a partir das invasões estrangeiras do Período das Desordens, passou a se relacionar muito com as civilizações mais ao seu oeste. Essas interações, porém, eram realizadas sob o signo da desconfiança e sentimento de alteridade. Pedro tentou alterar radicalmente a dinâmica e fazer com que a Rússia se assemelhasse mais à Europa Ocidental. Não teve sucesso total nesta empreitada. Enquanto parte significativa da nobreza tentou assimilar os novos modos "europeus", uma grande parcela da população odiou as inovações de Pedro e tentou, após sua morte, cancelá-las. Também não teria sucesso. As dinâmicas "europeias" de Pedro sobreviveram e a Rússia, dali em diante, viveria uma espécie de pêndulo, com momentos de maior aproximação com a Europa Ocidental e seu estilo de vida e momentos de maior afastamento. Além disso, como apontaram enfaticamente os eslavófilos, aumentaria o hiato entre uma nobreza cada vez mais europeizada e uma população que se apegava aos valores tradicionais russos.

O período entre os reinados de Pedro, o Grande (r. 1682-1725), e de Catarina II, a Grande (r. 1762-1796), foi marcado por confusões sucessórias e golpes palacianos. Pedro morreu subitamente, sem indicar sucessor. Seguiram-se, então, cinco monarcas que chegaram ao poder após complicadas disputas sucessórias. Para além dessas disputas, a Rússia caminhou em direção à modernização. Muitos membros da aristocracia quiseram desfazer certas reformas de Pedro, principalmente em seus aspectos mais centralizadores e que subordinavam a aristocracia ao monarca absoluto. O fato de Pedro ter tornado o serviço ao Estado obrigatório para todos os nobres criava muita insatisfação nessa classe. A despeito de todos os zigue-zagues, a direção geral das reformas foi mantida, sendo podados alguns dos excessos centralizadores. O reinado de Catarina, a Grande, seria emblemático de todas as grandezas e contradições deste processo.

CATARINA II, A GRANDE

Catarina é conhecida por ter sido uma déspota esclarecida, ou seja, uma monarca absolutista que tinha uma visão modernizadora e de elevação cultural segundo os preceitos do Iluminismo europeu: correspondia-se com Voltaire, Diderot e Montesquieu. O despotismo esclarecido era um projeto elitista de modernização "por cima". Assim, o camponês russo continuou sofrendo a carga principal esmagadora de sustentar a economia no país.

Catarina chegou ao poder ainda no clima do período dos golpes palacianos dos últimos monarcas. Ela era alemã e viera à Rússia para casar-se com o futuro imperador Pedro III. Foi um casamento atribulado. Pedro III teve um reinado curto (de janeiro a julho de 1762). Um golpe palaciano derrubou Pedro (que morreria alguns dias depois em circunstâncias suspeitas) e proclamou Catarina imperadora. Negando ter orquestrado o complô, ela, mesmo assim, "aceitou" a coroa.

A Rússia e o Ocidente | 137

A busca do luxo e a valorização da importância da elite para a condução dos
destinos da Rússia podem ser vistas em alguns detalhes do retrato
de Catarina, a Grande: a sua postura, o seu vestido e a mobília ao seu redor.

Dando sequência ao seu projeto educacional para as mulheres, Catarina, a Grande, iniciou a construção do Instituto Smolny (acima), voltado a educar meninas da nobreza.

Apesar de estrangeira, foi muito hábil em sua russificação. Já havia se convertido à religião ortodoxa. Devido à sua fraca base inicial de poder, procurou interagir bem com a nobreza em vez de tentar se impor sobre ela como havia feito Pedro. Dessa forma, a nobreza conseguiu reaver vários direitos que havia perdido: a herança de terras pôde, novamente, ser dividida entre todos os filhos em vez de beneficiar um único filho, como determinara Pedro para evitar a fragmentação das terras; o serviço compulsório dos nobres ao Estado foi abolido em 1762 (ainda no reinado de Pedro III); e a servidão dos camponeses chegou ao seu auge sob Catarina, constituindo os servos 90% da população. O resultado da carga enorme sobre o campesinato seria a mais gigantesca de todas as revoltas camponesas na história da Rússia: a rebelião do cossaco Emelian Pugachov na região dos Urais e do Volga em 1773-1774, que prometia o fim da servidão. Foi debelada a muito custo pelas autoridades.

Mas Catarina II não era um joguete nas mãos da nobreza. Tratando habilmente com ela, implementou várias de suas políticas próprias. Diminuiu as tarifas protecionistas estabelecidas por Pedro, o Grande, liberalizando a economia. Ampliou o império a oeste partilhando a Polônia com a Prússia e a Áustria e alcançou outra saída permanente para o mar ao sul, ao conquistar a Crimeia, no mar Negro.

Um aspecto maior de sua obra foi no âmbito cultural. Daí sua fama de déspota esclarecida. Ela mesma escrevia obras de ficção e não ficção. Mandou seus assessores estudarem os sistemas educacionais de diferentes países para tentar estabelecer um sistema nacional de educação na Rússia. Esse ideal não foi alcançado, mas Catarina conseguiu pelo menos melhorar o nível cultural dos nobres russos que era muito baixo na época. Inaugurou pioneiramente a educação especial para mulheres, com a criação da Sociedade Imperial para a Educação de Meninas da Nobreza, que lançou as bases para o Instituto Smolny para Meninas da Nobreza. Foi patrona das artes e literatura na Rússia. Chegou mesmo a estabelecer uma efêmera Grande Comissão, uma espécie de parlamento consultivo composto de cerca de seis centenas de representantes da aristocracia, burguesia e campesinato, com o objetivo de propor soluções para os problemas russos. O incentivo para o desenvolvimento cultural e educacional representou, enfim, o ápice de uma espécie de Iluminismo russo do século XVIII, iniciado na época de Pedro, o Grande.

Intelligentsia

A ideia do Iluminismo russo pode parecer um pouco exagerada, mas a época de Catarina deu origem, embrionariamente, a algo que viria revolucionar a Rússia: o aparecimento da *intelligentsia*. Esse conceito é bastante complexo. Na língua portuguesa é frequentemente vertido como "intelectuais", mas existem nuanças que o fazem peculiar na história russa.

Comecemos pelo final. No período da URSS, os soviéticos lhe deram uma definição sociológica bem precisa nos estudos estatísticos da população. A *intelligentsia* compreenderia todos aqueles que tivessem educação universitária ou educação técnica secundária (e atuassem nesses campos profissionais). Era considerada um estrato social, e não uma classe em si. Compreenderia, então, aqueles que se dedicavam profissionalmente ao trabalho mental (em oposição ao basicamente manual).

Essa definição sociológica soviética é uma simplificação "matemática", objetiva, de um conceito que teve uma origem histórica mais complexa. A *intelligentsia* foi um estrato social que surgiu na Rússia em algum ponto no final do século XVIII ou primeira metade do século XIX. Alguns autores ocidentais remetem suas origens ao período de Catarina, a Grande. Outros à época da Revolta Decembrista em 1825. Os soviéticos jogam seu início para trás, entre 1750 e 1770, época da fundação da Universidade Estatal de Moscou (1755) e destaque do que consideram o primeiro gigante intelectual russo moderno, Mikhail Lomonosov (1711-1765), uma espécie de Leonardo da Vinci eslavo que trouxe contribuições importantes a vários campos da ciência e literatura, como vimos.

Se aceitarmos a hipótese intermediária, veremos que, a partir das tentativas de Catarina de elevar o nível cultural dos nobres russos, pouco a pouco surgiu um grupo de pessoas que passou a se dedicar cada vez mais a atividades culturais, criativas, muito além do ambiente limitado em que viviam. Muitos se sentiam peixes fora d'água, pois em seus esforços criativos imaginavam situações diferentes das condições difíceis vigentes no país. Isso explica por que ao longo do século XIX (e mesmo XX) grande parte da *intelligentsia* foi de oposição. Inconformada com as condições limitadas prevalentes no país (servidão, baixo nível cultural das massas e mesmo da nobreza), essa camada de pensadores atípicos, algo deslocados do cotidiano comezinho da aristocracia do país, se revelaria na forma de "inadaptados" ou "rebeldes sem causa".

O grande símbolo destes "homens supérfluos" foi Bazarov, o personagem do escritor Ivan Turgenev na novela *Pais e filhos*. O dilema existencial dos homens supérfluos muitas vezes tomava a forma do conflito entre gerações, dos filhos da década de 1860 (época da abolição da servidão) contra os pais da década de 1840, como retratado por Turgenev. Na visão o autor, Bazarov e os outros "filhos" da década de 1860 não acreditam em nenhuma solução até então apresentada na sociedade russa: nem na visão dos tradicionais senhores de servos dos séculos anteriores ou na dos eslavófilos nem na alternativa dos seus "pais" liberais da década de 1840, que propunham reformas graduais no czarismo em direção a uma monarquia constitucional no estilo ocidental.

Esse niilismo e a falta de perspectiva são criticados por Turgenev no livro. Mas essa situação logo sofrerá mudança na sociedade russa. Lentamente, uma parte da *intelligentsia* apontará uma saída para o impasse que não é nem a aceitação da sociedade servil nem a perspectiva de reformas liberais dentro do sistema czarista, nem um niilismo sem perspectivas transformadoras: a revolução. Novamente a literatura mostrará o caminho. Um precursor desta tendência foi o escritor Nikolai Chernyshevsky. Ele pregava a luta de classes e a derrubada revolucionária do regime. Por isso sofreu prisão, execução simulada e exílio. Escreveu a novela *O que fazer?*, que influenciou toda uma geração de revolucionários posteriores (incluindo Lenin, que escreveu um famoso tratado político homônimo). Em *O que fazer?* (escrito na prisão e, em

Selo comemorativo dos 200 anos da Universidade Estatal de Moscou. Inaugurada em 1755, é a mais antiga universidade no país e formou muitos membros da chamada *intelligentsia*.

parte, como resposta a *Pais e filhos* de Turgenev), Chernyshevsky descreve, disfarçada em uma história de amor, uma utopia socialista nos esforços da protagonista Vera Pavlovna em se emancipar como mulher e criar uma tecelagem para mulheres de caráter comunal, onde não há exploradores nem explorados. Mas é o personagem, aparentemente secundário, Rakhmetov que rouba a cena do romance. Ele é uma antecipação do futuro revolucionário profissional ascético. Apesar de ter origens aristocráticas, advoga uma (misteriosa, não bem explicitada no romance) "causa" e leva uma vida ascética para ser como um cidadão comum (o que inclui dormir em uma cama de pregos e seguir uma dieta rígida). Sob o disfarce de um melodrama (que narra os relacionamentos amorosos de Vera Pavlovna em busca de sua libertação e felicidade como mulher), há uma condenação do sistema opressor vigente no czarismo e a apresentação de um modelo alternativo revolucionário nas diversas passagens secundárias e oníricas do romance.

Com o tempo, então, pensadores se transformaram em "rebeldes com causa" e passaram a advogar mudanças e reformas sociais de maneira cada vez mais explícita. O palco estava preparado para o grande desenlace revolucionário posterior. Esses arquétipos na literatura (Bazarov, Rakhmedov etc.) representavam as tendências que dividiam a alma russa naquele momento e que acabariam explodindo numa guerra civil entre "vermelhos" e "brancos". Uma parte da *intelligentsia* se tornou revolucionária. Aliás, devido ao grande número de intelectuais (no sentido sociológico soviético) entre os líderes da Revolução Russa (Lenin, Trotski, Bukharin etc.), alguns autores consideram a Revolução de 1917 mais uma revolução de intelectuais que uma revolução proletária em si. Considero essa afirmação um exagero, mas realça o potencial oposicionista que a *intelligentsia* teve na formação histórica da Rússia – e que vai se refletir no século xx, quando a maioria dos dissidentes soviéticos era, igualmente, membro dela.

De início, como seria natural, a *intelligentsia* era composta por membros oriundos da nobreza. Mas pouco a pouco ela começou a provir de outras classes também. Vissarion Belinski, o renomado crítico literário russo progressista de esquerda, foi considerado o primeiro grande intelectual provindo das classes populares.

Este conceito de *intelligentsia* originário da Rússia passaria, de forma adaptada, a outras línguas e países. Isso é sintomático do papel que o país tem no mundo em termos de buscas espirituais (no sentido de culturais, mentais, ou *geistlich*, como dizem os alemães), para além do materialismo que tem caracterizado as civilizações ocidentais desde a Renascença.

NOTA

[1] Sobre o eterno problema da corrupção na Rússia, recomendo a leitura da divertidíssima e cáustica peça teatral cômica do escritor Nikolai Gogol, *O inspetor-geral*, que narra as peripécias de um espertalhão que se faz passar por um inspetor incógnito do governo em uma cidade pequena, gozando assim das regalias e atenções especiais dos corruptos membros do governo e elite locais. Essa obra é um clássico universal. Russos e brasileiros de todos os tempos certamente se identificarão com vários dos elementos centrais desta satírica obra-prima que resiste ao tempo e se mantém atual tanto hoje como quando foi publicada, em 1836.

O PERÍODO PRÉ-REVOLUCIONÁRIO

No final do século XVIII, após os reinados de Pedro e Catarina, a Rússia está embalada em termos de modernização e de aproximação maior com o Ocidente. A partir de 1815, o país alcança o período de seu maior prestígio no exterior até então. Foi quando a Rússia, após repelir a invasão de Napoleão, avança até Paris, destrona Bonaparte e se torna a "Salvadora da Europa" ao derrotar o corso que fizera tremer todas as casas reais do continente. Na segunda metade do século XIX, à medida que a Revolução Industrial se espalha pela Europa Ocidental, a Rússia perde cada vez mais posições relativas e seu atraso crescente, conjugado com os problemas sociais e políticos não resolvidos, leva a uma situação de crise que culmina nas três revoluções do início do século XX: a de 1905, a de fevereiro de 1917 e a de outubro de 1917. É este período do século XIX e início do XX que veremos neste capítulo.

NAPOLEÃO: ASCENSÃO E QUEDA

Como vimos no capítulo anterior, o século XVIII, com Pedro e Catarina, foi uma época em que a Rússia se aproximou dos modelos europeus e iniciou sua modernização. Como a Europa, passou por um período de monarquia absolutista e mesmo de déspotas esclarecidos. A despeito de contradições peculiares (seu absolutismo na época Moderna veio concomitantemente a um fortalecimento da servidão e não de seu afrouxamento), a Rússia parecia estar se modernizando e aproximando do padrão europeu de até então. Foi aí que tanto a Rússia como a Europa passaram por um desafio novo e incrível: a Revolução Francesa com seus novos modelos burgueses que ameaçavam o conservadorismo do modelo monárquico então prevalente no continente. Era uma nova era que estava nascendo, um novo sistema burguês que representava um perigo não apenas para a Rússia tal qual estava constituída, mas para todos os outros países do continente baseados no modelo antigo. E esta revolução burguesa foi personificada na figura de Napoleão. O general francês espalharia, à força, com seus exércitos, os embriões da nova ordem pela Europa.

Em junho de 1812, após ter conquistado grande parte da Europa Ocidental continental, Napoleão parte para a invasão da Rússia com um dos maiores exércitos da história (a *Grande Armée*), composto de cerca de 690 mil soldados de vários países. Consegue grandes vitórias, em setembro chega a Moscou, toma a cidade... e nada! Os russos haviam evacuado a cidade e a incendiado. Sentado em Moscou, esperando a rendição do czar, Napoleão fica lá um mês perplexo e sem saber como agir. Aproxima-se o inverno e ele se dá conta da armadilha em que caiu. Usando uma técnica que seria repetida no século seguinte contra Hitler, os russos se aproveitaram da imensidão de seu território e foram recuando na chamada terra arrasada (isto é, destruindo tudo no terreno que abandonavam para não poder ser usado pelo inimigo).

Tomar Moscou vindo do oeste não é tomar a Rússia, pois a maior parte do país fica à leste de Moscou, na imensidão da Sibéria. Superestendido em suas linhas de suprimento, sem possibilidade de aproveitar o que conquistara devido à política de terra arrasada, Napoleão não teve outra opção que iniciar o retorno de seu exército à França em outubro. E foi na volta do desmoralizado exército francês pela imensidão do território russo arrasado, no meio de um terrível inverno, sem comida e roupas quentes suficientes, que o exército russo atacou sem piedade. Não em combates frontais, mas meramente fustigando em pequenas escaramuças (e retornando logo às suas bases). Essas escaramuças eram seguras para os russos, mas terríveis para os franceses em retirada e, junto com a fome e o frio, simplesmente destroçaram os restos do grande exército napoleônico. Em termos aproximados, dos 690 mil soldados que invadiram a Rússia em 1812, cerca de 600 mil pereceram.

E então foi a vez de os russos avançarem em direção ao coração do inimigo – exatamente como no século seguinte com Hitler. Em 30 de março de 1814, com seus aliados, as tropas russas entraram em Paris. Em 6 de abril, Napoleão abdicou.

Alexandre I (1801-1825), o czar que derrotou Napoleão e ajudou a montar o conservador Concerto de Viena (o acordo dos monarcas europeus para manter o continente dentro dos antigos valores monárquicos rompidos pelo "plebeu" Napoleão), fora relativamente liberal nos anos iniciais de seu reinado. Mas depois, principalmente quando confrontado com a ameaça napoleônica, assumiu contornos mais conservadores. A vitória na guerra, porém, gerou um choque cultural. Vários oficiais nobres e outros membros do exército que retornaram da Europa após derrotarem Napoleão haviam sido influenciados pelas ideias liberais e constitucionalistas que lá encontraram. E começaram a ver com olhos mais críticos a realidade social da autocracia reinante no

O período pré-revolucionário | 145

Napoleão chegou com seu exército a Moscou, mas encontrou a cidade vazia e não pôde comemorar a vitória. Na volta à França, o inverno rigoroso castigou sua tropa, que foi atacada sem piedade pelas forças do czar.

A chamada Revolta Decembrista reuniu membros da *intelligentsia*, da nobreza e alguns oficiais do exército. O objetivo, fracassado, era diminuir o poder do monarca. O quadro de Karl Kolman mostra a Praça do Senado.

país. Este descontentamento começou a fervilhar entre alguns membros da nobreza e da embrionária *intelligentsia* do país. Sociedades secretas pregavam uma reforma do Estado, a maioria era a favor de uma monarquia constitucional e uma minoria era mais radical ainda. Esse fervilhamento estouraria na chamada Revolta Decembrista, cujo nome deriva do fato de ter ocorrido em dezembro de 1825.

Em 19 de novembro de 1825, Alexandre I morre inesperadamente, sem deixar filhos. Sua sucessão não era clara, pois o candidato natural imediato seria seu irmão mais jovem, Constantino, mas este se encontrava na Polônia, desinteressado do trono russo. Então, o irmão caçula de Alexandre e Constantino, Nicolau, se preparou para assumir. No vácuo dessas indecisões, alguns oficiais do exército, auxiliados por nobres civis de algumas sociedades secretas, resolveram tentar um golpe palaciano na Praça do Senado em São Petersburgo no dia da posse de Nicolau. O golpe foi debelado, mas a Revolta Decembrista seria glorificada pelos soviéticos como a primeira tentativa da *intelligentsia* russa de reformar radicalmente o sistema autocrático do país. As demandas dos rebeldes eram heterogêneas, pois a "quartelada" tinha sido preparada às pressas, mas sua direção geral era tentar mudar o regime czarista de uma monarquia absolutista para uma monarquia constitucional em que o monarca seria limitado por uma constituição e um parlamento (instituições inexistentes na

Rússia até 1905!). O fato de ter sido uma conspiração de elite fica exemplificado na seguinte anedota contada como verdadeira na ocasião: como Constantino era mais liberal que o conservador Nicolau e esperava-se que, com ele, a Rússia pudesse caminhar para uma monarquia constitucional, no dia do levante houve palavras de ordem de "Constantino e Constituição!". Conta-se que muitos passantes comuns do povo, pouco familiarizados com as teorias constitucionalistas então vigentes na Europa, imaginaram que os rebeldes pediam que Constantino *e sua esposa* Constituição fossem elevados ao trono...

NICOLAU I, O "CZAR DE FERRO"

Nicolau, que já tinha pendores conservadores, tornou-se ainda mais desconfiado, reacionário e repressivo ao ter seu governo inaugurado com um levante deste tipo. O grande lema do governo de Nicolau era "Autocracia, Ortodoxia e Nacionalismo", criado na famosa circular de 1833 de seu ministro da educação, conde Sergei Uvarov. Ou seja, a vida social russa seria guiada por um autocrata, sua religião seria a ortodoxa e tudo deveria conduzir ao bem da nação. Este último ponto se refletia numa política de russificação (obrigação de utilização da língua russa, proibição de outras línguas oficiais) em relação a minorias. A repressão aos desvios dessas normas ficava a cargo da famigerada Terceira Seção da Chancelaria, uma espécie de polícia secreta que fazia com que o país fosse, na verdade, um Estado policial.

A repressão do "Czar de Ferro" aumentou após 1848. Naquele ano, uma série de revoluções de cunho liberal, com algumas insipientes vertentes socialistas, varreu diversos países da Europa continental, incluindo França, Alemanha e Áustria. O medo de que ela se espalhasse para a Rússia fez com que os últimos anos do reinado de Nicolau (até 1855) fossem especialmente repressores. A censura aumentou e houve até ameaça de fechamento de universidades. Vários periódicos, tanto de ocidentalistas quanto de eslavófilos, foram fechados. Nicolau literalmente reprimia à esquerda e à direita.

O Estado russo prosseguia, então, seu curso como monarquia absolutista a despeito de a Europa Ocidental há tempos estar abandonando tal paradigma e entrando na época liberal. E não era apenas no campo político que esse tipo de contradição ocorria. A Revolução Industrial inaugurou no século XIX uma nova era de modernidade industrial na Europa. Mas a Rússia não estava acompanhando tal escalada. Ainda inebriada pelos sucessos na vitória das guerras napoleônicas e pelo tamanho do seu

A má performance militar russa na Guerra da Crimeia (contra o Império Otomano auxiliado por França e Inglaterra) deixou claro que em meados dos anos 1850 o país estava se atrasando tecnologicamente em relação ao Ocidente industrializado.

exército (o maior da Europa), a Rússia se sentia segura em sua fortaleza. Por isso, a Guerra da Crimeia se revelaria um choque em que o país sentiu, de forma pungente, como sua tecnologia e armamentos estavam ficando ultrapassados em relação aos países avançados da Europa Ocidental.

A Guerra da Crimeia foi uma das muitas disputas entre Rússia e Turquia que desembocou em conflito armado em outubro de 1853. Entretanto, a Inglaterra e a França tomaram o lado da Turquia. Após dois anos de luta, em dezembro de 1855 o czar aceitou o estabelecimento de uma conferência de paz. O Tratado de Paris de março de 1856 estabelecia uma paz desvantajosa para a Rússia que, entre outras coisas, consentia retirar suas bases navais do mar Negro.

ALEXANDRE II, O "CZAR LIBERTADOR"

A derrota na Guerra da Crimeia teve reverberações fortíssimas na Rússia. O novo czar, Alexandre II, concluiu que o exército russo, munido de armamento tecnologicamente menos avançado e tropas formadas por servos, era um sinal de que o país estava atrasado. Resolveu atacar um dos pontos mais sensíveis: a servidão. Muitos nobres russos sequer imaginavam suas vidas sem servos (na Rússia o *status* de um nobre era avaliado não tanto pela quantidade de terras que possuía, mas sim pelo número de seus servos).[1] Contra as objeções dos nobres, ele respondeu com duas famosas afirmativas: "A autocracia criou a servidão e dela depende sua abolição" e "É melhor começar a abolição da servidão de cima do que esperar até que ela comece a ser abolida de baixo".

O Manifesto de Abolição da Servidão de 19 de fevereiro de 1861 foi um dos momentos mais marcantes da história russa e representou uma manobra de equilibrismo extremamente delicada. Ao contrário da abolição da escravidão no Brasil, ocorrida naquela mesma metade de século, em que os escravos foram deixados "ao Deus dará", isto é, sem terra nenhuma, a emancipação russa não apenas libertou os servos, mas propiciou-lhes terra. Por outro lado, para não prejudicar a nobreza, as terras não foram dadas aos servos: eles teriam que comprá-las.

Havia três tipos de servos na Rússia: servos privados, servos do Estado e servos domésticos. O Manifesto de Abolição da Servidão inicialmente emancipou os servos privados e domésticos. Os servos estatais seriam emancipados posteriormente na década (em especial pela lei de 24 de novembro de 1866). Os servos domésticos não receberam terra (já que não a possuíam antes): os servos privados e estatais receberam terra pela qual teriam que pagar em longos financiamentos. As condições variavam por tipo de servo (privado ou estatal) e por região, mas uma dinâmica geral pode ser descrita. Para os servos privados haveria um período de transição de dois anos em que continuariam trabalhando como antes enquanto se fazia um inventário de toda a terra do senhor a ser distribuída posteriormente. Em seguida, viria um período ainda de "obrigação temporária" em que as duas partes entrariam em acordo sobre como a terra seria distribuída e paga. Os donos tinham direito a reter um terço de suas terras para si, às vezes até mais do que isso. Finalmente, no máximo até 1883, os camponeses deveriam começar a pagar pelas terras que receberam em financiamentos de 49 anos. O governo imperial adiantava, à vista, aos donos de terra, três quartos do preço total acordado pela terra em forma de títulos governamentais (e receberia essas parcelas dos pagamentos dos camponeses). Para os camponeses que não queriam ou podiam pagar

A servidão na Rússia durou até o reinado de Alexandre II.
O czar assinou o Manifesto de Abolição da Servidão em 19 de fevereiro de 1861.
O quadro de Mikhail Zichy mostra sua coroação em 1855.

o preço dos lotes comuns, havia a opção, em algumas regiões, do chamado "lote de mendigos", que era uma minúscula porção grátis de terra (geralmente insuficiente para sustentar uma família).

A emancipação dos servos foi um terremoto na sociedade russa. Lenin, em seu famoso livro *O desenvolvimento do capitalismo na Rússia*, afirmou que, como a servidão era um dos esteios principais do feudalismo, a abolição de 1861 foi uma condição fundamental para que o país entrasse na era do capitalismo moderno assalariado.

A despeito de várias oscilações de Alexandre II, que alternava ministros liberais e conservadores em seu ministério, o curso geral de seu governo foi bem mais liberal e menos repressor que o de seu pai, o "Czar de Ferro" Nicolau I. A censura à imprensa e o controle às universidades, que haviam sido ampliados fortemente após as revoluções europeias de 1848, foram abrandados. Uma reforma judicial foi iniciada.

No entanto, quando houve demandas por parlamento, constituição ou monarquia constitucional, ele respondeu asperamente. O mais próximo que chegou disso foi a criação das assembleias do tipo *zemstvo* em 1864. Eleitas por nobres, citadinos e camponeses (mas com diferentes pesos, de modo que a nobreza elegia mais representantes que o resto) nos distritos e províncias, essas assembleias podiam cuidar de determinados assuntos locais sem necessitar de aprovação do governo central. Ou seja, foi antes um artifício burocrático para tornar mais eficiente (via descentralização) a administração local do que propriamente uma instituição voltada ao desenvolvimento de poderes políticos autônomos. Essas assembleias *zemstvo* realmente tornaram mais ágil a administração local ao se livrarem da burocrática centralização anterior em que quase tudo dependia da aprovação do governo central. O efeito colateral foi justamente espalhar a noção de que o poder poderia ser mais descentralizado, menos aristocrático. E esse fermento culminou nas revoluções de 1905 e 1917, que atacaram diretamente o czarismo.

O período revolucionário, porém, ainda estava longe. Na época das reformas de Alexandre II, a década de 1860, tal fermento não era forte o suficiente ainda para bancar uma destruição da autocracia. Impotentes para derrubar o governo central, alguns insipientes revolucionários partiram para uma atitude desesperada: matar o czar. O resultado foi a ironia do destino que Alexandre II, o "Czar Libertador", que acabou com a servidão no país, tombou assassinado em um atentado terrorista em março de 1881, não por quem defendia a servidão, mas por quem contra ela lutava.

A Rússia da segunda metade do século XIX era um poço de contradições. Por um lado, após o "choque de realidade" da Guerra da Crimeia, passou por uma série de reformas na economia (a mais radical das quais foi a abolição da servidão) que levaram a um intenso desenvolvimento capitalista no país. Foi um desenvolvimento bem peculiar, que combinava grande intervenção e protagonismo do Estado com um afluxo forte de capitais estrangeiros. Seguiu-se um *boom* na construção de ferrovias. Houve altas taxas de crescimento econômico especialmente na última década do século, sob a batuta do hábil ministro de finanças, Sergei Witte.

Em contraste com esses desenvolvimentos modernizantes na área econômica, o sistema político seguia fechado. Até a revolução de 1905, a Rússia continuará uma monarquia absolutista, sem parlamento ou constituição. A palavra do czar era a lei pura e simplesmente. Mesmo o "liberal" Alexandre II não admitia que se cogitasse implantar limitações constitucionais ao seu poder de autocrata.

Como o sistema não permitia que, "por dentro", isto é, pelos caminhos legais, se chegasse a mudanças fundamentais em direção à democracia, houve a tentação de se tentar "por fora", isto é, por meios extralegais, estas reformas. Alexandre II foi morto por membros de um grupo que defendia que o terrorismo era necessário e justificado no caso russo.

Os populistas

Populismo é um termo sociológico muito utilizado na América Latina para explicar alguns regimes políticos, como o de Perón na Argentina ou Vargas no Brasil. A palavra tem origem na Rússia. Lá surgiram os primeiros *narodniki* (populistas) em um contexto histórico bem diferente.[2]

Os populistas eram radicais surgidos após a abolição da servidão em 1861 que pregavam um socialismo de base agrária na Rússia. Eram diferentes dos seguidores de Marx, que diziam que o socialismo teria sua base principal no proletariado industrial. Ao contrário de Lenin, que considerava que a Rússia pós-abolição da servidão já era capitalista, os *narodniki* achavam que a Rússia talvez fosse capaz de pular direto ao socialismo, sem passar pelo capitalismo, utilizando a *mir* (= comuna rural) como base. A palavra *mir*, em russo, tem vários sentidos: "mundo", "paz" ou "comuna rural", uma instituição camponesa coletivista.

O campesinato russo, desde muitos séculos, tinha uma organização coletivista baseada na *mir*. Mesmo depois da abolição da servidão, os camponeses não receberam suas terras como agricultores individuais. As terras dos antigos senhores de servos foram divididas entre o senhor e a *mir* (isto é, a coletividade dos camponeses locais como um todo). E aí a *mir* procedia à distribuição dessas terras entre seus membros de forma coletivista de acordo com as necessidades e possibilidades desses membros. Quando o número de membros da *mir* aumentava (com a proliferação nas famílias) havia repartições periódicas da terra para que os novos membros (descendentes) também pudessem ter seu lote para plantar. A *mir* era autoadministrada por uma assembleia (*skhod*) que elegia um líder, geralmente entre os mais antigos, chamado *Starosta*. Ou seja, a comuna rural russa, dentro de suas atribuições, tinha um caráter realmente coletivista. Para os camponeses, representava uma forma de autoajuda mútua. O governo czarista cobrava os impostos não de cada camponês, mas sim da *mir* como um todo (responsabilidade coletiva, ou seja, se um membro não pagar os outros tinham que cobrir a dívida por ele).

Os *narodniki* achavam que podiam utilizar essa base coletivista camponesa para o salto da Rússia ao socialismo, sem necessariamente ter que passar pela etapa da decadência do desenvolvimento industrial capitalista do tipo europeu ocidental.

O termo *narodnik* surgiu devido a essa ênfase no povo (*narod*) russo como possibilidade do embrião da futura redenção não capitalista, especialmente quando em 1874 foi realizado o chamado movimento de "Ida ao Povo". Após uma época de má colheita e fome, um grande número de membros populistas da *intelligentsia* seguiu em massa uma metodologia de ir diretamente ao setor rural tentar convencer os camponeses a lutarem pelos seus direitos de forma autoemancipadora. A "Ida ao Povo" não obteve sucesso, mas marcou definitivamente o caráter populista, isto é, próximo ao povo ou relacionado ao povo desta corrente política.

Os *narodniki* formavam um grupo heterogêneo. Uma grande divisão era entre os chamados "preparacionistas", seguidores de P. Lavrov, um professor de Matemática que pregava uma "preparação" gradual das massas para a revolução e as correntes mais radicais, como os seguidores de P. Tkachev, que pregavam uma revolução imediata mesmo que por meios violentos. A organização principal dos populistas até a década de 1870 tinha sido a chamada "Terra e Liberdade". Em 1879, ela rachou. Surgiu uma organização mais moderada, política (a "Repartição Negra") e uma radical, que utilizaria até o terrorismo como arma (a "Narodnaya Voliya" ou "Vontade do Povo"). Foi a Narodnaya Voliya que cometeu o atentado em que morreu o czar Alexandre II.

ALEXANDRE III, NICOLAU II E O FIM DOS ROMANOV

O assassinato do pai levou a que o novo czar, Alexandre III, iniciasse um período de renovada repressão, após o período relativamente liberal anterior. Aliás, esse é um padrão que se repetiu ao longo do século XIX: a um czar liberal segue-se um mais repressor. Ao (pelo menos no início) relativamente liberal Alexandre I seguiu-se o "Czar de Ferro" Nicolau I. Depois deste veio o "Czar Libertador" Alexandre II, que emancipou os servos. Em seguida, Alexandre III iniciou um novo período de repressão. Desgostado pela "ingratidão" com que foram recebidas as reformas de seu pai, Alexandre III chegou à conclusão de que apenas uma mão forte podia manter a Rússia nos eixos. Nesta tarefa, contou com a ajuda de Constantino Pobedonostsev, o reacionário procurador do Santo Sínodo da Igreja Ortodoxa. Houve aperto na censura, controle maior sobre as assembleias de autogoverno local do tipo *zemstvo* e reforço na russificação nas províncias (ou seja, imposição da língua e cultura russas como obrigatórias também em instituições locais). As minorias eram perseguidas.

A atmosfera se tornou realmente pesada no país e só houve uma quebra neste processo porque uma nefrite matou Alexandre III logo em 1894. As esperanças se concentraram, então, em que seu sucessor, Nicolau II, relaxasse e melhorasse a atmosfera no país.

Nicolau II foi uma figura trágica. Governante indeciso, não era liberal nem repressor em excesso. Seu governo oscilou entre esses polos, com o governante muitas vezes deixando-se influenciar por outras pessoas. Em sua primeira década no poder, por inércia, as figuras repressoras da época de seu pai, Pobedonostsev, Vladimir Meshcherski e outros, continuaram a influenciar as políticas internas do país. Após o episódio traumático da revolução de 1905, Nicolau seria obrigado a aceitar profundas reformas políticas. A partir de 1905 se inicia a época revolucionária na Rússia czarista.

1905: A PRIMEIRA REVOLUÇÃO RUSSA

No Brasil, quando falamos em Revolução Russa entendemos as duas revoluções ocorridas em 1917 (a democrático-burguesa de fevereiro e a socialista de outubro). Mas na Rússia costuma-se falar em três revoluções. A primeira, em 1905, foi uma revolução abortada, pois a tentativa de derrubar o czarismo fracassou. Entretanto, o czar teve que aceitar reformas radicais no regime político do país que o transformaram qualitativamente. Se até 1905, o czarismo era uma monarquia absolutista, autocrática, que não permitia partidos políticos, nem tinha parlamento ou constituição, após 1905 ele se transformou (pelo menos formalmente) em uma monarquia constitucional, com uma constituição (chamada Leis Fundamentais), um parlamento (chamado *Duma*) e foi legalizada a existência de partidos políticos. Além disso, com a revolução de 1905 surgiu uma forma inédita de luta da classe trabalhadora, que teria um papel fundamental nas revoluções de 1917: os sovietes.

O que levou à situação revolucionária em 1905? Como vimos, a Rússia chegou ao final do século XIX e início do XX com muitas contradições. Por um lado um desenvolvimento capitalista forte no lado econômico, principalmente desde a abolição da servidão em 1861. Por outro, o lado político estagnado em um regime autocrático, que nem partidos, constituição ou parlamento tinha. O país se modernizava na esfera econômica, mas seu sistema político não permitia as adaptações e ajustes necessários para acomodar as demandas sociais das novas classes em ascensão, como a burguesia, proletariado e campesinato formado por ex-servos. Essa panela de pressão crescente se tornou pior nos primeiros anos do século XX. Entre 1900 e 1905,

O chamado Domingo Sangrento ocorreu em 1905 em São Petersburgo. Um grupo de trabalhadores levava uma petição para o czar. Ao se aproximar do portal de Narva (foto), porém, foi atacado por tropas governamentais.

a economia e a colheita não foram bem. E de fevereiro de 1904 a setembro de 1905 ocorreu a Guerra russo-japonesa, que desarticulou mais ainda a economia russa. Esses fatores conjugados levaram a uma onda de protestos, greves e rebeliões a partir do Domingo Sangrento, de 9 de janeiro de 1905. Neste dia, uma demonstração pacífica de trabalhadores, liderada pelo padre Giorgi Gapon, que levava uma petição ao czar no Palácio de Inverno, em São Petersburgo, foi brutalmente massacrada pelas tropas governamentais. (O episódio foi mostrado no filme *Doutor Jivago*, com Omar Sharif, baseado no romance homônimo de Boris Pasternak.)

Como resposta ao massacre do Domingo Sangrento, greves estalaram por todo o país. Os protestos ficaram mais intensos ao longo do semestre. As principais forças políticas de oposição não eram reconhecidas pelo regime czarista. Os liberais (grande parte ligada ao movimento das assembleias de autogoverno local do tipo *zemstvo*) formavam a chamada União das Uniões, com Pavel Miliukov como presidente. Os socialistas constituíam dois partidos ilegais: os sd (Social-Democratas, que estavam rachados em bolcheviques e mencheviques, e pregavam um socialismo a partir do proletariado industrial) e os sr (Socialistas Revolucionários, herdeiros dos populistas do século xix e que pregavam um socialismo de base agrária). Em 14 de junho houve o motim da tripulação do encouraçado Potemkin (imortalizado no filme homônimo de Sergei Eisenstein).

O que aconteceu de realmente inédito em termos mundiais foi a criação dos chamados sovietes. A palavra *soviet*, em russo, significa *conselho* (tanto no sentido de sugestão quanto de instituição de assessoramento). Durante a revolução de 1905, como em outros países do mundo, em cada fábrica em greve era constituído um comitê. Até aí nada de novo. Entretanto, em maio de 1905, na cidade de Ivanovo-Voznesensk, os trabalhadores e comitês de greves decidiram formar um conselho (soviete) de trabalhadores para regular preços e exercer outras funções administrativas que normalmente seriam realizadas pelo governo. A partir daí, uma série de sovietes seriam constituídos em diversas cidades. Na capital, São Petersburgo, o comitê de greve se transformou em soviete em 13 de outubro e teve uma existência de 50 dias. O menchevique G. Khrustalev-Nosar' presidiu-o até a data de sua prisão em 26 de novembro, quando foi substituído por Trotski.

Em momentos da revolução em que o governo não mandava mais em vários lugares, os sovietes assumiram o comando. Eles funcionavam como órgãos políticos de autogestão dos trabalhadores. Seus membros eram eleitos pelos próprios trabalhadores (no futuro incluiriam camponeses e soldados) e depois, na União Soviética, funcionariam como um parlamento. Entretanto, os marxistas soviéticos sempre disseram que havia uma diferença fundamental entre o parlamento democrático-burguês e um soviete. No primeiro todas as classes estavam representadas (inclusive as classes opressoras), enquanto o soviete comportava apenas representantes das classes exploradas.

Os sovietes seriam uma nova e muito efetiva forma de luta da classe trabalhadora, já que ela passava a se autogovernar e "usurpar" funções que eram do antigo governo. Concomitantemente, uma greve geral se iniciou em 19 de setembro com a paralização dos gráficos de Moscou e se espalhou pelo país e por muitos outros ramos industriais.

A situação realmente estava saindo de controle. Pressionado, Nicolau ii começou a fazer concessões. Inicialmente, propôs a chamada Duma de Bulygin (assim chamada,

O Manifesto de Outubro, de 1905, deu sobrevida ao poder real. O texto prometia a criação de um parlamento legislativo efetivo e a legalização dos partidos políticos.

pois este era o nome do ministro do Interior). *Duma* é um termo que vem do verbo russo *dumat'* (pensar) e historicamente denota na Rússia qualquer forma de assembleia diretiva ou consultiva. Por exemplo, a *duma boiarda* foi um conselho de *boiardos* (nobres) que assessorava os grandes príncipes ou czares da Rússia na época feudal. A *duma* que Nicolau e Bulygin propunham era um parlamento meramente consultivo, que apenas assessoraria o czar, sem ter poder legislativo próprio.

Com exceção de uma ala extremamente moderada de parte dos liberais, a proposta foi rechaçada pelas forças políticas de oposição e os protestos continuaram. Finalmente, em 17 de outubro, o czar fez sua concessão derradeira e que mudaria qualitativamente o regime no país. Pelo chamado Manifesto de Outubro, o czar aceitaria a criação de um parlamento legislativo com poderes reais e legalizaria a existência de partidos políticos. Em tese, a Rússia passaria de uma monarquia absolutista para uma monarquia constitucional.

A oferta dividiu a oposição. Grande parte dos liberais a apoiou, e os socialistas, mesmo desejando a queda da monarquia, se dividiram quanto à questão de participar ou não dessa nova *duma* legislativa.

Lentamente, nos últimos meses de 1905, a partir do Manifesto de Outubro, o governo foi recobrando o controle. Fundamental em tudo isso foi a volta de Sergei Witte ao governo. Ele tinha sido o ministro de finanças durante a década de *boom* econômico de 1890. Em 1903, Nicolau II o tirou do cargo. Chamou-o de volta ao centro do governo ao se aprofundar a crise de 1905. Witte negociou o final da Guerra russo-japonesa e foi o idealizador do Manifesto de Outubro. Com sua política de concessões controladas, talvez tenha sido ele o "salvador" do czarismo em 1905. Por seus serviços, recebeu o título de conde e se tornaria o primeiro primeiro-ministro oficial do país (por um curto tempo, pois, uma vez passada a revolução de 1905, o politicamente míope Nicolau II o despediria de novo ao notar que os partidos de oposição haviam ganhado a maior parte dos lugares na nova *duma*).

CONSEQUÊNCIAS DE 1905

Uma vez debelada a revolução de 1905, o czarismo faria de tudo para diluir as concessões constitucionais feitas. O parlamento seria bicameral: a câmara alta, chamada de Conselho Estatal, tinha metade de seus membros nomeados diretamente pelo imperador e a outra metade eleita por diversos grupos sociais de prestígio (como universidades, a nobreza etc.). Já a câmara baixa, chamada de *duma* estatal, era totalmente eleita por homens com mais de 25 anos, mas com pesos diferenciados para cada grupo social (proporcionalmente os nobres elegiam muito mais deputados que camponeses e, principalmente, trabalhadores). Além disso, pelas Leis Fundamentais (a constituição) de abril de 1906, os ministros não eram responsáveis perante a *duma* e o czar podia dissolvê-la a qualquer momento.

Quatro *dumas* foram eleitas até 1917: em 1906, duas em 1907 e a quarta em 1912. Na primeira, aberta em abril de 1906, houve boicote de muitos dos radicais socialistas. Com isso o partido mais votado foi o Kadete. O nome vem da inicial KD (de Democratas Constitucionalistas, em russo). Tratava-se de liberais que defendiam uma verdadeira monarquia constitucional no país. Mesmo isso se revelou demais para o gosto do czar. Em julho o czar a dissolveu. Entretanto, a nova *duma* (inaugurada em fevereiro de 1907) se revelou mais "radical" ainda. Os socialistas abandonaram a posição de boicote e concorreram. Assim, a instituição continha liberais e socialistas. Ela durou menos que a primeira, sendo dissolvida em junho. Para se certificarem de que a terceira *duma* seria mais dócil, Nicolau II e o novo primeiro-ministro Petr Stolypin (Witte tinha sido despedido após a eleição da "rebelde" primeira *duma*) mudaram a regra do sufrágio, aumentando mais ainda o peso dos nobres e diminuindo radicalmente o dos trabalhadores. Dessa vez deu certo. Com um sufrágio totalmente inclinado a favor da nobreza e das classes mais conservadoras, a terceira *duma* teve como partido mais votado os chamados outubristas, representantes da burguesia conservadora (tinham o nome oficial de União de 17 de Outubro exatamente por aceitarem o Manifesto de Outubro de 1905 do czarismo). Essa *duma* domesticada foi aceita pelo czarismo e pôde terminar seu mandato de cinco anos em 1912, sendo seguida da quarta, eleita em condições parecidas.

POR QUE NA RÚSSIA?

O período entre 1905 e 1917 é um dos mais controversos para serem avaliados. Certamente, o regime russo continuava autoritário, com censura e polícia secreta. Porém, mesmo com todas as limitações, tinha uma constituição e um parlamento. De 1905 até a Primeira Guerra Mundial, o país teve um desenvolvimento econômico robusto. Em 1913, apesar de a agricultura ainda ser o setor preponderante e que empregava o maior número de pessoas, a Rússia tinha a quinta produção industrial bruta do mundo. Este último dado, retirado do insuspeito anuário econômico soviético *Narodnoe Khozyastvo* (ano 1987, p. 12), deve ser contextualizado para não causar confusão. O fato de a Rússia, em 1913, ter a quinta produção industrial bruta do mundo não significava que era a quinta economia mais adiantada. Afinal, o avanço de um país, mesmo naquela época, não era medido pela sua produção industrial *bruta* (em que países grandes como a Rússia e o Brasil levam vantagem) e sim por sua *produtividade* ou produção por trabalhador (ou, melhor ainda, por hora trabalhada). E nesse quesito outros países estavam à frente da Rússia. Em termos de produtividade (ou produção *per capita*), a pequenina Bélgica, por exemplo, ultrapassava a Rússia de 1913.

No entanto, o dado mostra que a Rússia da segunda década do século xx não era mais um país feudal ou semifeudal. Como Lenin argumentava contra os populistas, o capitalismo russo já tinha uma tônica de desenvolvimento forte. Mas era um desenvolvimento cheio de contradições. E aí estava a explicação para o fato de a revolução socialista ter eclodido na Rússia, segundo autores marxistas, como Lenin e Trotski. Os marxistas russos bolcheviques lutaram contra a tendência de muitos marxistas ocidentais de achar que a revolução socialista ocorreria onde o capitalismo estivesse mais avançado.

Afinal, segundo Marx, o socialismo viria para resolver as contradições do capitalismo avançado, que progrediria muito, mas com tantas contradições internas se acumulando que um dia seria necessário dar o pulo ao socialismo, ou seja, à produção planificada. A contradição principal seria entre o caráter coletivo da produção (cada vez mais realizada em conjunto nas fábricas) e o caráter privado da apropriação da riqueza criada (por uma minoria de capitalistas). O capitalismo produzia sempre mais e mais através de máquinas que dispensam trabalhadores: mas quem compraria essa produção crescente se os trabalhadores tinham um poder de compra limitado e a riqueza criada era acumulada nas mãos de poucos capitalistas? O resultado eram crises periódicas de superprodução no capitalismo que iriam piorando até o momento em que somente com a produção planificada central socialista se poderia resolver de vez esta anarquia do mercado. Numa produção planificada socialista, se as máquinas tornam menos necessário o trabalho humano, o que se podia fazer, em vez de desempregar alguns para manter outros trabalhando em tempo integral, era simplesmente reduzir a jornada de todos para menos horas por dia.

Esse esquema teórico parece supor, então, que a revolução socialista ocorreria nos países capitalistas avançados, onde essas contradições seriam mais evidentes. Entretanto, a história mostrou que a primeira revolução socialista ocorreu não em um dos países mais avançados da época (como EUA, Inglaterra, Alemanha), nem em um dos países mais atrasados, e sim em um país intermediário. Como explicar isso?

O período pré-revolucionário | 161

A explicação passou pelo que mais tarde seria chamado de *teoria do elo mais fraco* (atualmente muito associada ao nome de Stalin, mas que seria subscrita pela maioria dos comunistas russos, incluindo Lenin e Trotski). Primeiro, o fato de se estar maduro para uma revolução deveria ser visto em escala mundial e não de países individuais. De acordo com muitos marxistas, globalmente o capitalismo já estava mais que maduro para uma revolução socialista por volta de 1913. Em segundo lugar, a revolução não teria necessariamente que ocorrer primeiro em um país onde o capitalismo era mais forte (isto é, num país dos mais avançados). Exatamente por ser forte, o regime poderia cooptar a classe trabalhadora com melhores salários e desviá-la da revolução para a mera reforma. Por outro lado, países extremamente atrasados, nos quais a fome e o analfabetismo alastram-se, não seriam bons candidatos para a primeira revolução socialista bem-sucedida, pois ali a classe trabalhadora tem dificuldade até de se organizar efetivamente.

Chegou-se à conclusão, então, de que a revolução socialista provavelmente ocorreria não onde o capitalismo estivesse mais forte, e sim onde ele estivesse mais fraco. Mais fraco não no sentido de atraso total, mas no sentido de mais enfraquecido pelas contradições internas.

E a Rússia era forte candidata no quesito "contradições".

A contradição entre um setor econômico dinâmico e um regime político atrasado e fechado continuava a despeito das concessões de 1905. Em especial Trotski chamava a atenção para o subdesenvolvimento político da burguesia russa. Como o regime econômico czarista era baseado simultaneamente em grande intervenção estatal e entrada forte de capitais estrangeiros, a burguesia nacional russa ficava espremida politicamente entre essas duas forças. Pressionada pelo Estado de um lado e o capital estrangeiro de outro, a burguesia russa, apesar de ativa economicamente, não tinha um papel político à altura. Como não conseguia fazer sua própria revolução (como fez a burguesia francesa na Revolução Francesa), ou seja, completar a revolução democrático-burguesa no país, o proletariado russo começou a assumir papéis que seriam da burguesia.

E como o proletariado conseguiu esse poder de influência na Rússia, acima do que tinha em outros países? O proletariado russo, apesar de seu baixo número em termos absolutos, era extremamente *concentrado*. Trotski, em *História da Revolução Russa* (de 1930), mostra que em 1914 as empresas pequenas (com menos de 100 trabalhadores) ocupavam 35% dos trabalhadores industriais nos EUA, mas apenas 17,8% na Rússia. Nas empresas intermediárias (de 100 a 1.000 trabalhadores) as percentagens relativas eram parecidas nos dois países. Já as empresas gigantescas (com mais de mil trabalhadores) ocupavam nos EUA 17,8% dos operários, e na Rússia 41,4%. Ou seja, o proletariado russo, apesar de não muito numeroso em comparação com os camponeses, era muito concentrado nas grandes e mais modernas fábricas. Isso facilitava a organização proletária: é mais fácil fazer propaganda revolucionária em uma grande fábrica anônima que em uma quitanda onde um ou dois empregados estão sob supervisão direta do patrão o tempo todo. Isso, mais a existência de um partido revolucionário consequente, levou a que o operariado russo adquirisse uma disposição revolucionária acima da média.

O próprio aparecimento dos partidos revolucionários está ligado às contradições do regime russo. Como o czarismo proibiu partidos políticos até 1905, as duas agremiações (ilegais) que apareceram antes disso eram de extrema esquerda: os SR (Socialistas Revolucionários) e os SD (Social-Democratas, cuja ala bolchevique formaria o futuro partido comunista).

Vários autores ocidentais descartam essas explicações estruturais marxistas. Dizem que a principal explicação para a Revolução em 1917 foi o desarranjo causado pela Primeira Guerra Mundial. Afirmam que o czarismo, bem ou mal, estava se liberalizando, no parlamento havia todos os partidos, inclusive os radicais de oposição, a economia estava se desenvolvendo rapidamente e, se as tendências continuassem assim, a Rússia acabaria adquirindo também um regime político mais moderno e aberto. Essa dinâmica foi quebrada com a Primeira Guerra Mundial em 1914, trazendo tal caos ao país que possibilitou a subida do radical partido bolchevique, que, até ali, era uma minúscula organização. Os bolcheviques teriam conseguido fazer a revolução porque foram o único partido resoluto o suficiente para tirar a Rússia da guerra (de forma unilateral inclusive), pois mesmo depois da Revolução de Fevereiro de 1917, o governo provisório havia se mantido no conflito bélico ao lado dos Aliados, a despeito de todas as destruições e sofrimentos decorrentes.

AS FORÇAS POLÍTICAS ÀS VÉSPERAS DA REVOLUÇÃO

A revolução foi realizada por homens de carne e osso, reunidos em partidos políticos que se digladiaram entre si até que de todos esses confrontos emergiu o vetor revolucionário vitorioso. E que forças políticas eram essas às vésperas da revolução?

Como sabemos, somente após 1905 o czarismo aceitou a existência de partidos políticos. Mas isso não quer dizer que antes disso não existiam partidos políticos *ilegais*. Os dois principais, e que ingressaram na arena política legal pós-1905, eram os SD e os SR.

Aliás, este detalhe pode explicar um pouco da radicalidade do processo político russo posterior. Não apenas os partidos políticos legais são um aparecimento tardio na vida russa, como os primeiros partidos criados (ainda na ilegalidade) são da esquerda radical. Por culpa até da repressão czarista, os partidos radicais de esquerda saíram na frente e ingressaram na arena política com a vantagem da experiência acumulada neste início.

O congresso de fundação do Partido Operário Social-Democrata da Rússia foi realizado em março de 1898 em Minsk, na Bielo-Rússia. Reunia uma série de pequenos grupos marxistas dispersos. Mas, dos nove delegados presentes, a maior parte foi presa logo depois pela polícia, deixando o partido à deriva. Foi seu segundo congresso, realizado em Bruxelas e Londres em 1903, que instaurou definitivamente o partido. E ele já nasceu rachado em duas alas: bolcheviques (em russo, "majoritários") e mencheviques ("minoritários"). Os bolcheviques eram liderados por Lenin e queriam um partido centralizado e de quadros, isto é, formado apenas por ativistas. Já os mencheviques, liderados por Martov, propunham um partido mais aberto, que aceitasse simpatizantes também. Outra questão que dividiria os dois grupos era a da forma que a revolução socialista deveria tomar. Os mencheviques achavam que o capitalismo na Rússia não estava desenvolvido o suficiente para a eclosão da revolução socialista. Assim, era possível uma aliança com a burguesia para que fosse completada a revolução democrático-burguesa no país para, aí sim, passar-se à etapa socialista. Os bolcheviques desconfiavam do "reformismo" dos mencheviques e pregavam uma via revolucionária mais direta para o socialismo, dizendo que, em escala mundial, o capitalismo já estava maduro e desenvolvido o suficiente para o pulo ao socialismo. Os Social-Democratas pregavam, então, um socialismo baseado no proletariado industrial de estilo marxista.

Já os SR eram herdeiros dos populistas da segunda metade do século XIX. O Partido dos Socialistas Revolucionários foi fundado em 1901. Pregavam um socialismo de fundo agrário para o país, procurando utilizar a comuna rural camponesa (*mir*) como base para tal. O primeiro-ministro Petr Stolypin instituiu, em seu mandato de 1906 a 1911, uma série de reformas com vistas a acabar (ou diminuir) a influência da *mir* e estabelecer na Rússia a agricultura individual. Não teve sucesso, pois, ao entrar na Primeira Guerra Mundial, cerca de um terço das terras de camponeses na Rússia ainda estava dentro do sistema de *mir*, um terço era propriedade privada individual e um terço estava em período de transição entre uma e outra.

Por sua ligação com a numerosa classe camponesa russa, os SR foram um dos partidos mais votados ao longo do ano revolucionário de 1917. Seu principal ideólogo era Viktor Chernov e seu membro mais famoso foi Aleksandr Kerenski, futuro líder

164 | Os russos

do governo provisório em 1917. Às vésperas da Revolução de Outubro de 1917, os SR racharam entre uma ala direita (os chamados SR de direita), moderada e que respeitava o governo provisório, e uma ala esquerda (SR de esquerda) revolucionária que se aliou aos bolcheviques em sua tomada do poder.

Os liberais somente formariam seus partidos políticos após as reformas de 1905. O principal era o informalmente chamado partido Kadete ou KD ("Constitucionais Democratas" ou "Democratas Constitucionais"). O Partido Constitucional Democrático, liderado pelo historiador Pavel Miliukov, reunia muitos profissionais liberais (tanto no sentido político quanto social) provindos do movimento das assembleias de autogoverno local do tipo *zemstvo* e que queriam um regime constitucional e democrático, mesmo que monárquico. Era um partido bem mais rebelde que o dos *outubristas*, por exemplo. O Partido Outubrista, que representava uma burguesia mais conservadora, desde o início apoiou o Manifesto de Outubro de 1905 do czar e o programa deste de introduzir conservadoramente elementos da monarquia constitucional na Rússia. O industrialista Aleksandr Guchkov foi o grande nome dos outubristas.

Lenin

A descrição das forças políticas russas pré-revolucionárias não ficaria completa se não fizéssemos uma menção especial a Vladimir Ilitch Ulyanov, vulgo Lenin (seu pseudônimo de clandestinidade, derivado do nome do rio siberiano Lena, foi incorporado ao nome próprio). Ele teve uma influência decisiva no rumo dos acontecimentos.

Lenin era um membro da *intelligentsia* russa. Nascido em 1870, sua mãe era professora e seu pai inspetor governamental de escolas. Formou-se em Direito com dificuldade, pois seu irmão, Aleksandr Ulyanov, participara de um atentado contra o czar, e o próprio Lenin tinha problemas com a polícia por sua ligação com círculos marxistas. Em 1895, participou da fundação, em São Petersburgo, da Liga da Luta pela Emancipação da Classe Operária, que reunia vários grupos marxistas anteriores. Em 1895 foi preso por atividades subversivas e, em 1897, exilado na Sibéria. No exílio conheceu Georgi Plekhanov, o decano dos estudos marxistas na Rússia, e escreveu o livro *O desenvolvimento do capitalismo na Rússia* (1899), em que combatia as teses dos *narodniki* (populistas) de que talvez fosse possível a Rússia evitar o capitalismo e dar um salto direto a um socialismo agrário ao afirmar, por meio de estatísticas, que o capitalismo já estava inapelavelmente implantado no país.

Lenin entrou para a política cedo. Logo teve problemas com o governo do czar e partiu para o exterior. Voltou para fazer a revolução.

Ao final do exílio, em 1900, ele emigrou para participar da organização de grupos marxistas a partir do exterior. Morou em vários lugares, mas principalmente na Suíça e Inglaterra. Fora uma volta à Rússia durante o período da revolução de 1905, somente retornou definitivamente à pátria em 1917.

Em 1903, liderou a ala dos bolcheviques no II Congresso do Partido Social-Democrata Operário da Rússia, realizado no exterior. Contra as teses dos mencheviques, dizia que, nas condições de censura e repressão da Rússia, o partido não poderia ser uma organização aberta e deveria se constituir em um grupo centralizado de ativistas unidos por uma forte disciplina. Foi para esse congresso que Lenin escreveu seu famoso livro *O que fazer?* (1902), uma das obras mais influentes em termos de criação de organizações revolucionárias. Lenin lançava algumas proposições controversas. Escreveu, por exemplo: "A classe operária, por si só, não passa da mentalidade sindicalista" (significando que é preciso um partido revolucionário para fazer a classe trabalhadora sair da mera luta por reformas e melhores salários e passar para uma batalha pela mudança da sociedade como um todo). Ou, então, "A organização revolucionária deve se constituir, acima de tudo, de pessoas que fazem da atividade revolucionária sua profissão". Nesta última ele propõe um partido de revolucionários profissionais em que se mesclariam membros progressistas da *intelligentsia* e da classe operária, unindo assim teoria e prática, e superando as limitações de cada um destes dois lados.

Vários autores defendem que as inovações organizacionais de Lenin foram fundamentais para permitir que um grupo originalmente pequeno como o bolchevique conseguisse liderar uma revolução anticapitalista vitoriosa. Para fortalecer a disciplina dentro do partido, Lenin propôs o chamado "centralismo democrático", pelo qual haveria liberdade democrática para a discussão de questões internas, mas, uma vez tomada uma decisão, todos os membros teriam que obrigatoriamente segui-la. Para resolver o problema de como realizar uma revolução proletária em um país onde a maioria esmagadora da população era formada por camponeses, Lenin propôs a aliança operário-camponesa, em que os camponeses participariam ativamente da revolução ao lado dos operários (todos, naturalmente, sob a batuta do partido revolucionário). Além disso, Lenin combateu as teses mencheviques de que era necessário aguardar o amadurecimento total do capitalismo na Rússia para se dar o pulo ao socialismo, afirmando que, em escala mundial, o capitalismo já estava maduro, sendo a questão do local onde ocorreria a primeira faísca dessa revolução mundial um detalhe a ser estudado pelas organizações revolucionárias.

Lenin voltaria à Rússia quando da derrubada do czarismo em 1917 e incendiaria o processo ao propor, em sua chegada, nas chamadas Teses de Abril, a palavra de ordem "Todo Poder aos Sovietes", em vez de pregar apoio incondicional ao governo provisório que se formara com a Revolução de Fevereiro. Mas isso veremos posteriormente, quando tratarmos da revolução em si.

Trotski

Trotski foi um grande teórico da revolução e teve um embate importante com Stalin nos anos 1920. Se Trotski tivesse vencido o debate interno no partido, teria a URSS seguido um caminho diferente? Os seguidores de Trotski e Stalin certamente acham que sim.

Lev Davidovich Bronstein – Trotski é um pseudônimo da clandestinidade posterior – nasceu em 1879, em Yanovka, uma pequena vila situada na atual Ucrânia. Seu pai

Grande teórico da revolução, Trotski comandou o exército vermelho.
Com a morte de Lenin, porém, perdeu seu embate com Stalin e partiu para o exílio.
Foi assassinado no México.

era fazendeiro. A família tinha origem judaica, mas não seguia a religião. Seus pais o enviaram para estudar em Odessa, uma cidade-porto importante, o que ajudou a lhe reforçar os traços internacionalistas. Em 1896, mudou-se para Nikolaev, onde entrou, como jovem, para diversas discussões e atividades políticas, inicialmente com pontos de vista *narodnik*, passando depois para o marxismo. Em 1897 participou da organização de um Sindicato de Trabalhadores do Sul da Rússia. Em 1898 foi preso e em 1900 exilado na Sibéria. Em 1902 fugiu para a Europa, onde se juntou ao grupo de Lenin que organizava o jornal *Iskra* (*A Faísca*) no exterior. Em 1903, durante o racha entre bolcheviques e mencheviques no II Congresso do Partido Social-Democrata Operário da Rússia, apoiou os mencheviques, pois considerava que a proposta excessivamente centralista de Lenin poderia levar a uma ditadura dentro do partido. Em seu texto *Nossas tarefas políticas* (1904), uma resposta a *O que fazer?*, de Lenin, escreveu as famosas proféticas palavras ao criticar a ultracentralização: "Estes métodos levam [...] a que o aparelho do partido substitua o partido, que o Comitê Central substitua o aparelho do partido e, finalmente, o ditador substitua o Comitê Central". A disputa entre Lenin e Trotski continuaria por muitos anos e somente em 1917 este último ingressaria no partido bolchevique. Tanto essa entrada tardia quanto os longos anos de disputa com Lenin facilitariam, posteriormente, a tarefa de Stalin de tentar mostrar Trotski como um arrivista.

Apesar de ter apoiado os mencheviques contra Lenin no II Congresso dos Social-Democratas, Trotski logo rompeu com eles. Na época da revolução de 1905, Trotski, juntamente com Parvus, desenvolveu sua teoria da revolução permanente, que se chocava com o etapismo pregado pelos mencheviques. Trotski dizia que, como o capitalismo mundial já estava maduro para o salto ao socialismo, a Revolução Russa seria permanente, isto é, se espalharia em escala mundial (sem ficar restrita a um só país) e também seria permanente no sentido de não parar na etapa democrático-burguesa (como a Revolução Francesa, por exemplo) e, impulsionada pelo proletariado, ir até a fase socialista.

Assim, de 1906 até quase 1917, Trotski se manteve equidistante das duas grandes correntes do partido.

Mas no ano de 1905, ele já teve uma atuação destacada dentro do movimento revolucionário russo. Ao contrário de Lenin, que demorou a retornar do exterior em 1905 e não teve atuação destacada, Trotski voltou à Rússia em fevereiro. Foi vice-presidente do soviete de São Petersburgo e, com a prisão do presidente Khrustalev-Nosar em novembro, tornou-se presidente nos últimos dias da instituição.

Condenado novamente ao exílio siberiano em 1906, Trotski escapou em 1907 e viveu em diversos lugares na Europa Ocidental, em especial Viena. Neste período, efetuou várias tentativas de reaproximar as duas correntes antagônicas do partido (bolcheviques e mencheviques), mas em vão. Em 1917, com a eclosão da Revolução de Fevereiro na Rússia, retornou ao país e, esquecendo suas divergências com Lenin, ingressou no partido bolchevique.

NOTAS

[1] Para ilustrar este ponto nada melhor que uma obra-prima satírica de Gogol, seu romance *Almas mortas*, comentado no capítulo "Como pensam, comem, vivem e se divertem os russos". No livro, o protagonista Chichikov é um espertalhão que se propõe a comprar os servos ("almas" no jargão da época) dos senhores de terra de uma pequena cidade. Como os nobres pagavam seus impostos na proporção do número de servos que possuíam no último censo, muitos pagavam acima da cota real, pois como os censos não eram frequentes, os servos que haviam morrido desde o último censo continuavam contando todo ano para fins de pagamento de impostos (pelo menos até que houvesse novo censo). Chichikov bolou o fantástico esquema de comprar, por preço baixo, dos nobres esses servos ("almas") mortos desde o último censo, aliviando assim a carga fiscal ao vendedor e, ao mesmo tempo, aumentando seu prestígio pessoal e possibilidade de conseguir um grande empréstimo bancário ou governamental, dando como garantia essas mesmas "almas mortas" adquiridas por ele. As aventuras e desventuras desse espertalhão naquela cidadezinha são um microcosmo das mazelas do sistema de servidão da Rússia no século XIX.

[2] *Narod*, em russo, quer dizer "povo". Daí os termos *narodnik(i)* [populista(s)] ou *Narodnaya Voliya* ("A Vontade Popular").

OS MEANDROS DA REVOLUÇÃO RUSSA

O terremoto de 1917 abalou não apenas a Rússia, mas o mundo todo. Afinal, inaugurava-se a primeira sociedade pós-capitalista da história. Bem ou mal, fosse a sociedade socialista proposta melhor ou pior que a sociedade capitalista anterior, era um fato inédito e modificaria as forças globais.

Se em 1905 a situação revolucionária foi em muito exacerbada pelo país estar na Guerra russo-japonesa de 1904-1905, em 1917 encontrava-se em disputa muito pior: a Primeira Guerra Mundial. A Rússia entrou na guerra para ajudar a defender a Sérvia contra a Áustria (o herdeiro do trono austríaco havia sido assassinado por um terrorista sérvio). Pelo sistema de alianças vigente na época, a Inglaterra e a França entraram no conflito ao lado da Rússia e a Alemanha e Império Otomano ao lado da Áustria. Durante o conflito, o czar Nicolau II revelou-se um chefe militar incapaz. Para completar, em sua ausência, a imperatriz Alexandra confiava no místico Grigori Rasputin, que supostamente tinha poderes de estancar a hemofilia de seu filho Alexei. As interferências de Rasputin na Corte desacreditavam o governo perante a elite e a sociedade. Foi por influência de Rasputin que Nicolau II resolveu assumir diretamente o comando de seu exército, com graves consequências para os resultados dos combates.

Após um período inicial em que a Rússia tomou a ofensiva contra os alemães, a situação inverteu-se em meados de 1915. Apesar de se sair relativamente bem contra turcos e austríacos, os russos perdiam para os alemães. Também em meados de 1915 a Rússia perdeu seus domínios na Polônia. A economia foi afetada, principalmente na indústria e nas exportações. A desorganização afetou também o suprimento de comida para as tropas. Ao entrarmos em 1917, o moral era baixo e as deserções e greves começavam a se tornar endêmicas. Três anos após o início do conflito, a produção da Rússia estava devastada.

O navio de guerra Slava e, na segunda foto, soldados e oficiais estudam o melhor momento para atacar os aviões inimigos: em meio a turbulências internas, os russos entram na Primeira Guerra Mundial.

A REVOLUÇÃO DE FEVEREIRO

Como vimos, o czar Nicolau II assumiu diretamente o controle das tropas em agosto de 1915. Em sua ausência, a imperatriz Alexandra, sob influência de Rasputin, se envolvia na política de forma inepta. Mesmo depois do assassinato do místico, em dezembro de 1916, a desorganização governamental continuava. Nesse vácuo de poder, os ramos legislativos da Rússia (a *duma* e as assembleias de autogoverno local do tipo *zemstvo*) começaram a atuar mais autonomamente.

A Revolução de Fevereiro[1] viria tanto de um movimento "de cima" – a partir da iniciativa de um grupo de membros progressistas da *duma* – quanto "de baixo", a partir do movimento de greves que eclodiria no renascimento dos sovietes. Por isso, o resultado seria a chamada "dualidade de poder", em que coexistiriam um governo provisório e as assembleias de trabalhadores do tipo soviete.

Poucos se dão conta hoje do papel fundamental que as mulheres tiveram no desencadear da Revolução Russa. No Dia da Mulher, 23 de fevereiro (pelo calendário da época), as mulheres do distrito industrial de tecelagem de Vyborg saíram às ruas em protesto convocando os membros das diversas fábricas a se juntarem ao movimento grevista que se generalizava. Um grande número de cartazes "Abaixo a Autocracia" somava-se aos que clamavam pelo fim da guerra. Quando as tropas foram acionadas para dispersar a multidão, houve um sensível mal-estar entre os soldados por terem que atacar mulheres. O sentimento da repetição de um novo Domingo Sangrento, como em 1905, estava no ar. Em 26 de fevereiro, as tropas abriram fogo sobre a multidão. Mas, à noite, o primeiro ato de rebelião aberta do exército ocorreu: os soldados do regimento Pavlovski se recusaram a atacar a multidão e se amotinaram.

No dia seguinte, os trabalhadores tomaram as ruas, muitos outros soldados se amotinaram e a situação saiu do controle. Nesse caos, dois novos centros de poder surgiram. No parlamento, os membros progressistas fundaram um Comitê Provisório liderado pelo presidente da *duma*, o outubrista Mikhail Rodzianko, com vistas a restaurar um mínimo de ordem na capital em acordo com outras organizações representativas das diversas classes e grupos. No mesmo palácio Tauride em que estava alojada a *duma* foi recriado o soviete de Petrogrado,[2] como órgão de autogoverno das classes trabalhadoras. Em 1º de março, o Comitê Provisório da *duma* constituiu, utilizando alguns de seus membros, um governo provisório para o país. Em 2 de março, pressionado, o czar abdicou. A monarquia na Rússia caía oficialmente.

A *duma* no palácio Tauride e Rasputin: duas forças políticas em polos opostos.

Protestos em frente ao palácio Tauride em 1917.

O GOVERNO DUAL

Quem mandava na Rússia a partir de agora? Havia dois novos centros de poder: o governo provisório, a partir da *duma*, e o soviete de trabalhadores. Interessante que, no início, as duas instituições se reuniam no mesmo palácio Tauride.

O governo provisório representava, em geral, os interesses da burguesia politicamente liberal. O primeiro-ministro, príncipe Georgi L'vov, era membro da ala conservadora do partido Kadete. A figura de destaque era o ministro do Exterior Pavel Miliukov, o historiador líder do partido Kadete. O ministro da justiça, Aleksandr Kerenski, dos Socialistas Revolucionários (SR), era o único representante das classes mais baixas neste primeiro ministério.

O governo provisório, em suas primeiras medidas, seguia o caminho de uma revolução democrático-burguesa. A censura acabou no país, havia direito de livre discussão e associação política e foi acertada a eleição de uma Assembleia Constituinte para redigir a nova constituição do país. O grande ponto nevrálgico de sua atuação era a continuação da participação da Rússia na guerra. Isso foi decidido pelo governo provisório com a aceitação relutante do soviete (ele mesmo dividido quanto a esta questão). Como grande parte dos problemas econômicos, sociais e de abastecimento do país estavam ligados à guerra, esta decisão teria consequências profundas para o desenrolar da revolução.

Após os primeiros dias, o soviete de Petrogrado era formado por quase três mil delegados de trabalhadores e soldados. Como este corpo era grande demais, com reuniões e discussões intermináveis, um pequeno Comitê Executivo, chefiado pelo menchevique Nikolai Chkheidze, foi formado para agilizar a implementação das decisões no dia a dia. Em 18 de março foi decidido que a formação do Comitê Executivo seria realizada em bases partidárias: inicialmente três representantes de cada partido socialista. O soviete de Petrogrado não assumiu o poder diretamente: deu um voto de confiança ao governo provisório, mas reservava-se o direito de veto às decisões governamentais sobre a classe trabalhadora e soldados. O primeiro decreto do soviete (a famosa "Ordem n. 1") mostrava bem esta situação ambígua: ele dizia que os soldados deviam obedecer a todas as ordens do governo provisório, *exceto* se estas entrassem em contradição com as ordens do soviete.

Mesmo os bolcheviques aceitaram inicialmente respeitar as decisões do governo provisório. Como grande parte de seus maiores líderes (como Lenin) estava no exterior, o partido era dirigido em março principalmente por Stalin e Kamenev, que tinham acabado de sair de seus exílios internos no próprio país. Essa postura "moderada" dos bolcheviques seria alterada com a volta de Lenin à Rússia no início de abril. Em suas famosas *Teses de Abril* ele lançou o *slogan* "Todo Poder aos Sovietes". A partir daí, o partido bolchevique trabalharia para minar o poder do governo provisório e elevar o dos órgãos representativos dos trabalhadores. Ironicamente, essa radicalização colocou os bolcheviques em rota de colisão com os próprios dirigentes dos sovietes, em sua maioria socialistas moderados. A partir daí nos sovietes se seguiria uma luta intensa nas votações entre as propostas radicais dos bolcheviques e as propostas mais moderadas dos líderes mencheviques e SR.

Um governo realmente dual. Quem afinal mandava na Rússia? Essa confusão se mostraria várias vezes ao longo de 1917 e somente receberia uma resposta definitiva com a Revolução de Outubro.

ENTRE FEVEREIRO E OUTUBRO

Tanto o governo provisório quanto o soviete de Petrogrado mudariam de dirigentes e direção várias vezes entre fevereiro e outubro de 1917, seguindo o desenrolar vertiginoso dos acontecimentos.

O presidente do soviete de Petrogrado, desde sua refundação em 1917 até 6 de setembro, foi o menchevique georgiano Nikolai Chkheidze. Formando uma espécie de "repeteco" de 1905, a partir de 25 de setembro de 1917 até a Revolução de Outubro Trotski foi presidente do soviete. Nos primeiros meses após fevereiro, o soviete era controlado pelas correntes mais moderadas do socialismo, como os mencheviques. Com a piora da situação no país devido à continuação da guerra, a partir do início de setembro (e cada vez mais até finais de outubro), os membros comuns do soviete começariam a votar nas propostas mais radicais dos bolcheviques. A revolução se radicalizava.

O governo provisório, entre fevereiro e outubro, também se moveu mais para a esquerda em sua composição – mas não no mesmo nível de radicalização. Uma mensagem secreta à Inglaterra e França do ministro do exterior, o kadete Pavel Miliukov, de 18 de abril, ao ser descoberta, provocou uma comoção no país. Nela o ministro prometia prosseguir na guerra e cumprir todas as obrigações assumidas pelo governo czarista. Tendo em vista as dificuldades cada vez maiores de abastecimento no país devido ao conflito, essa promessa provocou uma série de protestos espontâneos de rua. Para mudar essa postura elitista excessivamente descolada da disposição de espírito das ruas foi feita uma reorganização do governo provisório para incorporar nele socialistas moderados. Em 5 de maio, um novo ministério constituído de seis socialistas e dez membros de partidos burgueses, ainda sob a liderança do primeiro-ministro kadete L'vov, foi formado. Pavel Miliukov foi demitido, o SR Kerenski se tornou ministro do Exército e da Marinha, enquanto o ideólogo dos SR, Viktor Chernov, se tornou ministro da Agricultura.

A minoria de socialistas moderados no ministério não foi suficiente para modificar substancialmente a postura pró-guerra do governo provisório. O novo ministro Kerenski comandou uma grande ofensiva de guerra na Galícia. Mas o fracasso da manobra geraria mais descontentamento interno levando às chamadas jornadas de julho: entre 3 e 5 de julho, uma série de protestos em Petrogrado pedia o fim da guerra e também do governo provisório. Os trabalhadores se dirigiram ao palácio Tauride para forçar os líderes do soviete a assumirem sozinhos o poder, mas estes se recusaram. Sem uma liderança decisiva, as jornadas de julho acabaram não dando em nada.

Não dando em nada em termos. Os bolcheviques foram acusados de terem provocado as massas para derrubar o governo provisório e por isso sofreram uma repressão forte. Seus jornais foram fechados. Ordens de prisão foram emitidas contra seus líderes: Lenin teve que fugir para a Finlândia. Simultaneamente, em 24 de julho, o governo provisório foi modificado e "esquerdizado". Em sua nova composição, os socialistas moderados (mencheviques e SR) eram maioria, liderados pelo novo primeiro-ministro SR Kerenski. Os socialistas conseguiram maioria no ministério. O primeiro-ministro kadete L'vov foi substituído no posto pelo Socialista Revolucionário Aleksandr Kerenski. Na composição do ministério, entraram sete socialistas (SR e mencheviques), quatro kadetes, dois democratas radicais e dois apartidários. Kerenski promoveu nova reorganização do ministério em 25 de setembro (o terceiro governo de coalizão entre liberais e socialistas), mas sem mudar o espírito fundamental do predecessor: coalizão de liberais com socialistas moderados e bolcheviques excluídos. Foi esse governo que seria derrubado pela Revolução de Outubro dos bolcheviques.

Kerenski era uma figura trágica naquele momento histórico. Como socialista moderado (era da ala direita do partido dos Socialistas Revolucionários), tentava se equilibrar entre as demandas da burguesia e dos trabalhadores, que estavam se distanciando cada vez mais. Por essa indecisão, e principalmente por sua insistência fatal em continuar na guerra, sofreu tentativas de golpe dos dois lados.

Primeiro veio a direita. O general Kornilov, acusando Kerenski de ser indeciso em relação aos radicais esquerdistas, tentou dar um golpe em agosto marchando contra Petrogrado com suas tropas. A ameaça uniu os socialistas. Kerenski apelou por ajuda junto aos sovietes. A repressão contra os bolcheviques foi esquecida e estes tiveram papel fundamental ao incitar que trabalhadores ferroviários e outros proletários se recusassem a ajudar no transporte das tropas de Kornilov.

O fracasso do golpe de Kornilov levou a uma guinada na disposição de espírito dos trabalhadores rumo à esquerda. Nos sovietes, isso significou que, a partir do início de setembro, os trabalhadores começaram a votar cada vez mais consistentemente com as proposições bolcheviques em detrimento das propostas dos socialistas moderados. O próprio partido bolchevique cresceu internamente, acompanhando a radicalização crescente do movimento: passou de 24 mil membros em fevereiro para 80 mil em abril, 200 mil em agosto/setembro (ultrapassando os mencheviques) e chegando com cerca de 240 mil no final de outubro. Em 25 de setembro, Trotski (que havia ingressado no partido bolchevique em julho) foi eleito presidente do soviete de Petrogrado.

Quando os bolcheviques começaram a obter maioria nas votações dos principais sovietes, Lenin decidiu que havia chegado a hora. Considerando que os socialistas moderados haviam traído a classe operária ao participarem do governo provisório da burguesia, propôs ao partido assumir o poder, já que agora tinha maioria na classe trabalhadora a partir das votações nos sovietes. Em 10 de outubro, Lenin reuniu a liderança bolchevique em uma reunião secreta, em que foi aprovada a ideia da tomada do poder. Trotski insistiu que a decisão final fosse coordenada com o II Congresso de Sovietes de Toda a Rússia, que se reuniria no dia 25 de outubro. Os próximos dias foram de muita tensão. O partido bolchevique começou cautelosamente a se preparar para uma possível tomada do poder. Trotski teve papel fundamental, pois era também o presidente do soviete de Petrogrado e de seu braço armado, a Comissão Revolucionária Militar, podendo assim mobilizar as forças do próprio soviete, além das do partido.

Kerenski soube da movimentação e preparou-se para um confronto. Encontrava-se em situação difícil. Como os bolcheviques estavam cada vez mais populares e influentes no soviete, uma simples repressão preventiva sobre eles poderia causar uma reação contrária. Além disso, desde o golpe abortado do general direitista Kornilov, o governo Kerenski estava bastante enfraquecido. Finalmente, em 23 de outubro, os dados foram lançados. Em 24 de outubro, Kerenski solicitou ao chamado pré-parlamento permissão para reprimir definitivamente os bolcheviques. Lenin convenceu a liderança do partido de que tinham que agir imediatamente – e não esperar até a abertura do II Congresso de Sovietes de Toda a Rússia na noite de 25 de outubro, como queria Trotski.

Assim, na manhã de 25 de outubro os guardas vermelhos (as formações paramilitares dos bolcheviques) ocuparam as posições mais estratégicas da cidade (telégrafos, estações de trem etc.) e logo depois tomaram o próprio Palácio de Inverno, então sede do governo provisório. À noite reuniu-se o II Congresso de Sovietes de Toda a Rússia (que contava com delegados dos sovietes das diversas cidades do país). Os bolcheviques eram maioria. Os socialistas moderados (mencheviques e SR de direita) denunciaram o "golpe" dos bolcheviques e se retiraram. Os bolcheviques e seus aliados (a ala esquerda do SR) se mantiveram e aprovaram a criação de um governo revolucionário: o Conselho dos Comissários do Povo (substituíram o termo "ministro" por "comissário"). Lenin era o presidente do Conselho (uma espécie de primeiro-ministro), Trotski, o Comissário de Assuntos Estrangeiros e Stalin, o Comissário das Nacionalidades. Os primeiros decretos do novo governo seriam fundamentais para assegurar seu apoio popular posterior: o Decreto sobre a Paz clamava por uma paz imediata na guerra e o Decreto sobre a Terra propunha uma reforma agrária para que as terras fossem redistribuídas para uso dos camponeses.

Era uma quebra radical de todos os padrões anteriores. Era um rompimento com o próprio capitalismo. A Rússia entrava agora em uma *terra incognita...*

OUTUBRO: REVOLUÇÃO OU GOLPE?

Revolução ou golpe? A resposta talvez esteja a meio caminho dessas duas proposições. Outubro foi ao mesmo tempo um golpe *e* uma revolução. Ou um golpe que se constituiu em uma revolução. Os bolcheviques, poucos como eram, nunca teriam conseguido chegar ao poder (e lá se manter) se não fosse um apoio popular às propostas de transformação social em direção a uma sociedade menos desigual que eles representavam. Ser um partido resoluto e manipulador não teria garantido aos bolcheviques a tomada do poder, pois havia dezenas de outras organizações pequenas, resolutas e manipuladoras, ávidas para chegar ao poder e que nada conseguiram. Os bolcheviques tomaram o poder em atitude "individualista" e "autocentrada", mas se a revolução estava na ordem do dia e nenhum outro partido se decidia a realizá-la (nem

Bolcheviques marcham sobre a Praça Vermelha.

mesmo os outros partidos socialistas, agora moderados e reformistas), então a atitude dos bolcheviques poderia ter justificativa, desde que contasse com apoio popular. A questão até hoje muito discutida é: havia esse apoio popular?

Um tópico paralelo, que também divide estudiosos, é o seguinte: o regime que foi implantado pelos bolcheviques foi realmente socialismo? Discutiremos esse tema com mais vagar posteriormente, quando acompanharmos os desdobramentos da revolução nas décadas seguintes, os períodos da guerra civil e comunismo de guerra (1918-1921), a NEP (Nova Política Econômica, 1921-1928) e a fase dos planos quinquenais (1928 em diante).

A GUERRA CIVIL (1918-1921)

Imediatamente depois da Revolução de Outubro o país entrou numa guerra civil de três anos que desorganizou de tal forma a produção que ficava difícil descrever que sistema produtivo era exatamente aquele. Capitalismo? Socialismo?

Logo após a tomada do poder pelos bolcheviques, começou uma guerra civil entre os vermelhos (bolcheviques e seus aliados) e os brancos (os que queriam derrubar o governo bolchevique, muitos dos quais queriam restaurar a monarquia). A guerra foi iniciada e mantida por uma série de ex-generais czaristas. Os principais foram Anton Denikin e Petr Wrangel na frente sul, Aleksandr Kolchak na frente leste (siberiana) e Nikolai Yudenich na frente norte. A situação russa ficou ainda mais complicada com a intervenção estrangeira. Catorze países (incluindo EUA, Inglaterra, França, Alemanha e Japão) enviaram tropas para combater ao lado dos brancos contra os vermelhos. Para completar, muitos dos socialistas moderados (mencheviques e SR) e outras correntes de esquerda, alienados pelo golpe dos bolcheviques, acabaram se colocando ao lado dos que lutavam contra eles. Houve momentos em que os bolcheviques estiveram acuados em algumas grandes cidades e regiões e muitas pessoas não acreditavam que aquele pequeno partido fosse conseguir se manter no poder nestas condições. Como conseguiram?

Das forças políticas maiores, apenas os SR de esquerda apoiaram os bolcheviques, inclusive ingressando como comissários (ministros) no novo governo. Mas logo os SR de esquerda também se voltariam contra os bolcheviques. O motivo foi o acordo de paz de Brest-Litovsk com os alemães. No mesmo dia em que tomaram o poder, os bolcheviques emitiram o Decreto sobre a Paz, conclamando todos os países a um armistício imediato e a uma paz sem anexações ou indenizações. Ou seja, se retiraram unilateralmente da guerra. Entretanto, surgiu aí aquele mesmo problema apontado pelo ponta-direita Garrincha quando o técnico brasileiro Feola, no jogo contra a URSS na Copa do Mundo de 1958, solicitou-lhe driblar vários dos defensores inimigos para uma jogada ensaiada complexa: "Tudo bem. Mas o senhor já combinou isso com os adversários?" Os alemães não concordaram em parar de lutar incondicionalmente apenas porque os russos o fizeram. E continuaram a entrar território da ex-Rússia imperial adentro. Já haviam conquistado a Polônia e Lituânia e, adicionalmente, ocuparam a Ucrânia. Neste momento desesperado, Lenin ordenou que, em nome da consolidação da revolução internamente, fosse feita a paz com os alemães, não importando o que custasse. Os alemães exigiram alto. Pelo acordo de paz de Brest-Litovsk, de 3 de março de 1918, a Rússia perdeu quase 1 milhão km² (três vezes o tamanho da Alemanha!) de seu território exatamente em uma de suas áreas mais industrializadas e com recursos minerais na Ucrânia e mais na Polônia, no Báltico e parte do Cáucaso, além de pagar 6 bilhões de marcos de indenizações. Seria algo como se o Brasil, para se salvar de uma guerra, tivesse entregado toda a região sul do país ao seu inimigo. Muitos internamente não teriam aceitado tal "traição" e foi assim que isso foi recebido na Rússia. Os SR de esquerda romperam com o governo e passaram à oposição. Como resultado, os bolcheviques em 1918 se viram sozinhos, em meio à guerra civil contra os brancos e à intervenção estrangeira.

O confronto realçou as tendências mais agressivas e repressoras que já existiam dentro do bolchevismo. Acuado, recorreu a métodos violentos para sobreviver. A CHEKA (Comissão Extraordinária para o Combate à Contrarrevolução e Sabotagem) funcionaria como uma espécie de polícia secreta a combater não apenas os brancos, mas também aqueles mencheviques e SR que atuavam contra o regime soviético. Ao longo da guerra civil, em que regiões muitas vezes alternavam entre vermelhos e brancos e a destruição era enorme, a fome começou a castigar os cidadãos. Para resolver este problema os bolcheviques tomaram uma medida draconiana: a requisição forçada de grãos. Os camponeses mantinham apenas um mínimo básico da colheita para si e para a família e todo o resto entregavam ao governo.

Como os bolcheviques conseguiram sobreviver em tal situação e com tantos inimigos, sendo um partido pequeno? Aqui a chave é que não podemos esquecer um ator fundamental: o próprio povo. A vida política não é feita apenas por partidos políticos, mas também por milhões de trabalhadores e camponeses apartidários que seguem ou se identificam com as políticas e ações de partidos ou líderes políticos individuais. Bem ou mal, naquele momento os bolcheviques pareciam encarnar as aspirações e

Em meio à guerra civil, os camponeses foram sacrificados:
os bolcheviques impuseram a requisição forçada de grãos.

interesses mais imediatos das massas. Tomemos o exemplo da requisição forçada de grãos. Uma política que realmente poderia fazer os camponeses ficarem insatisfeitos contra os vermelhos (e fez!). Entretanto, qual era a opção dos camponeses na guerra civil? Do outro lado estavam os brancos. Quando os vermelhos ocupavam a região havia a requisição forçada de grãos, mas os camponeses retinham o uso das terras que foram expropriadas dos latifundiários. Quando os brancos tomavam as regiões, havia os planos da volta ao antigo regime e a manutenção da posse da terra pelos antigos donos. Entre o aperto de um e de outro lado, muitos dos camponeses preferiam os vermelhos, pois ao menos mantinham a terra conquistada.

A guerra civil não foi apenas uma tragédia humana. Foi uma tragédia também política. Foi a razão (segundo alguns defensores) ou o pretexto (segundo os detratores) para o regime soviético adotar, desde o início, um caráter tão militarizado e repressor. Socialistas moderados, que em tempos de paz poderiam ter realizado sua oposição de maneira "legal" dentro dos próprios sovietes, foram forçados pela guerra civil a escolher entre um e outro lado, sendo que nenhum lhes apetecia. Os próprios sovietes (que, lembre-se, eram o poder "legislativo" no país ao lado do poder "executivo", representado pelo Conselho de Comissários do Povo) poderiam ter tido um papel mais ativo e menos subordinado ao partido bolchevique em tempos normais.

Outra questão interessantíssima surgiria ao final da guerra civil: o "comunismo de guerra".

ECONOMIA ABERTA, POLÍTICA FECHADA

Quando a guerra civil acabou, em 1921, a produção do país era um quinto do que fora em 1913 (o último ano antes da Primeira Guerra Mundial). Ou seja, havia ocorrido uma devastação total. Uma questão teórica se colocava. Qual foi a natureza do sistema produtivo *durante* a guerra civil? Era socialismo? Capitalismo?

Na verdade, havia uma grande bagunça no setor produtivo. Algumas cidades e regiões ora estavam com vermelhos, ora com brancos. Os donos e diretores de estabelecimentos frequentemente abandonavam-nos para buscar a sorte em outro lugar ou no exterior. Alguns eram encampados pelo governo, outros administrados pelos próprios trabalhadores. Para evitar a fome e o desemprego, o governo fornecia sopões emergenciais ao povo e estabelecia frentes de trabalho. A inflação e as vicissitudes de guerra faziam o dinheiro literalmente não valer nada. Alguns teóricos, então, denominaram este sistema produtivo de "comunismo de guerra". Afinal, o dinheiro não funcionava, o governo intervinha "planejadamente" (na verdade, forçosamente) e muitas pessoas viviam de sopões e frentes de trabalho. Era uma versão caricata do comunismo de Marx de planejamento central governamental e um mundo não dominado pelo mercado de oferta e procura.

Essa não era discussão meramente teórica, pois traria consequências práticas importantes. No fim da guerra civil, questionou-se como o país seria reconstruído. Alguns bolcheviques defendiam que o país já se encontrava em uma forma de comunismo. Um comunismo de necessidade e atrasado, é verdade. Mas que já tinha várias características coletivistas (economia em muito não monetária, intervenção estatal etc.). A tarefa daí em diante, então, seria utilizar esta base para, agora em tempos de paz, criar um comunismo de abundância, o verdadeiro comunismo de Marx. Por exemplo, já que uma enorme parte dos trabalhadores e camponeses havia sido requisitada para o exército durante a guerra civil, Trotski chegou a propor a militarização do trabalho como forma de reconstruir o país.

O pragmático Lenin discordou. Segundo ele, o estado proletário estava "quebrado" e não teria condição de reconstruir o país a partir apenas de seus recursos. Seria necessário utilizar a energia individual e familiar dos habitantes russos para reconstruírem, em seus próprios locais e com suas próprias energias, as forças produtivas do país. Em suma, ele propôs o que seria posteriormente chamado de NEP (abreviatura de Nova Política Econômica, em russo), um recuo temporário a elementos de economia de mercado em pequena escala para reconstruir o país. A ideia seria manter o que ele chamava de "as grandes alturas" da economia (isto é, os bancos, as grandes indústrias de base) nas mãos do governo, mas liberar a pequena economia (pequenas empresas, propriedades camponesas) para a iniciativa particular.

Essa foi uma decisão difícil. Para muitos, era frustrante terem dado literalmente seu sangue na guerra civil pelo socialismo para depois abandonar a ideia de sua construção imediata em prol do que poderia ser considerado um retorno parcial à economia de mercado.

Lenin conseguiu vencer o debate e o X Congresso do partido, de 8 a 16 de março de 1921, adotou as medidas iniciais da NEP. A requisição forçada de grãos foi substituída por um imposto proporcional em grãos (logo depois em dinheiro) para dar aos camponeses incentivo para produzir mais. Assim, quando o camponês produzia mais, pagava um pouco mais de imposto em termos absolutos, mas também guardava mais para si da produção extra. Apesar da criação de algumas cooperativas agrícolas e fazendas estatais, a grande maioria da produção rural na NEP seria feita através da agricultura familiar. Os camponeses passaram a poder vender sua produção em mercados livres e feiras. Nas cidades, as pequenas empresas e pequenas indústrias puderam se reconstituir e foi permitida a contratação de mão de obra assalariada em pequena escala pelos empreendedores individuais. As autoridades chegaram a tentar atrair investidores estrangeiros através de concessões controladas (mas neste item não obtiveram sucesso).

É interessante notar que a essa abertura no campo econômico não correspondeu uma abertura no campo político. Ao contrário, ciente dos riscos de uma potencial restauração do capitalismo a partir destas concessões ao mercado da NEP, o mesmo X Congresso decidiu pela chamada proibição de frações. Fração é o nome que os russos dão para as tendências internas partidárias, isto é, os agrupamentos internos organizados dentro de cada partido que lutam para que sua política seja hegemônica dentro dele. Pois tais agrupamentos foram abolidos. Os membros teriam que defender suas posições individualmente e não como grupos internos organizados.

Esse fechamento político afetou mais a esquerda que a direita. A direita já tinha sido destroçada (ou se exilou) durante a guerra civil. Mas em 1921 um formidável duplo desafio se colocava aos bolcheviques pela esquerda. Internamente no partido a fração Oposição Operária, liderada pelo operário Aleksandr Shlyapnikov e pela feminista Alexandra Kollontai, criticava a liderança intelectual do partido por seu afastamento das bases operárias, pregando uma maior democracia operária. Externamente, a famosa base naval de Kronstadt, um dos berços do movimento revolucionário russo dentro das forças armadas, se rebelou contra os bolcheviques acusando-os de criar uma ditadura *sobre* o proletariado. O levante de Kronstadt foi debelado violenta e teatralmente pelos bolcheviques com delegados saindo do x Congresso e atravessando o gelo com as tropas para reprimir um dos berços da própria revolução.

Os críticos dos bolcheviques dizem que a proibição das frações foi talvez o momento-chave que instaurou inapelavelmente a ditadura centralizada no partido, pois, frente aos membros atomizados, a liderança partidária seria sempre capaz de manipular as discussões e a crítica interna ficaria sufocada. O x Congresso do partido foi, assim, um momento dramático: abriu a economia para um recuo tático ao mercado em pequena escala e fechou a política com a proibição de frações. Mais um salto no escuro para a Rússia.

A Nova Política Econômica

A NEP representou um novo mundo para os russos após o inferno da guerra civil. Economicamente ela foi muito bem-sucedida. Liberados para produzir em paz para o mercado com terra própria para usar e sem senhores de terra a lhes explorar, os camponeses, em agricultura familiar, recuperaram rapidamente os níveis de produção anteriores. Um ambiente de feira tomou conta não apenas do campo como também de parte do comércio varejista das cidades, pois, além das lojas oficiais com preços tabelados, os mercados livres vendiam produtos com mais fartura (mas também com preços maiores). Pequenas empresas familiares ou com emprego de mão de obra assalariada dentro de um limite controlado também foram permitidas. Ao lado dos investimentos governamentais, um exército de milhões de braços privados atuando por fora do Estado (apesar de controlados por este) se lançou na obra de reconstrução do país. Por volta de 1925, a NEP tinha recuperado os níveis produtivos de 1913. A taxa média de crescimento anual da economia entre 1921 e 1928 esteve em assombrosos 18% ao ano. Um sucesso!

Mas se foi um sucesso, por que, então, no final de 1928 a NEP foi, na prática, extinta e iniciou-se a fase do planejamento central dos planos quinquenais? Vejamos.

Pela NEP, a Rússia ficou com uma das primeiras economias mistas modernas do mundo (integrando mercado e uma forte regulação e/ou intervenção estatal, sistema que se propagaria posteriormente, em especial com os regimes social-democratas pós-Segunda Guerra Mundial). O Estado comandava as grandes alturas da economia (indústrias pesadas, bancos, comércio exterior etc.) e a iniciativa privada, com destaque para a mão de obra familiar no campo, que atuava na pequena escala. Alguns mencheviques exilados no exterior enxergaram no recuo ao mercado da NEP uma confirmação de seu diagnóstico anterior de que a Rússia teria que passar ainda por uma fase de desenvolvimento capitalista, de mercado, antes de dar o pulo ao socialismo. Os bolcheviques negavam que a NEP fosse uma volta ao capitalismo, pois diziam (um argumento que ouviríamos muito posteriormente durante as reformas da Perestroica na URSS e as reformas de Deng Xiaoping na China) que "mercado" e "capitalismo" são duas coisas diversas. Mercados já existiam muito antes do capitalismo (mesmo na Antiguidade, como na Fenícia). No capitalismo, a economia de mercado (antes marginal) passa a se generalizar e englobar todas as áreas da vida social. Se o mercado já existia antes do capitalismo, ele pode existir também depois dele, dentro do próprio socialismo (a ideia de um socialismo de mercado). Assim, Lenin dizia que na Rússia da NEP os elementos de mercado eram cuidadosamente controlados por um Estado operário, que os utilizava para seus próprios fins. No campo não havia propriedade privada da terra (os camponeses não podiam vendê-la, apenas utilizá-la), havia limites para se empregar trabalhadores nas pequenas empresas da cidade, o comércio e abastecimento por atacado estavam nas mãos do Estado, assim como os bancos.

O problema é que, na prática, apesar de proibidos, elementos de capitalismo e de exploração capitalista começavam a aparecer, ainda que de forma reduzida. O grande exemplo era o chamado *nepman* ("homem da NEP"). Este era o que, de maneira legal ou ilegal, exercia atividades de negócio, frequentemente de caráter especulativo, durante a NEP. Por mais que o Estado controlasse as atividades empresariais, em um ambiente em que houve liberação de preços e em que havia escassez de produtos em várias regiões, diversos indivíduos aproveitavam para transacionar produtos em falta em uma região por preços extremamente altos, muitas vezes "por baixo dos panos". Outra forma de especulação era armazenar para uso posterior em condições de preços

188 | Os russos

mais vantajosas. Mesmo as atividades legais dos *nepmany* eram vistas com desconfiança por muitos soviéticos: afinal, como era possível que, em um país socialista, uma minoria conseguisse enriquecer explorando o trabalho de outros? E enriquecimento (relativo ou absoluto) ocorreu: uma diferenciação social, ainda que controlada, tomou forma. A desigualdade de renda tendia a aumentar durante a NEP. Isso levou a um descontentamento não apenas entre os mais politizados membros do partido, como entre o cidadão comum que via essas disparidades com desconfiança.

Stalin escreveu textos em que deu razões de caráter macroeconômico sobre o que levou à substituição, na prática, dos mecanismos de mercado em pequena escala da NEP pelo planejamento central estatal dos planos quinquenais a partir do último quartel de 1928. Dois grandes problemas foram apontados: um na indústria e outro na agricultura.

Pelo lado da indústria houve um crescimento muito forte, mas concentrado na indústria leve. Têxteis, processamento de alimentos e outras tiveram uma recuperação notável, pois não exigiam capital inicial muito alto e as pequenas empresas, algumas até familiares, reconstruíram o setor com suas próprias forças. Já a indústria pesada exige alto capital inicial e grandes despesas que apenas o Estado, grandes empresas ou grandes bancos possuem. A economia de pequena escala da NEP não deu o ímpeto necessário para acelerar o setor das indústrias pesadas na velocidade que a liderança bolchevique considerava necessária. A necessidade de desenvolver uma indústria pesada forte o suficiente para garantir a URSS em caso de guerra com países capitalistas avançados era uma das razões que levavam à impaciência com os resultados da NEP neste setor.

Pelo lado da agricultura, Stalin apresentou estatísticas que mostravam que a produção agrícola teve alto crescimento até 1925, mas a partir daí ficou relativamente estagnada. Além disso, apesar da produção agrícola em 1925 ser aproximadamente a mesma do nível de pré-guerra de 1913, a produção comercializada era menor em 1925 do que em 1913. Isso significava que os camponeses estavam comercializando uma proporção menor de sua produção em comparação a 1913, seja porque estavam comendo melhor e consumindo mais de sua própria produção, seja por estarem segurando parte da colheita para fins especulativos ou à espera de melhores preços. Qual foi o diagnóstico dado por Stalin? Ele dizia que, por volta de 1925, a pequena agricultura da NEP (baseada na mão de obra individual ou familiar e no uso de instrumentos simples, como arado e foice) tinha atingido seus limites físicos. Por isso, a produção agrícola total estagnara. Para superar os limites da pequena agricultura familiar seria necessária a passagem à agricultura em larga escala, com mecanização e tratores.

A partir desse diagnóstico foram tomadas três grandes decisões. Os mecanismos de recuo à iniciativa privada em pequena escala da NEP seriam abandonados, o setor produtivo seria estatizado e se passaria ao planejamento central estatal através dos planos quinquenais. Assim, a agricultura sofreu uma coletivização, isto é, a reunião dos agricultores individuais em grandes cooperativas coletivas (em russo, *kolkhoz*), com milhares de membros, e essas grandes fazendas, com ajuda do Estado, passaram a utilizar recursos da agricultura de larga escala (mecanização, tratores, fertilizantes). As indústrias pesadas, estatizadas, passaram a receber uma grande transferência de recursos (inclusive da agricultura), em um processo de industrialização acelerado.

Essas iniciativas tiveram um enorme impacto na vida dos soviéticos. Um novo ciclo se iniciava, com a presença onipotente do Estado na vida econômica. E o processo foi feito em um ritmo alucinante. A coletivização agrícola, por exemplo, que pelas diretrizes iniciais do partido deveria ter sido feita de maneira voluntária (os camponeses seriam incentivados, e não obrigados, a se reunir em cooperativas), acabou sendo realizada de forma forçada e mesmo violenta. Em um curto espaço de tempo, ao final do segundo plano quinquenal, em 1937, a Rússia tinha conseguido se tornar a segunda maior economia do mundo, com uma indústria pesada forte e uma agricultura de larga escala. Mas os custos sociais foram igualmente altos.

AS LUTAS POLÍTICAS NA DÉCADA DE 1920

Vimos que Stalin decidiu a passagem da NEP para a era dos planos quinquenais. Que poder seria esse de um homem só na URSS? Como conseguiu chegar à posição de líder máximo?

Inicialmente, algumas palavras sobre a biografia de Stalin. Ele era georgiano, filho de pai sapateiro (aliás, um dos poucos de origem realmente popular entre os líderes máximos bolcheviques que, em sua maioria, provinham da *intelligentsia*). Aos 16 anos entrou em um seminário religioso, estratégia comum na época entre estudantes pobres para prosseguirem seus estudos. Sua participação em grupos considerados subversivos, porém, levou à sua expulsão. Em 1903 entrou para o partido bolchevique e participou da organização de suas atividades no Cáucaso, especialmente em Tíflis (capital da Geórgia) e Baku (porto importante e centro da indústria petrolífera no Azerbaijão). Era o que no partido se chamava de *praktik*, ou seja, não era um teórico, mas sim um organizador das atividades práticas partidárias. Participou de assaltos a banco para levantar fundos, antes da resolução do partido de não utilizar mais esse tipo de atividade de expropriação. Passou todo o período até 1917 (fora breve exceção para viagem curta ao estrangeiro) dentro da própria Rússia, o que o diferencia de outros expoentes bolcheviques como Lenin e Trotski. Nesse meio-tempo, Stalin foi condenado várias vezes ao exílio na Sibéria por sua atividade, mas em todas conseguiu fugir. Teve participação ativa na Revolução de 1917, sendo um dos líderes principais (junto com Kamenev) no período imediatamente posterior à Revolução de Outubro, até a volta de Lenin à Rússia em abril (relembremos que Trotski ingressou no partido bolchevique apenas em julho de 1917). Com a Revolução de Outubro, foi nomeado Comissário das Nacionalidades. Durante a guerra civil, dirigiu a frente de batalha meridional.

Em 1922, foi nomeado para o recém-criado cargo de secretário-geral do partido. Esse foi um passo decisivo para sua escalada posterior. Na época ninguém considerava o cargo como de importância suprema. O secretariado, como o nome indica, deveria tratar de assuntos burocráticos e administrativos, sem a importância política que viria a ter posteriormente. Mas exatamente esses detalhes administrativos (por exemplo, o controle de nomeações, promoções, transferências etc.) deixariam Stalin em uma posição privilegiada para controlar quem subia e descia no partido. Isso o ajudaria muito nas lutas internas partidárias dos anos 1920, especialmente contra Trotski e seus aliados.

E que lutas internas foram essas que se aguçaram após a morte de Lenin, em janeiro de 1924?

A principal está relacionada ao debate da "teoria da revolução permanente" (de Trotski) e a "teoria de revolução em um só país" (de Stalin). A primeira dizia que a revolução socialista tinha que ser mundial ou se estagnaria. A URSS teria que servir de base para a disseminação da revolução socialista no mundo. Caso contrário, ficaria isolada contra as potências capitalistas que a acabariam sufocando externamente e, internamente, estaria sujeita a uma burocratização. Já Stalin, a partir de 1924/1925, dizia que, como a revolução socialista mundial não estava ocorrendo na prática, então a URSS deveria se concentrar na sobrevivência de seu regime socialista para, em etapa posterior, mais fortalecida, se lançar na tarefa de reavivar a revolução mundial. Por trás da polêmica estava o contexto mundial. Se após o caótico fim da Primeira Guerra Mundial eclodiram diversos focos de revolução na Europa (por exemplo, na Alemanha houve levantes e na Hungria chegou a existir, por quatro meses em 1919, uma república soviética húngara chefiada por Bela Kun), a partir de 1921 ficava claro que a possibilidade de revoluções socialistas se tornava difícil a curto prazo.

Outro debate foi sobre a industrialização. O grupo de Trotski, cujo principal economista era Evgeni Preobrazhenski, defendia já em 1924 que a industrialização deveria ser prioridade, mesmo que para isso se tornasse necessário espremer recursos da agricultura. Nessa época, Trotski, Preobrazhenski, Karl Radek, Georgi Pyatakov

Em tempos de imprensa controlada pelo Estado, o jornal *Pravda*, desde sua fundação em 1912, foi o órgão de divulgação do partido dos comunistas. E continua existindo até hoje, vinculado ao Partido Comunista da Federação Russa atual, como mostra a imagem.

e outros formavam a chamada "oposição de esquerda" contra o triunvirato de líderes constituído pelo secretário-geral Stalin, o presidente do Komintern Grigori Zinoviev e o presidente em exercício do Politburo Lev Kamenev. O triunvirato tinha apoio de Nikolai Bukharin, editor-chefe do *Pravda*[3] e grande defensor da NEP, e do presidente do Conselho de Comissários do Povo ("primeiro-ministro") Aleksei Rykov.

É interessante notar os zigue-zagues desse ponto. Na época, Bukharin, Stalin e outros defendiam o prosseguimento do estímulo à agricultura da NEP ("Deixem os camponeses se enriquecerem", dizia Bukharin) contra o clamor pela industrialização da Oposição de Esquerda. A Oposição de Esquerda foi derrotada no XIII Congresso do partido em junho de 1924. Entretanto, no início de 1925, o triunvirato se rompeu: Zinoviev e Kamenev se viraram contra Stalin, formando a chamada "Nova Oposição". Stalin, novamente com ajuda de Bukharin e Rykov, derrotou a Nova Oposição no XIV Congresso em dezembro de 1925. No primeiro semestre de 1926, Zinoviev e Kamenev se aliaram, então, a Trotski, na chamada "Oposição Unida", que acabaria derrotada antes do final do ano, dessa vez com seus líderes sendo destituídos do Politburo (o órgão máximo executivo de poder do partido). Em dezembro de 1927, o XV Congresso chancelaria a expulsão do partido dos líderes oposicionistas (incluindo Trotski e Zinoviev) e declararia o trotskismo e a Oposição de Esquerda incompatível com a filiação partidária. Trotski seria expulso da URSS em fevereiro de 1929. Zinoviev e Kamenev fizeram autocrítica e foram readmitidos no partido em 1928.

Quando tudo parecia tranquilo com a vitória final de Stalin, eis que uma disputa surge entre ele e Bukharin, o grande defensor da NEP e do apoio aos camponeses. Após ter derrotado Trotski e sua Oposição de Esquerda, que pediam ênfase na industrialização desde 1924, Stalin aparentemente dá meia-volta em 1927 e passa a propor um plano de industrialização acelerada e coletivização agrícola através dos planos centralizados estatais. Bukharin e Rykov se voltam contra ele. Bukharin, que queria a continuação da NEP, diz que espremer a agricultura para financiar uma industrialização forçada seria matar a galinha dos ovos de ouro: melhor seria deixar os camponeses prosperarem e, através de impostos, conseguir recursos para uma industrialização gradual, talvez menos rápida, mas mais segura e com bases firmes. Stalin vence o duelo com o que ele chama de "Oposição de Direita" e a URSS embarcará, a partir do último trimestre de 1928, na aventura dos planos quinquenais, da industrialização acelerada e da coletivização forçada.

POR QUE STALIN VENCEU?

Na época em que Lenin morreu, no início de 1924, Stalin estava longe de ser o chefe supremo e inconteste que se tornaria na década de 1930. Trotski, além de grande teórico e orador, foi quem criou e comandava o Exército Vermelho, o que lhe conferia notável poder. Por que, então, Stalin venceu?

Por diversas razões conjugadas. Algumas já apresentadas. O aparentemente inofensivo e burocrático cargo de secretário-geral dava a Stalin um grande poder de manipulação das mudanças organizacionais dentro do partido, controle de quem sobe e quem desce, por exemplo. Além disso, Stalin explorou muito o fato de Trotski ter sido desafeto de Lenin desde o II Congresso dos Sociais-Democratas em 1903 (que os rachou em mencheviques e bolcheviques) até praticamente 1917, somente ingressando no partido bolchevique em julho de 1917.

O próprio fato de Stalin não ser tão brilhante intelectualmente quanto Trotski pode tê-lo, de certa forma, ajudado a ganhar a disputa. Stalin podia parecer mais próximo ao pensamento do membro médio do partido que Trotski. Este tendia a ter propostas bastante avançadas e "de vanguarda" que muitas vezes não refletiam o senso comum que guiava o membro médio do partido (formado realmente por um grande número de operários e trabalhadores). Isso, junto com certo ar de superioridade intelectual de Trotski (nem sempre com paciência para discutir propostas de nível intelectual mais baixo que as suas), por vezes alienava os membros de base do partido. Veja-se, por exemplo, a discussão da "teoria da revolução permanente" de Trotski contra a "teoria do socialismo em um só país" de Stalin. Após anos de guerra civil, em um país ainda se recuperando do trauma, parecia a muitos membros que a proposição de Stalin de fortalecer primeiro o regime soviético era mais realista que a aparente proposta de Trotski de insistir numa revolução mundial de caráter incerto naquele momento.

Finalmente, um stalinista poderia dizer que Stalin venceu simplesmente porque suas propostas eram melhores. Afinal, com os planos quinquenais a partir de 1928, a URSS se industrializou e se tornou a segunda economia do mundo por volta de 1936. Um trotskista poderia replicar que Stalin "roubou" a plataforma da industrialização da Oposição de Esquerda trotskista que já propunha isso desde 1924 e na época Stalin foi contra. Quando questionado sobre essa mudança de posição, Stalin respondeu que em 1924 a república soviética ainda não tinha se recobrado da destruição da guerra civil e a NEP ainda tinha mais coisa a dar. Somente a partir de 1926/1927 a NEP alcançou seu patamar máximo e, aí sim, era necessário dar o pulo qualitativo para os planos quinquenais, industrialização e coletivização aceleradas.

Stalin aproximou-se de Lenin e conseguiu tornar-se seu sucessor.

Uma discussão complicada.

Por fim, é preciso lembrar de um detalhe importantíssimo do contexto externo mundial que ajudou Stalin a se legitimar internamente. Quando a URSS iniciou sua arrancada nos planos quinquenais em 1929 (o primeiro plano começou no último quartel de 1928), os países capitalistas entraram na década da Grande Depressão com a Crise de 1929. Ou seja, os países capitalistas estavam literalmente "se desmilinguindo" na década de 1930 – nos EUA, multidões de desempregados percorriam o país à procura de emprego, como mostram romances como *As vinhas da ira* de John Steinbeck –, enquanto a União Soviética crescia economicamente e se tornava a segunda economia do mundo. Naquela época, inclusive, muitos acreditavam que as profecias de Marx sobre a crise final do capitalismo e instauração do socialismo estavam se cumprindo. Esse imenso contraste realçou, em muitos membros do partido, a impressão de que os planos quinquenais de Stalin eram realmente o caminho a ser seguido.

NOTAS

[1] Os termos Revolução de Fevereiro e Revolução de Outubro se referem a fevereiro e outubro pelo calendário antigo (juliano) então vigente na Rússia. No último dia de janeiro de 1918, os bolcheviques adotaram oficialmente na Rússia o calendário gregoriano, vigente no Ocidente. A diferença entre os dois no século XX era de treze dias. Por isso o aniversário da Revolução Bolchevique de 25 de outubro (pelo calendário antigo) é comemorado no dia 7 de novembro atualmente. No presente livro, as datas até janeiro de 1918 são dadas no calendário antigo (juliano) vigente na Rússia então, e a partir de fevereiro de 1918 pelo calendário gregoriano ocidental. É importante também notar que a Igreja Ortodoxa continua celebrando seus feriados religiosos pelo calendário juliano antigo (por exemplo, o natal ortodoxo é celebrado 13 dias depois do católico, no dia 7 de janeiro).

[2] Em 1914, com a eclosão da Primeira Guerra Mundial, a capital russa foi renomeada de São Petersburgo (um nome de origem germânica) para Petrogrado (nome puramente russo). Em 1924, com a morte de Lenin, mudou para Leningrado. Em 1991, o nome voltou para São Petersburgo.

[3] *Pravda* (em russo "verdade") era o nome do jornal bolchevique iniciado em 1912 e que viria a se tornar o maior e principal jornal da União Soviética posteriormente (como órgão de imprensa oficial do Partido Comunista da União Soviética). Com o fim da União Soviética e a consequente desmobilização do PCUS, o jornal foi alvo de disputas de posse por vários grupos até que em 1997 ele se tornou órgão do maior partido comunista da Rússia atual, o Partido Comunista da Federação Russa (PCFR).

SOB STALIN

Após vencer os debates internos no partido nos anos 1920, Stalin, na década de 1930, liderará inconteste a URSS em seu gigantesco esforço de industrialização e coletivização agrícola. Menos conhecida no Ocidente, haverá também a revolução cultural soviética dos anos 1930, com objetivo de formar mão de obra educada para modernizar o país e criar o chamado "novo homem soviético".

A década de 1930 apresenta imensos contrastes. Pelo lado econômico, o titânico esforço de modernização acelerada do tipo "50 anos em um". Pelo lado social, os custos altos para se conseguir isso, incluindo repressões contra grandes setores da população (os *kulaks*, ou camponeses abastados, por exemplo), regimes de trabalho draconianos, trabalho praticamente escravo de prisioneiros etc. Pelo lado político, Stalin criou um domínio absoluto, com um culto à sua personalidade. Pior ainda, se na década de 1920 seus rivais eram derrotados politicamente, na década de 1930 os chamados Grandes Processos condenaram esses adversários à morte: a criminalização da política!

A ARRANCADA DOS PRIMEIROS PLANOS QUINQUENAIS

A URSS ingressa na década de 1930 com uma nova lógica. Em vez do esforço gradual da NEP, passa-se a tentar forçar o ritmo da industrialização, especialmente a indústria pesada. Como o país socialista não podia contar com financiamento externo, o capital necessário para este grande esforço teria que vir internamente. A ideia, então, seria coletivizar a agricultura, reunindo os camponeses em cooperativas agrícolas (*kolkhozy*) controladas pelo Estado.[1] Com isso, seria mais fácil forçar uma transferência de renda da agricultura para a indústria.

A coletivização agrícola, quando decidida pelo partido, seria voluntária: os camponeses deveriam ser estimulados a ingressar nas cooperativas ao verem as vantagens de atuar conjuntamente em larga escala, com mecanização, em vez de isoladamente com utensílios rudimentares. Entretanto, Stalin estimulou tal competição entre os líderes locais por cotas cada vez maiores de coletivização nas regiões que o processo passou a ser forçado. Por volta de 1930, cerca de metade da população rural já estava coletivizada. Esse ritmo alucinante fez com que, na verdade, a produção agropecuária caísse no primeiro plano quinquenal. A desorganização natural quando se passa de uma forma de produção a outra. Os agricultores familiares da NEP tiveram dificuldade em se adaptar ao trabalho conjunto nas cooperativas agrícolas com novas pessoas e novos instrumentos.

O processo foi tão rápido que o próprio Estado teve dificuldade de produzir em prazo tão curto os grandes equipamentos e encontrar mão de obra qualificada para o trabalho naquele nível. Por outro lado, houve uma resistência do campesinato ao caráter forçado com que o processo foi desenvolvido. O resultado foi especialmente sentido na pecuária. Muitos camponeses acharam que perderiam seus rebanhos (que virariam propriedade comum de todos) e decidiram, então, matar sua criação para comer ou vender a carne antes de entrar na cooperativa. O resultado é que, pelos próprios dados oficiais soviéticos, o rebanho de porcos e de gado da URSS, de 1928 a 1930, caiu, respectivamente, de cerca de 26 milhões e 70 milhões de cabeças para níveis de 13 milhões e 52 milhões. Um abate em massa. A produção agropecuária só subiria lentamente a partir do segundo plano quinquenal (1933-1937).

Ao mesmo tempo, houve uma luta política no campo que acabou resvalando para repressões em massa. Tradicionalmente na Rússia, desde tempos czaristas, a palavra *kulak* (literalmente "punho", com plural *kulaki*) era usada para se referir aos camponeses mais abastados que empregavam outros camponeses e trabalhadores rurais e assim aumentavam sua própria renda. Durante a NEP, a diferenciação social no campo aumentou. Mesmo com a proibição da venda de terra e a exploração de mão de obra alheia, alguns camponeses obtinham mais renda que outros. Informalmente havia, sim, "aluguel" de terras de outrem e utilização da mão de obra alheia para alguns serviços em troca de pagamento. Esses camponeses mais abastados (a maioria bem longe de serem ricos, apenas mais prósperos) eram vistos pelo regime como resquícios do capitalismo a serem extintos com a coletivização, pois implicavam relações de "exploração" de camponeses por outros.

Concomitantemente à coletivização, Stalin lançou o *slogan* de "Acabar com o *kulak* como classe". É claro que o *slogan* se referia ao processo econômico de acabar com a existência da "classe" dos *kulaki* para equalização da situação dos camponeses. Mas, como a coletivização em si, o processo adquiriu contornos literais: houve perseguição e deportação dos *kulaki* que se recusavam a entrar nas cooperativas agrícolas. Famílias inteiras foram deportadas para regiões remotas e de potencial agrícola menor. Os que ativamente reagiam contra as medidas podiam ser presos ou mesmo executados. Além das tragédias pessoais, alguns economistas apontam que, como os *kulaki* eram, muitas vezes, os mais empreendedores dos camponeses, a própria deskulakização contribuiria para a piora dos índices de produção agropecuária no primeiro plano quinquenal. Além disso, o sistema de cooperativas agrícolas, implantadas e dirigidas politicamente por agentes do partido e não por especialistas técnicos, contribuiu para a relativa baixa produtividade da agricultura soviética coletiva nas primeiras décadas. O exemplo disso seria que as pequenas hortas particulares que foram permitidas posteriormente tinham uma produtividade muito maior que as terras comuns a todos.

O interesse econômico do Estado pelos *kolkhozy* era a maior capacidade extrativa que estes lhe davam para retirar recursos da agricultura e financiar a indústria. Isso pode ser visto no exemplo do primeiro plano quinquenal. Devido a todas as perturbações iniciais, a produção agropecuária *bruta* soviética caiu 21% entre 1928 e 1933 (primeiro plano quinquenal), mas a produção agropecuária *comercializada* não caiu, mantendo-se aproximadamente a mesma. Ou seja, agora o Estado exigia mais dos camponeses em termos comparativos do que durante a NEP. A nova política facilitava ao Estado redirecionar com mais facilidade os recursos dentro da economia e "apertar os cintos".

Pelo lado da indústria, os resultados foram positivos desde o início. No primeiro plano quinquenal, máquinas, ferramentas e equipamentos sofisticados foram importados em massa para implantar a indústria pesada que os bolcheviques almejavam. O interessante é que questões ideológicas não impediram os países capitalistas de abastecer a União Soviética. Ainda mais com o impacto da grande depressão de 1930. Alemanha e Estados Unidos, por exemplo, venderam muitos equipamentos para o gigante vermelho. Ao final do segundo plano quinquenal, em 1937, a imensa maioria das máquinas, ferramentas e equipamentos das indústrias soviéticas eram fabricadas no próprio país e a URSS já tinha a segunda economia do mundo em termos de produção bruta. Ao contrário do campo, onde uma verdadeira "guerra" entre Estado e parte dos camponeses ocorria, no lado industrial um entusiasmo genuíno e orgulho pelas realizações fizeram parte da consciência coletiva de uma porção significativa das massas urbanas. A tarefa de construir um país industrializado e de bases não capitalistas (teoricamente sem exploração da mão de obra alheia) empolgou vários setores, em especial jovens idealistas. Projetos industriais à primeira vista

A União Soviética industrializou-se rapidamente e, em 1937, ano de fabricação desta locomotiva, grande parte das máquinas, ferramentas e equipamentos utilizados pela indústria já eram produzidos internamente.

mirabolantes, como o gigantesco complexo siderúrgico de Magnitogorsk, atraíam massas de trabalhadores dispostos a criar do nada ou em condições inóspitas grandes monumentos produtivos. Isso, conjugado com a chamada revolução cultural dos anos 1930, dava uma base real aos clamores do regime de que estavam criando um novo sistema.

A revolução cultural se referia ao imenso esforço de elevação do nível educacional e cultural das massas soviéticas para fornecer a mão de obra qualificada necessária para operar a nova economia (e, pelo menos teoricamente, criar um "novo homem soviético", socialista e mais solidário coletivamente). Para isso foi aumentada a quantidade de instituições educacionais de todos os níveis e o número de alunos nelas matriculados e foram criadas as chamadas "faculdades vermelhas" (*rabfak*), instituições proletárias de ensino de todos os níveis, muitas vezes organizadas nos próprios locais de trabalho.

A nova constituição soviética de 1936 deveria, então, fixar as novas condições do país. Stalin anunciou que a URSS já tinha atingido o socialismo, pois não existia mais a propriedade privada nem classes exploradoras, o país tinha se industrializado e era governado por um Estado operário.

O PORÃO

Todos esses avanços técnicos, educacionais, classistas e (pelo menos teoricamente) socialistas foram acompanhados, porém, de movimentos de barbárie em outros níveis, especialmente o político. Além do ataque aos *kulaki*, os russos conheceram períodos de fome terríveis em épocas de má colheita, como em 1921 e 1932-33 – ainda que as exportações de grãos para a Europa seguissem inabaladas. Regimes draconianos de trabalho foram estabelecidos nas décadas de 1930 e 1940 e um clima de perseguição política inaudito caiu sobre membros do próprio partido nos anos 1930.

Se nos anos 1920 a perseguição maior recaía sobre os outros partidos e internamente ainda era possível um clima de debates, após a vitória de Stalin sobre seus últimos adversários a repressão se voltou com força contra os próprios "antigos" bolcheviques, ex-colegas de Lenin e Stalin na tomada do poder em 1917. Os debates políticos dos anos 1920 foram criminalizados na década de 1930 e os perdedores não eram mais apenas banidos do partido, mas sofriam processo criminal e eram penalizados com prisão ou mesmo execução. Stalin, como secretário-geral, abriu o partido para uma nova geração de membros, leais a ele. Com essa base sólida, organizou os chamados Grandes Processos ou Grandes Expurgos de 1935-1938, em que vários dos antigos bolcheviques foram reprimidos, muitos com morte.

Assim, Stalin consegue, nos anos 1930, repetir o padrão antigo da Rússia de grandes transformações radicais ("revolucionárias"), realizadas em curto espaço de tempo, a ferro e fogo, por governantes com um forte e autoritário governo personalista. Parafraseando Churchill, podemos dizer que Stalin encontrou a Rússia no arado e a colocou no foguete. Mas o preço que se pagou por isso foi um terror tal que relembrava, em seu frenesi, o mais violento período do terror jacobino de Robespierre na Revolução Francesa. Seria a violência o preço eterno a se pagar pela Revolução?

Os Grandes Expurgos de 1935-1938

O assassinato de Sergei Kirov, chefe do partido em Leningrado, em dezembro de 1934, serviu como pretexto para o lançamento de uma campanha de expurgos contra membros do partido acusados de conspiração e colaboração com governos estrangeiros. Em 1936, o Julgamento dos Dezesseis condenou Kamenev, Zinoviev e outros de conspirar contra Stalin. No Julgamento dos Dezessete de 1937, Pyatakov, Radek e outros foram acusados de espionagem para potências estrangeiras. O auge foi o Julgamento dos Vinte e Um, de 1938, quando, entre outros, Bukharin e Rykov foram executados, acusados de conspiração. Os acusados, antigos e testados membros do partido, tinham de confessar participação em toda sorte de conspiração, inclusive espionagem para governos estrangeiros. Por vezes, os próprios carrascos caíam sob a repressão. Genrikh Yagoda dirigiu o NKVD (Comissariado do Povo para Assuntos Internos, que servia de polícia secreta para prender e obter as confissões dos acusados) no início dos expurgos em 1935. Três anos depois o próprio Yagoda foi acusado de espião estrangeiro e executado. Seu sucessor no comando do NKVD, Ezhov, após comandar os expurgos, teria a mesma sorte, sendo executado em 1940. Seu sucessor foi Beria (que foi assassinado também, por acusações similares, mas já no período posterior a Stalin). Trotski escapou da execução em seu país porque havia sido expulso e estava exilado desde 1929. Mas em 1940, ele foi assassinado no México, onde vivia.

Depois de atingir seu auge em 1938, os expurgos foram diminuindo em intensidade. A proximidade da Segunda Guerra Mundial tornava necessária a manutenção de todas as forças possíveis e os expurgos tinham dizimado grande parte da elite partidária. Seria contraproducente continuar no mesmo ritmo, mesmo com Stalin mantendo sua tradicional desconfiança de seus próprios assessores.

A SEGUNDA GUERRA MUNDIAL

Uma violência ainda maior estava por se abater sobre a Rússia e o mundo. Em pleno século XX, no auge da civilização industrial, os homens, pela segunda vez em menos de três décadas, iniciariam uma destruição mútua de dimensões nunca antes vista. O tamanho da carnificina seria tal que deixaria para trás qualquer número de mortos causados por "selvagens" de outros tempos, como Gengis Cã. Na Primeira Guerra Mundial morreram cerca de 16,5 milhões de pessoas, na Segunda Guerra foram 70 milhões! (Estatísticas precisas são impossíveis devido ao grande número de mortes não registrado.) A URSS foi o país que mais perdeu pessoas, com um total de 27 milhões. Sua vitória final foi tão sofrida que até hoje é reverenciada na Rússia como se fosse uma espécie de renascimento da nação.

A Segunda Guerra Mundial foi um trauma para o país. Apesar da vitória, 27 milhões de russos morreram em consequência do conflito. As mulheres também participaram do *front*. Na foto, a capitã e pilota Mariuya Dolina.

O custo dessa vitória foi altíssimo e as controvérsias sobre o papel do comando soviético na guerra, em especial o de Stalin, se mantêm até hoje. Afinal, a URSS venceu a guerra por causa de Stalin ou apesar dele?

Os caminhos da guerra

Façamos uma breve retrospectiva de como a URSS entrou na guerra. Isso tem muito a ver com a chegada de Hitler ao poder. Em seu livro *Mein Kampf* (Minha luta), Hitler deixava claro que considerava os eslavos uma raça inferior e que o espaço a leste fazia parte do *Lebensraum* ("espaço vital") da Alemanha, isto é, uma área destinada a suprir as necessidades da máquina industrial desse país quando revigorado e poderoso. Quando publicou o livro em 1925 (1º volume) e 1926 (2º volume), Hitler era um ilustre desconhecido em nível mundial, apenas mais um dos líderes de pequenos partidos ultranacionalistas fanáticos que surgiram na época, com votação ainda pequena. Seria apenas depois da crise econômica de 1929 – que aguçaria ao máximo as contradições nos países capitalistas – que a votação do partido nazista começaria a crescer até que Hitler chegasse ao poder em janeiro de 1933. Foi exatamente neste meio-tempo que Stalin fez um erro de cálculo em relação à ameaça de Hitler.

Relembremos que a Crise de 1929 nos países capitalistas ajudou a realçar o grande crescimento econômico da URSS com os novos planos quinquenais a partir do final de 1928. Nos anos 1930, a Grande Depressão nos países capitalistas lado a lado com o enorme crescimento da URSS socialista pareciam confirmar as previsões de Marx sobre a crise final do capitalismo. Pouco antes da manifestação da crise, Stalin ordenou uma mudança de estratégia no Komintern (a organização internacional que reunia os partidos comunistas do mundo inteiro). No VI Congresso do Komintern em 1928, foi solidificada a ideia de que o capitalismo entraria em descenso e que nesta fase de ofensiva do socialismo, os últimos e mais difíceis inimigos a serem derrotados para a vitória final dos comunistas eram os sociais-democratas. Pois com suas concessões redistributivas de renda à classe trabalhadora, eles a cooptavam e a mantinham numa mentalidade meramente sindicalista e não revolucionária (ou seja, apenas voltada para lutas por melhores salários e não pela derrubada do capitalismo). Por essa lógica, na vindoura época do descenso do capitalismo, os capitalistas e a direita seriam facilmente desmascarados perante a classe trabalhadora pela própria crise, mas os sociais-democratas eram mais perigosos, pois pregavam concessões à classe operária que poderiam terminar por cooptá-la a se manter no capitalismo. Por essa decisão do Komintern, a partir de 1928, os comunistas deixaram de cooperar formalmente com os sociais-democratas. Segundo alguns autores, essa divisão na esquerda facilitou o crescimento da extrema-direita nazista. Após a chegada ao poder de Hitler na Alemanha em 1933, Stalin, verificando que ele não era apenas mais um bufão extremista, mudaria de tática. O VII Congresso do Komintern, em 1935, adotaria a estratégia das frentes populares, em que uma frente composta de comunistas, sociais-democratas e outras forças progressistas lutaria contra os elementos fascistas e direitistas.

A percepção do perigo da ameaça fascista aumentou em razão da Guerra Civil Espanhola de 1936-1939, quando a URSS auxiliou o governo republicano e Hitler e

Tropas saem de Moscou em 1941: apesar do pacto com a Alemanha, a Rússia foi invadida pelos nazistas e entrou na guerra.

Mussolini apoiaram os rebeldes franquistas. A União Soviética procurou buscar, em meados da década de 1930, alguma aliança com os países ocidentais democráticos (especialmente Inglaterra e França) contra a Alemanha. Sua proposta era fazer um pacto de segurança coletiva em que, caso um desses países fosse atacado pela Alemanha, os outros viriam em sua ajuda. Mas as desconfianças mútuas eram grandes e a aliança não foi feita. Stalin partiu então para uma reviravolta em sua estratégia. Em 23 de agosto de 1939 foi assinado um pacto de não agressão entre a URSS e a Alemanha nazista. O informalmente chamado pacto Molotov-Ribbentrop (nome dos ministros do exterior dos dois países) continha algumas cláusulas secretas que dispunham sobre esferas de influência dos dois países no Leste Europeu: em caso de reorganizações territoriais, a Alemanha ficaria com a parte ocidental da Polônia e Lituânia e a urss com uma parte no leste da Polônia, além de Estônia, Letônia e Finlândia. A Lituânia, por adendo posterior, seria passada à esfera da urss. Adicionalmente, a Alemanha se comprometia a não se intrometer nas pretensões soviéticas sobre a Bessarábia romena.

Em 1º de setembro de 1939, a Alemanha invade a Polônia, iniciando a Segunda Guerra Mundial. Pouco depois, a urss, seguindo as estipulações do pacto Molotov-Ribbentrop, adianta suas fronteiras ao ocupar a parte leste da Polônia e os três países do Báltico. Stalin defenderia posteriormente o pacto dizendo que ele evitou que a Alemanha nazista iniciasse o conflito contra a própria urss e, em consequência, causou uma guerra entre os próprios capitalistas. Realmente, a Alemanha só viria a invadir a urss em 22 de junho de 1941, quase dois anos depois.

Mas a aparente segurança do pacto pode ter levado Stalin à complacência. Não acreditando que Hitler se arriscaria a uma guerra em duas frentes, ele foi tomado de surpresa pela operação Barbarossa, o ataque alemão contra os soviéticos. Foi uma verdadeira *Blitzkrieg* ("guerra-relâmpago"). Em menos de um mês uma parte do exército alemão chegou em Smolensk, a cerca de 400 quilômetros de Moscou, enquanto outra avançava ao norte em direção a Leningrado (São Petersburgo). Nos primeiros dias, Stalin, atordoado, manteve silêncio. E, quando falou, fez um pronunciamento à nação que começou de maneira surpreendente, convocando não apenas "camaradas", mas também "amigos e irmãos" à defesa da nação. Esse chamamento daria o tom da resistência. Evitavam-se os apelos exclusivamente classistas (aos "camaradas") e se convocaria todas as forças patrióticas, inclusive os "irmãos" religiosos e os nacionalistas amigos da pátria para a defesa da Mãe Rússia.

Após o sucesso inicial, Hitler cometeu um erro estratégico. Seu general Guderian favorecia o ataque direto a Moscou em julho, já que os alemães estavam perto dela. Mas Hitler preferiu fazer primeiro um ataque a Kiev. A ideia era ocupar a Ucrânia, com suas grandes riquezas minerais, agrícolas e industriais. Fazia sentido no aspecto logístico, já que grande parte do motivo para invadir a urss era obter riquezas minerais para suprir a máquina de guerra alemã. Entretanto, esse movimento custou caro. Atrasou a chegada à Moscou até as vésperas do inverno. Após os insucessos iniciais, os russos começaram a opor uma resistência mais encarniçada no terreno em que, por séculos (lembra Napoleão?), lutaram defensivamente melhor: em profundidade. Uma vez o inimigo estando perigosamente milhares de quilômetros adentro do vasto território, os soviéticos utilizavam técnica de terra arrasada e de luta de guerrilheiros *partisans* na retaguarda do inimigo para lhe causar problemas. Quando os alemães finalmente conseguiram chegar às portas de Moscou, no final do ano,

Monumento em homenagem aos defensores de São Petersburgo (Leningrado) e quadro comemorativo da libertação da cidade: os nazistas chegaram muito perto do centro.

208 | Os russos

a natureza sorriu aos russos. Naquele ano o inverno chegou bem cedo, pegando os alemães de surpresa. A Batalha de Moscou durou 200 dias e causou 2,5 milhões de baixas (mortos, feridos e presos). A maioria russa. Mesmo assim Moscou sobreviveu, assim como Leningrado. A atual São Petesburgo enfrentou um dos mais longos cercos da história, em que a população passou fome e necessidade por quase 900 dias, de junho de 1941 a janeiro de 1944.

Em 1942, Hitler decidiu-se novamente por uma estratégia logística: atacaria o Cáucaso no sul (em busca de seu petróleo) e iria em direção a Stalingrado no rio Volga. Outro erro tático. Sua obsessão em capturar a cidade de Stalin era tão grande que não poupou esforços, mesmo à custa de grandes perdas alemãs. Stalin tornou Stalingrado o ponto de decisão da guerra. A teimosia dos dois líderes fez com que a batalha pela cidade fosse decidida literalmente casa a casa. O Sexto Exército do general von Paulus, a muito custo e com muitas perdas, chegou a penetrar a cidade em meados de 1942, mas isso não significou sua tomada. Stalingrado contava não apenas com a resistência soviética organizada, como também com uma legião de franco-atiradores russos que alvejava os alemães de dentro das casas abandonadas em suas retaguardas. Atolados nestes duelos quase pessoais, com uma linha de suprimento superestendida dentro das imensidões russas, os alemães foram surpreendidos por um movimento de cerco soviético em novembro. Isolado, von Paulus se rendeu com seu exército em 31 de janeiro de 1943.

Como Hitler concentrara a maior parte do esforço ofensivo alemão em Stalingrado, a perda da cidade marcou o grande ponto de viragem. A Batalha de Kursk, em meados de 1943 (a maior batalha de tanques da história) foi a última grande tentativa de ofensiva maciça dos alemães, repelida pelos soviéticos. Depois dela, a iniciativa passou basicamente aos soviéticos, que foram empurrando os alemães lentamente para fora das entranhas de seu país. Em fevereiro de 1944, os soviéticos já tinham repelido os alemães no mar Báltico ao norte para sua fronteira na Estônia. Em julho de 1944, fizeram o mesmo mais ao sul, empurrando os nazistas para a fronteira com a Polônia. A partir daí os soviéticos estavam na ofensiva em direção a Berlim. No caminho foram derrubando os governos dos países da Europa Oriental que tinham sido ocupados pelos nazistas ou tinham regimes pró-nazistas (Romênia, Polônia, Hungria). Em janeiro de 1945, o exército soviético pisou em solo alemão em direção à Berlim, penetrada finalmente em 30 de abril. Em 8 de maio (9 de maio, pelo horário de Moscou) os alemães se renderam, após o suicídio de Hitler.

A Grande Guerra Patriótica (como é chamada na Rússia) foi uma experiência extremamente marcante para seus habitantes, como havia sido o embate contra Napoleão no século xix. Além do impressionante número de 27 milhões de vidas sacrificadas, um quarto da economia do país foi destruída. Para conseguir derrotar os alemães, Stalin chamou todas as forças patrióticas, incluindo a Igreja e outros elementos apartidários, mas antifascistas. Como consequência, houve certa liberalização do regime, incluindo eleições para um novo patriarca de Moscou, proibidas desde 1925. Outro esforço titânico dos russos durante a guerra, e inédito por sua escala na história, foi a transferência urgente e maciça de indústrias inteiras da parte ocidental do país, que estava sendo ocupada pelos alemães, para as regiões orientais a salvo, na Sibéria.

No aspecto mais sombrio, a resistência encarniçada foi potencializada por regulamentos draconianos proibindo a oficiais e soldados de bater em retirada ou se render sem ordens expressas para isso. Tal condição levou à luta pela vida em batalhas praticamente perdidas, pois as penalidades marciais para a retirada ou fuga não autorizadas eram duríssimas. Além disso, criou um problema esdrúxulo ao final da guerra. Muitos dos prisioneiros capturados pelos inimigos ou mesmo soviéticos que viveram em áreas ocupadas pelos alemães durante a guerra, no retorno a casa, foram vistos com extrema desconfiança, por serem suspeitos de terem ilegalmente se rendido, feito "corpo mole" ou colaborado com os nazistas. Como resultado, um grande número dos retornados foi julgado em corte marcial após a guerra.

Terminado o conflito bélico, acabou também a "liberalidade" de Stalin. Muitos julgaram que, depois dessa experiência purgante e unificadora que foi a guerra, o regime manteria sua abertura a todos os setores que internamente haviam colaborado com o governo na resistência ao inimigo. Uma vez encerrada a guerra, porém, Stalin fechou novamente o sistema – até por desconfiança de que os soldados e oficiais retornados da Europa pudessem chegar com ideias "subversivas" ao regime, como aconteceu durante a guerra napoleônica. O contato com os países capitalistas do Ocidente, aliados contra os nazistas, aumentou durante a guerra, mas foram cortados após o conflito. Em 1946, Andrei Zhdanov, o vice de Stalin na Secretaria do Partido, iniciou a chamada *zhdanovshchina*, uma campanha contra o cosmopolitismo e a apreciação de valores burgueses ocidentais.

Todos esses aspectos problemáticos não devem desviar do principal, de que o povo russo, num esforço e sacrifício gigantesco, titânico, não apenas conseguiu sobreviver à máquina de guerra nazista, mas também foi o fator principal de sua derrota. Essa ideia não é mera propaganda soviética, mas a visão de muitos especialistas, já que foi na Frente Oriental (como é conhecida na Alemanha a campanha contra a Rússia) que os nazistas esgotaram suas energias, após terem derrotado e ocupado boa parte da Europa Ocidental. Aliás, meus amigos russos mais velhos costumam ficar surpresos (e chateados) quando percebem que no Brasil a derrota da Alemanha é atribuída ao esforço bélico dos países ocidentais (glorificação do desembarque da Normandia como o ponto de viragem da guerra). Provavelmente, essa é uma daquelas injustiças históricas remanescentes ainda dos tempos da Guerra Fria.

O PÓS-GUERRA

O pós-guerra foi um momento de grandes expectativas. Para onde caminharia a Rússia e o mundo? Relembremos que, durante a guerra, a URSS socialista e os países capitalistas ocidentais democráticos – Inglaterra, França e Estados Unidos – foram aliados. Essa aliança continuaria depois? Com a visão retrospectiva de hoje, pode parecer que o renascer das tensões entre os dois campos era inevitável. Mas isso não era claro em 1945.

Os EUA foram os grandes beneficiários econômicos da guerra. Em primeiro lugar, não sofreram com ataque ao seu território. Em segundo, aumentaram consideravelmente a produção industrial ao fornecer produtos bélicos aos seus aliados. Durante o conflito, eles ajudaram a URSS com o fornecimento de equipamentos. Se mantivessem a ajuda no pós-guerra, isso poderia ter sido a base para uma boa convivência. O presidente Roosevelt, que havia sido bastante colaborativo com os soviéticos durante a Segunda Guerra, morreu em abril de 1945 e seu vice, Harry Truman, o tinha sucedido. É possível que se Roosevelt tivesse seguido com seu mandato presidencial haveria possibilidade de um clima mais amistoso entre as duas potências. Os dois primeiros anos após a guerra foram de tateamento mútuo, mas em 1947 estourou a Guerra Fria, um escalar de tensões até um ponto de inimizade permanente, mas não de beligerância militar aberta. Em 12 de março de 1947, foi anunciada a chamada Doutrina Truman, em resposta a uma série de episódios que acabou contrapondo EUA e URSS. O presidente norte-americano afirmava que os EUA auxiliariam todos os países que estivessem em luta contra a tirania (leia-se comunismo).

Uma série de episódios de confrontação se seguiram. Em junho de 1947, os EUA anunciaram o Plano Marshall, voltado à ajuda econômica aos seus aliados de guerra. Ao contrário da Europa Ocidental, a URSS e os países da Europa Oriental (agora socialistas) se recusaram a participar por julgá-lo uma ferramenta imperialista econômica para criar uma dependência nos países participantes. Em abril de 1949, foi criada a Otan (Organização do Tratado do Atlântico Norte), que uniria os EUA e a Europa Ocidental em uma aliança militar: os soviéticos responderiam com a criação do Pacto de Varsóvia, em 1955, unindo militarmente à URSS e os países socialistas do Leste Europeu.

Mesmo sem ajuda americana, a URSS se recobrou da guerra rapidamente. Por volta de 1950 sua economia tinha retomado os níveis de pré-guerra e, em 1953, tinha novamente o segundo Produto Nacional Bruto (PNB) do mundo. A recuperação foi feita em ritmo forçado. O Gulag estava repleto de prisioneiros políticos, além dos comuns. Criado ainda nos primeiros tempos pós-revolução, o sistema de prisões e trabalho forçado do país só desapareceria de vez com a Perestroica. Inimigos do Estado eram confinados, obrigados a trabalhar em condições precárias e, em tempos stalinistas, muitos foram executados.

O ANTISSEMITISMO

A repressão política no pós-guerra era alta, ainda que inferior aos grandes expurgos de duas décadas antes. No final da vida de Stalin, um episódio deixou a impressão de que uma nova onda de expurgos estivesse sendo orquestrada. Um artigo no jornal oficial *Pravda*, de 13 de janeiro de 1953, acusava uma série de famosos médicos (a maioria judeus) de ter assassinado em hospitais líderes soviéticos (inclusive Zhdanov) que haviam morrido de causa aparentemente natural. Em seguida, uma campanha de forte caráter antissemita foi iniciada com a prisão de dezenas de pessoas.

O assim chamado "complô dos médicos" deixa à vista um problema complexo na Rússia: o do antissemitismo contra os judeus. Atribuir a uma minoria determinada problemas que afligem a maioria da população tem sido um recurso muito usado para unir o povo contra um suposto inimigo comum. E eleger os judeus, historicamente condenados por supostamente terem participado da morte de Jesus, era cômodo, em particular em países com forte tradição cristã, como era o caso da Rússia. De resto, aqui o problema é especialmente complexo pelo fator do *jus sanguinis* na determinação das diferentes nacionalidades, como já abordamos em capítulo anterior. Na época czarista havia restrições quanto ao local onde os judeus podiam residir e profissões que podiam exercer e, além disso, havia uma cota máxima no sistema educacional. As políticas mais ou menos repressivas sobre eles variavam ao sabor das necessidades políticas do czar. (Na peça *Violinista no telhado*, um militar czarista avisa seu amigo judeu Tévie que alguns dias depois seriam realizadas manifestações "espontâneas" antissemitas, determinadas pelo czar.) Especialmente repressivas foram as políticas de Alexandre III (1881-1894). Seu governo coincidiu com os pogroms (perseguições organizadas contra minorias, especialmente os judeus) em 1881 (acusados erroneamente pelo assassinato do czar Alexandre II). Novos pogroms ocorreram também em 1903-1906. Grupos de extrema-direita (como as Centúrias Negras ou a União do Povo Russo) e alguns membros da elite política próximos aos czares mais reacionários incitavam o povo a este tipo de comportamento.

Após a Revolução Russa, a situação dos judeus tornou-se paradoxal. A revolução, por uma questão de princípio, terminou com as políticas e cotas discriminatórias czaristas contra os judeus. Um grande número deles participou da liderança tanto dos partidos bolchevique como menchevique (Trotski, Zinoviev, Martov, Axelrod). Alguns defensores do antigo regime inclusive criaram o mito da conspiração judaica-bolchevista para derrubar o czarismo. Embora isso não fosse verdadeiro, era inegável que aos judeus interessava um regime político em que as perseguições não fizessem parte da política de Estado. De fato, na União Soviética não havia espaço oficialmente para racismo e não se empregava o termo antissemitismo. Mas o regime implantado lá estava longe dos sonhos de liberdade imaginados pela maioria dos revolucionários.

Stalin era um líder mais nacionalista, que pouco saiu da Rússia, e provavelmente influenciado pelas disputas que teve com líderes mais "cosmopolitas", como os judeus Trotski e Zinoviev, promoveu políticas francamente antissemitas, como no caso do "complô dos médicos". Assim como a notícia do assassinato de Kirov fora o sinal para os Grandes Expurgos dos anos 1930, o "complô dos médicos" poderia indicar o início de uma nova onda de repressão. Entretanto, Stalin morreu logo depois, em março de 1953, e a história tomou outros rumos (os novos líderes logo aceitariam oficialmente que o "complô dos médicos" tinha sido fabricado).

Duas experiências pessoais na Rússia pós-soviética são exemplares de como o antissemitismo é difícil de extirpar. A primeira foi no final da década de 1990, quando o presidente Yeltsin estava completamente desacreditado como líder e buscavam-se possíveis alternativas a ele. O político Boris Nemtsov, por algum tempo, foi muito falado na Rússia como indivíduo dinâmico. Quando cheguei em viagem de pesquisa ao país e perguntei a um famoso (e esclarecido) cientista político russo sobre as chances de Nemtsov ser presidente da Rússia, ele me respondeu simplesmente: "Nenhuma. Ele é judeu e um judeu aqui não vai chegar à presidência do país." O outro choque, mais ou menos na mesma época, foi quando participei de uma marcha antigovernamental (contra Yeltsin) de primeiro de maio (Dia do Trabalho). Alguns manifestantes carregavam cartazes contra os *zhidy*. *Zhid* é um termo depreciativo para judeu na Rússia (algo como "crioulo" ou *nigger* em vez de "negro", respectivamente, no Brasil e EUA). Estranhei porque geralmente movimentos de esquerda não aceitam esse tipo de vocabulário. A marcha, na verdade, tinha sido organizada por esta estranha combinação que foi a oposição vermelha-marrom (isto é, de esquerda e direita) contra Yeltsin na segunda metade da década de 1990. Isso mostra como era complicado o clima político pós-soviético na Rússia e como essas complicações

Imagem referente à peça *Violinista no telhado*. No enredo, o leiteiro judeu Tévie recebe com desespero o decreto do czar para que os judeus abandonem a região. A vida para as minorias não era fácil na época da monarquia e continuou complicada no período stalinista.

O STALINISMO EM REVISTA

O nome de Stalin está intimamente ligado à construção do socialismo na URSS. Para o bem ou para o mal foi sob seu governo que a URSS instituiu uma sociedade diferente da capitalista, que se autodenominava socialista e tinha os meios de produção socializados e não privados. Entretanto, os custos sociais desse empreendimento e a tremenda repressão política no regime fazem com que os analistas se indaguem se um regime tão pouco democrático pode ser chamado de socialista ou mesmo progressista. Para muitos conservadores e liberais, o regime stalinista é a prova viva de que não é possível se ter democracia e socialismo ao mesmo tempo, pois em um regime em que o Leviatã do Estado domina tudo, o totalitarismo é inevitável. Entre os marxistas, há diferentes opiniões. Os stalinistas dizem que o líder fez o principal: instituiu um regime socialista, sem propriedade privada ou classes proprietárias exploradoras. Ou seja, fez o *socialismo real* possível no momento, pois na história da humanidade todas as revoluções, mesmo as que introduziram o capitalismo, foram violentas. Assim, a violência do socialismo sob Stalin é análoga à violência da época do terror da Revolução Francesa, que consolidou o capitalismo na França, por exemplo. Os trotskistas dizem que seria possível outro caminho para o socialismo, menos chauvinista, caso o projeto trotskista da revolução permanente fosse implementado em vez da teoria do socialismo num só país de Stalin. Críticos antissocialistas discordam e jogam todos no mesmo saco (Stalin, Trotski, Lenin), dizendo que os três mostraram-se capazes de medidas cruéis e maquiavélicas para implantar seu projeto de socialismo durante a guerra civil de 1918-1921. Outra vertente de interpretação marxista (culturalista, ligada à história do Estado russo) mostra que a visão de Stalin como um moderno "Gengis Cã" (expressão utilizada por Bukharin), capaz de barbárie em nome do socialismo ou de seu projeto pessoal soviético, na verdade remonta às raízes russas no "despotismo oriental": seria a face "asiática" se mostrando na história da Rússia.

Stalin repetiu um padrão histórico russo de grandes transformações radicais violentas em curto período de tempo, como ocorrera sob Ivan, o Terrível, ou Pedro, o Grande. Ele ainda ocupa um lugar no panteão das figuras políticas altamente controversas na história mundial, provavelmente em algum lugar entre Robespierre e Hitler. Mais próximo de Robespierre para alguns, mais próximo de Hitler para outros.

Os filhos da rua Arbat

Com a abertura da Perestroica, uma série de livros narrando abertamente os dilemas da sociedade soviética sob o stalinismo e em outras épocas apareceu. Um dos mais marcantes romances antistalinistas foi *Os filhos da rua Arbat*, de Anatoli Rybakov. Nele há uma cena antológica que reflete a situação ambígua da Rússia na arrancada da industrialização sob o stalinismo. Um oficial soviético, nos anos 1930, explica a um estudante exilado na Sibéria por que a quebra involuntária de uma peça de trator por um camponês semianalfabeto era tratada como crime econômico contra o Estado:

> Por muitos séculos, nossos camponeses só conheceram um tipo de instrumento: o machado. Agora nós os pusemos a trabalhar em tratores e colhedeiras; nós demos a eles caminhões para dirigir. E os camponeses quebram estas máquinas porque não entendem como elas funcionam, porque não têm treinamento, por que nada conhecem de tecnologias e outras coisas. Então, o que podemos fazer? Esperar até que a nossa zona rural supere seu atraso intelectual e técnico? Esperar até que os camponeses comecem a mudar uma mentalidade que levou séculos para se formar? E, enquanto isso, deixamos que continuem a quebrar toda nossa maquinaria até que aprendam? Não, não podemos condenar nossas máquinas à destruição: elas nos custaram muito sangue. Nem podemos esperar: os países capitalistas nos sufocariam. Só nos resta um método. Um método difícil, mas é o único que temos: o medo. O medo corporificado na palavra sabotador. Você quebrou um trator? Então, você é um sabotador e vai pegar dez anos de cadeia. Por um cortador de grama ou ceifadeira também são dez anos. Então, aí o camponês começa a pensar. Ele coça a cabeça, começa a tomar cuidado com o trator. Ele oferece uma garrafa de bebida a quem conhece um pouco das máquinas: "me ajuda, me mostra como, me salva". E não há outra maneira: estamos salvando nossas máquinas, nossa indústria, o futuro do país. Por que eles não fazem isso no Ocidente? Vou te dizer por quê. Nós fabricamos nosso primeiro trator em 1930, enquanto que no Ocidente eles fizeram o primeiro na década de 30, do século passado! Eles têm a experiência de várias gerações acumuladas. Lá o trator é propriedade privada e o dono cuida dele. Aqui, a propriedade pertence ao Estado e tem que ser mantida através de métodos estatais!

NOTA

[1] *Kolkhoz* (plural *kolkhozy*) é a contração de *kollektivnoe khozyaistvo* ("fazenda coletiva") e se refere às cooperativas agrícolas de produção (em que os camponeses membros são sócios de um empreendimento cooperativo e, portanto, pelo menos teoricamente, detentores dos lucros ou prejuízos da empresa). Existiam também os *sovkhozy* (de *sovkhoz*, contração de *sovetskoe khozyaistvo*), que são as "fazendas estatais", ou seja, de propriedade direta do Estado em que os camponeses são servidores públicos com salários mais fixos.

ACOMODAÇÃO DO SISTEMA

Em março de 1953, Stalin sofre um enfarte. Morre. E sua sucessão é incerta. Há certo relaxamento no sistema soviético. Já passado o embate com o antigo regime na primeira fase revolucionária, os debates internos maiores no partido, com o processo de industrialização e coletivização agrícola consolidados, os próprios membros do aparelho do partido procuraram diminuir a repressão. Afinal, os expurgos, nas últimas fases, recaíam sobre os próprios membros da burocracia. Ninguém estava a salvo. Os mais altos membros do partido de uma hora para outra podiam cair em desgraça e ser executados.

Com a morte de Stalin, uma espécie de governo coletivo se instaurou, sem ser possível perceber claramente quem era a figura principal: se Malenkov (o primeiro-ministro), Beria (ministro do Interior e chefe da polícia secreta), Khrushchev (primeiro-secretário do partido comunista) ou Molotov (o vice-primeiro-ministro e ministro do Exterior).

Pouco a pouco, o jogo foi se aclarando. Logo de início, Beria – temido por ser chefe da polícia secreta de Stalin e ter meios de espionar e obter documentos comprometedores sobre todos os outros líderes – caiu em desgraça e foi preso e morto em junho de 1953. Malenkov começou a ter proeminência, como primeiro-ministro, entre 1953 e 1955, iniciando algumas mudanças na política econômica: em vez da tradicional prioridade soviética ao setor da indústria pesada, ele enfatizou a indústria leve e de bens de consumo. Foi criticado por esse e outros motivos por Khrushchev e, em fevereiro de 1955, foi obrigado a renunciar a seu posto. A partir daí, o primeiro-secretário do partido comunista, Nikita Khrushchev, passou a ser claramente a figura central do poder soviético, apesar de não possuir mais os poderes ditatoriais de Stalin.

Khrushchev participou do círculo íntimo de Stalin, mas era uma figura política bastante diferente do antecessor. Stalin aparecia ao grande público apenas em ocasiões especiais e mantinha, assim, certa aura de distanciamento respeitoso. Já Khrushchev, oriundo de família de origem camponesa, era mais expansivo e adotou um estilo de governo em certos aspectos mais próximo dos políticos ocidentais, que vão ao encontro de seu público. Saindo dos círculos exclusivamente partidários, fazia grandes caravanas no país falando aos cidadãos em comícios por ocasiões festivas ou especiais. Procurou refrescar a atmosfera política em duas direções principais. Dentro do partido, limitou as disputas políticas a... disputas políticas. Ou seja, de agora em diante, os que caíssem em desfavor dentro do partido perderiam seus cargos, mas não suas cabeças! Em relação à sociedade em geral, Khrushchev também iniciou certa liberalização controlada do sistema. Retomando uma prática de Malenkov, que criticara anteriormente, procurou melhorar a oferta de bens de consumo ao povo soviético. Para isso arriscou vários esquemas (alguns mirabolantes) de melhoria da produção agrícola (que descreveremos em breve). No campo da literatura e artes, iniciou a política do *degelo*: uma abertura controlada, mas sensível, para maior liberdade de expressão dentro dos cânones socialistas gerais. Nos anos 1930, sob Stalin e Zhdanov, uma concepção muito estreita do chamado *realismo socialista* (o modelo cultural padrão imposto pelo regime) não aceitava qualquer desvio de uma concepção estereotipada e extremamente otimista da construção socialista. Khrushchev promoveu uma abertura no campo cultural que permitiu críticas aos excessos do stalinismo, o que possibilitou o florescimento de uma literatura mais crítica e menos estereotipada. É a partir dali que escritores como Solzhenitsyn (antigo preso político) começariam suas obras.

O DISCURSO

O grande ato de Khrushchev, porém, e que marcou sua carreira para sempre, foi o famoso discurso secreto no xx Congresso do Partido Comunista da União Soviética, em que atacou o culto à personalidade de Stalin. Desde a morte do líder, alguns discretos artigos no *Pravda* e outros jornais do partido tinham lançado críticas ao culto a políticos, como se líderes individuais pudessem estar acima do próprio partido. Essas críticas eram gerais e não citavam nomes específicos. Mas no encerramento do xx Congresso do PCUS, em fevereiro de 1956, os membros mais graduados foram chamados para uma seção secreta em que o primeiro-secretário faria um discurso especial.

E especial foi! Para a incredulidade da maioria dos participantes, Khrushchev fez o discurso da desestalinização (intitulado *Sobre o Culto à Personalidade e suas*

Consequências): um extenso e detalhado relatório dos erros e crimes de Stalin ao longo de sua carreira. Apesar de elogiar o papel de Stalin no deslanchamento do processo de industrialização e coletivização agrícola, Khrushchev disse que no processo de implementação Stalin utilizara métodos forçados, violentos e ilegais. Em outras palavras: ele o acusava de ter violado a legalidade socialista. Contra os inimigos políticos, dizia, Stalin utilizava estratagemas baixos e tortura para extrair confissões. Especificamente, Khrushchev acusava Stalin de, no seu afã de poder, ter dizimado grande parte dos chamados "velhos bolcheviques" (aqueles de primeira hora e que tinham participado da revolução) e os substituído por novos membros leais a ele. Ele citou estatísticas sobre os grandes expurgos dos anos 1930. Disse que dos 139 membros eleitos para o Comitê Central do partido no XVII Congresso de 1934, 98 (ou 70% deles) foram presos e executados, a maioria durante os expurgos de 1935-1938. Além disso, dos 1.966 delegados que participaram do congresso, 1.108 (mais da metade) foram presos posteriormente. E o acusou, ainda, de dizimar também nos expurgos a fina flor do alto comando do exército soviético bem às vésperas da Segunda Guerra Mundial, enfraquecendo a capacidade de defesa do país. O discurso prosseguia citando vários outros casos em que os métodos violentos e ilegais de Stalin proporcionaram distorções no desenvolvimento político e econômico do socialismo na URSS.

A fala de Khrushchev causou um assombro geral na plateia. Não houve discussão pós-discurso e todos foram para suas casas para depois discutirem *en petit comité*, em suas instâncias da elite partidária, o conteúdo do discurso. Relembremos que o discurso foi secreto. A intenção era inicialmente fazer a elite do partido comprar a ideia da desestalinização e depois expandi-la às bases do partido de forma controlada, para evitar grandes convulsões sociais. O texto do discurso de Khrushchev na URSS só seria publicado em 1989, em plena Perestroica. Mas tal segredo de polichinelo era difícil de guardar. O discurso logo vazou para o Ocidente, onde foi divulgado. Dentro da URSS a população, sem saber dos detalhes do discurso, foi bombardeada por notícias da imprensa criticando os excessos do culto à personalidade de Stalin.

As consequências internacionais do discurso foram mais impactantes que as próprias consequências internas. Muitos comunistas no exterior se recusaram a descartar a herança de Stalin e acusaram Khrushchev de revisionismo. Parte desse processo resultaria no racha no movimento comunista mundial entre o partido comunista da China e o da URSS. Nos anos seguintes ao discurso, os partidos comunistas do mundo inteiro se rachariam em duas partes. Uma contra e outra a favor de Stalin (no caso do Brasil, ocorreria o famoso racha entre PCB e PCdoB).

O DEGELO CULTURAL

O processo de desestalinização promovido após o xx Congresso do PCUS levou a um abrandamento da censura e publicação de livros e obras antes reprimidas. Literatos e artistas, que estavam no ostracismo sob Stalin, como Anna Akhmatova, Mikhail Zoshchenko, Dmitri Shostakovich e Sergei Prokofiev, voltaram a público. Um marco foi a publicação do livro *Um dia na vida de Ivan Denisovitch*, de Aleksandr Solzhenitsyn, que narra as peripécias da vida de um prisioneiro do Gulag a partir das próprias experiências do autor como ex-detento lá. Ele havia sido liberto junto com milhares de prisioneiros políticos. As discussões sobre os erros do passado se tornaram bem mais vivas nos jornais e revistas soviéticas.

Mas a abertura tinha limites. Podiam-se criticar os erros do stalinismo, mas não se podia criticar o socialismo em si. Os limites ficaram evidentes na carreira do próprio Solzhenitsyn. Enquanto ele criticava os excessos do stalinismo, pôde publicar. Quando passou a uma crítica mais geral, do próprio socialismo e do partido, foi proibido. Outro limite foi a própria impulsividade e crueza do caráter de Khrushchev. Explodiu em uma visita a uma exposição de arte na Galeria Manezh em Moscou, em dezembro de 1962, quando viu algumas obras abstratas de vanguarda que lhe pareciam incompreensíveis e frívolas, qualificando-as de "uma merda". Seguiu-se uma campanha nos jornais contra a arte de vanguarda abstrata, mostrando que, mesmo no campo puramente artístico, o degelo khrushchevano não era uma abertura completa.

COEXISTÊNCIA PACÍFICA?

Em 1959, Khrushchev fez uma visita aos EUA, onde se encontrou com o presidente Eisenhower e cativou os americanos comuns com seu jeitão camponês falante. Essa viagem marcou a segunda proposta mais polêmica de Khrushchev, após a desestalinização do xx Congresso: a coexistência pacífica. Afirmou que os países socialistas e capitalistas deveriam deixar de lado a competição militar entre eles e concentrarem-se numa competição pacífica, econômica, de qual dos dois sistemas (capitalismo ou socialismo) pode dar a seus cidadãos melhores condições de vida. Essa proposta foi bem recebida no Ocidente, mas gerou muitas desconfianças nos países socialistas. A China acusaria a URSS de ter abandonado a via revolucionária com a doutrina da coexistência pacífica. Segundo os maoistas da época, não havia possibilidade de conciliação com o capitalismo, pois esse é inimigo direto do socialismo e somente poderia ser derrubado

Acomodação do sistema | 221

Khrushchev e Kennedy e Brezhnev e Nixon:
momentos da chamada Coexistência Pacífica.

Acima, selos comemorativos do satélite Sputnik em duas épocas (1958 e 1972) e, ao lado, estátua de Yuri Gagarin, o primeiro astronauta a ir ao espaço: os russos ganham o universo.

pela força. Se, desde o xx Congresso de 1956, a China vinha criticando internamente o novo caminho da URSS, nos primeiros anos da década de 1960, o rompimento entre os dois países se tornou aberto.

Com visão retrospectiva, pode parecer que o desafio de Khrushchev de entrar em uma competição econômica com o capitalismo avançado fosse despropositado, mera bravata. Mas, no contexto da época, fazia sentido. Afinal, a economia da URSS nas décadas de 1930, 1940 e 1950 tinha crescido a taxas três vezes maiores que as dos EUA. Quando no XXI Congresso do PCUS, em 1961, Khrushchev afirmou que em vinte anos a URSS ultrapassaria os EUA economicamente (e entraria na fase do comunismo propriamente dito), o cálculo não estava de todo errado. Se realmente as taxas de crescimento dos dois países continuassem no mesmo ritmo das três décadas anteriores, em menos de vinte anos o Produto Interno Bruto da URSS ultrapassaria o dos EUA. Além disso, a URSS naquela época deu dois grandes sustos tecnológicos que pegaram de surpresa os americanos: em 1957 enviou o primeiro satélite artificial ao espaço (o Sputnik I) e em abril de 1961 o soviético Yuri Gagarin se tornou o primeiro astronauta a ir ao espaço. A URSS tinha ultrapassado os EUA no campo tecnológico mais avançado da época!

Esses grandes avanços foram ofuscados por diversas iniciativas malsucedidas que lhe deram a fama de ser voluntarioso em excesso. Khrushchev não era um trabalhador metódico e sistemático: preferia "grandes campanhas" que buscavam solucionar, de uma só tacada, complicados problemas que vinham de longa data. Por exemplo, para resolver a questão do aumento da oferta de alimentos, implementou, a partir de 1954, o grande esquema das "terras virgens". O objetivo era ocupar rapidamente as fronteiras agrícolas ainda não exploradas de modo intensivo na URSS, principalmente no Cazaquistão e na região de Altai, na Rússia. Esta campanha enorme levou 300 mil pessoas de todo o país para abrir fazendas com uma área equivalente a toda região cultivada do Canadá. Inicialmente, a experiência parecia ter sido bem-sucedida, já que a primeira colheita com o novo esquema, em 1956, foi gigantesca: cerca de metade das 125 milhões de toneladas vieram das novas terras e com alta produtividade. Entretanto, com o passar do tempo, problemas ecológicos de erosão (devido ao caráter apressado e sem planejamento das consequências ecológicas do modo como foi feita a ocupação), dificuldades logísticas (falta de silos de armazenamento suficientes e outras estruturas causaram a perda de parte excessiva das colheitas) e questões de financiamento levaram a que em anos seguintes os resultados finais se revelassem baixos em relação aos custos elevadíssimos da empreitada.

Outra grande reforma de Khrushchev também se mostrou problemática: a passagem da administração econômica das empresas de bases ministeriais para bases regionais, entre 1957 e 1965. Até ali a administração das empresas estatais era feita através dos ministérios centrais. Assim, cada usina siderúrgica respondia ao ministério da Siderurgia, independentemente de sua localização no país. O diagnóstico de Khrushchev é que isso levava a um excesso de centralização e falta de coordenação local. Confiando que os líderes locais conheciam melhor as peculiaridades de cada região do que um ministro em Moscou, Khrushchev criou Conselhos Regionais de Economia (*Sovnarkhozy*), aos quais as empresas de cada região, independentemente do ramo, estariam subordinadas. Dessa forma, haveria maior integração regional. Os *Sovnarkhozy*, porém, acabaram levando à formação de pequenos "feudos" burocráticos regionais e particularismos.

Assim, os resultados de Khrushchev na área econômica foram mistos. Apesar dos grandes avanços tecnológicos, a impetuosidade excessiva com que se lançava em vários esquemas novos levara a alguns erros caros.

O que derrubou Khrushchev, porém, foi a política, especialmente internacional. Os primeiros grandes problemas começaram logo após o famoso discurso de 1956. Naquele mesmo ano, em parte estimulados pela atmosfera de discussão crítica dos erros do passado na construção socialista, dois países do Leste Europeu se insubordinaram contra a URSS. O primeiro foi a Polônia. Em junho de 1956, protestos populares na cidade de Poznan catalisaram um processo de autocríticas e revisões internas dentro do próprio Partido Comunista. Como consequência, um novo líder, bem mais liberal e nacionalista, foi elevado ao poder: Wladyslaw Gomulka. Em 19 de outubro de 1956, Khrushchev e outros líderes soviéticos viajaram a Varsóvia para resolver de vez a questão da rebeldia. Um compromisso foi firmado. Os poloneses manteriam autonomia para conduzir seus próprios assuntos internos, desde que se mantivessem alinhados ao socialismo como linha geral e com a URSS em sua política externa. A solução de autonomia interna e alinhamento externo evitou que a situação na Polônia se transformasse em uma revolta aberta contra a URSS.

No entanto, em outro país socialista do Leste Europeu a situação se transformou em revolta aberta. Na Hungria, o XX Congresso do PCUS também provocou um movimento de discussão crítica. Em julho de 1956, o stalinista Matyas Rakosi foi afastado da liderança do partido e substituído por um apagado Erno Gero. Debates internos profundos dentro do partido e na sociedade levaram a clamores por uma liderança mais liberal e um afastamento do rígido modelo soviético. Em 23 de outubro, manifestações estudantis irromperam pela cidade trazendo demandas por abertura.

A esse movimento se juntaram outras camadas da população. Logo, barricadas populares estavam por toda parte nas grandes cidades. Várias fábricas foram tomadas pelos próprios trabalhadores organizados em conselhos de autogestão. Pressionado, o partido trouxe de volta ao poder, como primeiro-ministro, o comunista liberal Imre Nagy. Nagy ficou pressionado pelas diversas correntes: as que queriam liberalização dentro do regime socialista, as que queriam uma liberalização para fora do regime socialista e as pressões dos russos para que controlasse as desordens e mantivesse a Hungria no campo socialista. Pressionado destes vários lados, em 1º de novembro Nagy tomou uma decisão radical: retirou a Hungria do Pacto de Varsóvia (a aliança militar dos países socialistas do Leste Europeu) e declarou a neutralidade do país. Dois dias depois anunciou a criação de um governo de coalizão incluindo comunistas, sociais-democratas e membros de partidos camponeses. Em 4 de novembro, os russos enviaram seus tanques para invadir a Hungria e terminar com a revolta. Nagy foi deposto e substituído por um líder pró-Moscou, Janos Kadar.

Esses acontecimentos explosivos em 1956, logo no início do processo de desestalinização aberta, assustaram os líderes soviéticos e fragilizaram a posição de Khrushchev como líder. Em 1957, houve uma tentativa, por parte de Malenkov, Molotov e Kaganovich, de depor Khrushchev em uma reunião esvaziada do Presidium do partido. Com ajuda do general Zhukov, Khrushchev conseguiu fazer voar a Moscou os membros do Comitê Central, que reverteram a decisão do Presidium. Os três rebeldes foram denominados o "grupo antipartido" e foram "exilados" informalmente para cargos de importância secundária em regiões distantes (Malenkov, por exemplo, tornou-se embaixador na Mongólia). O destino dado a este grupo "antipartido" era um sinal dos novos tempos: perderam os cargos, mas nem presos foram!

Mais problemas sérios aguardavam Khrushchev na cena internacional. Como vimos, a China não se conformou com os rumos do XX Congresso do PCUS e rompeu definitivamente com a URSS no início dos anos 1960. Mao Tsé-tung provavelmente temia que um ataque contra o seu próprio culto à personalidade pudesse se desenvolver no país. No campo socialista internacional houve, então, a cisão entre os pró-Moscou e pró-Pequim. A maioria dos partidos socialistas no poder se alinhou a Moscou. A Albânia, porém, ficou ao lado da China. E a Iugoslávia de Tito se manteve independente e não alinhada.

O balde entornou após a crise dos mísseis em Cuba em outubro de 1962. Fidel Castro tomou o poder em 1959 e instaurou um regime socialista. Em 1962, Moscou tentou secretamente instalar mísseis nucleares soviéticos em Cuba. Descoberto o esquema, o presidente americano John Kennedy ordenou um bloqueio naval de Cuba para impedir os navios soviéticos de passarem. Por alguns dias, o mundo suspendeu a respiração com medo do estouro de um confronto nuclear entre os dois países. Mas Khrushchev "piscou primeiro" ordenando a volta dos navios soviéticos à URSS em troca da promessa americana de não mais tentar invadir Cuba e retirar os mísseis nucleares americanos da Turquia.

O episódio arranhou seriamente o prestígio do líder russo. Juntando-se ao racha no movimento comunista mundial e as dificuldades na economia (que começava a apresentar taxas mais baixas de crescimento que nas décadas anteriores), em outubro de 1964 Khrushchev foi deposto do poder, acusado de ser voluntarista demais.

Pode-se dizer que ele foi vítima do seu grande momento: o discurso da desestalinização em 1956, que abriu uma caixa de Pandora. O fato de o movimento comunista internacional ter rachado em cima desta questão significava que Khrushchev comprara permanentemente uma legião de inimigos. Os stalinistas (e mesmo vários ex-stalinistas) não o perdoavam pela cisão. A partir da China viriam as acusações de que a doutrina da coexistência pacífica de socialismo e capitalismo era, na verdade, um abandono da via revolucionária. Atacado por esses flancos importantes, ele conseguiu sobreviver ao golpe de 1957 dentro de seu próprio partido, mas não ao de 1964.

O PERÍODO BREZHNEV

Após o golpe de outubro de 1964 contra Khrushchev, em pouco tempo se formaria uma tríade no poder: Leonid Brezhnev, como primeiro-secretário do Partido Comunista, Aleksei Kosygin, como primeiro-ministro, e Nikolai Podgornyi, como presidente do Soviete Supremo. Logo ficou claro que Brezhnev era a figura forte do novo regime. Em 1977, acumularia também o cargo de presidente do Soviete Supremo. Brezhnev se manteve no poder até sua morte, em 1982. Sua época marcou simultaneamente o auge e o declínio do poder da URSS: é conhecida retrospectivamente como a "era da estagnação", pois, uma vez atingido o auge, a URSS teria estagnado, econômica e tecnologicamente, por longo tempo nas décadas de 1970 e 1980. Tanto que, em 1985, Gorbachev seria obrigado a iniciar uma série de reformas radicais (a Perestroica) para tentar reanimar o sistema. Mas isso são discussões posteriores. Quando Khrushchev caiu em 1964, não estava claro o que se sucederia. Haveria uma volta ao stalinismo politicamente?

A figura de Stalin foi parcialmente reabilitada e mostrada como um líder que cometera erros sérios, mas não era um criminoso e tinha feito contribuições impor-

228 | Os russos

tantes à construção do socialismo na URSS. No campo cultural, isso se refletiu em "incentivo" à maior conformidade com as ideias centrais do sistema. Muitos autores que publicaram obras críticas durante o breve degelo cultural khrushchevano passaram a sofrer pressões e dificuldades de publicar. Mas não eram presos ou executados como na era Stalin. Como a repressão não era tão forte, formas alternativas de publicação surgiram entre os dissidentes: os chamados *samizdat* e *tamizdat*. *Samizdat* (literalmente, "autopublicado") era a literatura clandestina artesanal, feita em mimeógrafos e outros instrumentos, que circulava de mão em mão. Um grande número de obras proibidas circularam dessa forma entre os membros da *intelligentsia*. Foi assim que muitos leram, à noite na cozinha de suas casas, obras literárias como *O mestre e Margarida*, de Mikhail Bulgakov. Havia também o *samizdat* político dissidente. O mais famoso deles foi a *Crônica dos eventos correntes*, um periódico que, entre 1968 e 1983, descrevia os abusos de direitos humanos no país. Já o *tamizdat* (da palavra russa *tam*, "lá") se referia à publicação no exterior de obras proibidas na URSS (como, por exemplo, o *Arquipélago Gulag*, de Solzhenitsyn).

A existência de dissidentes como movimento mostrava que a repressão sob Brezhnev não era como no período stalinista. Os dissidentes não desapareciam ou eram executados ao mero desejo dos líderes. Mas o sistema soviético continuava repressivo. Na prática, a liberdade de expressão era limitada e os dissidentes perseguidos. E isso se refletia nos países socialistas sob domínio ou liderança da URSS. O caso mais gritante foi a invasão da Tchecoslováquia pelas tropas da URSS e do Pacto de Varsóvia em 1968. Foi quase uma repetição da invasão da Hungria em 1956. Em 1968, o novo secretário do Partido Comunista na Tchecoslováquia, Alexander Dubcek, liderou um movimento pela liberalização do regime e construção de um socialismo com feições humanistas no país. A queda da censura e o aparecimento de movimentos pedindo um regime realmente democrático e independência plena assustaram os líderes soviéticos e de outros países do Pacto de Varsóvia. Em 20 de agosto de 1968, as tropas do Pacto de Varsóvia invadiram a Tchecoslováquia e acabaram com a chamada "Primavera de Praga". Assim como a invasão da Hungria em 1956, a invasão da Tchecoslováquia em 1968 levou muitos comunistas e simpatizantes ocidentais a se afastar do regime soviético. Eles passaram a julgá-lo como inerentemente repressivo.

Em termos culturais vimos o florescimento de uma literatura *underground* dissidente. A atmosfera relativamente mais "relaxada" levou também à disseminação de diversas formas de sátiras sobre o sistema pelos próprios russos. Líderes ultrapassados e políticas desastradas eram ridicularizadas em mil piadas contadas à boca pequena entre amigos. Vamos a algumas delas:

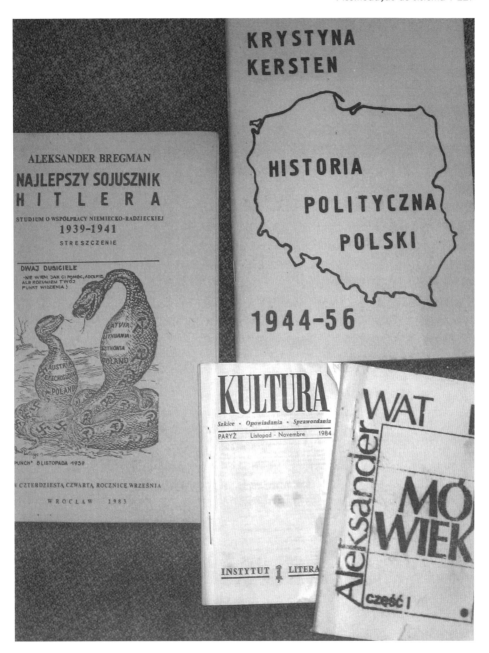

A repressão do sistema soviético se refletia nos países socialistas vizinhos, assim como as formas de burlá-la: acima, *samizdat* (obras proibidas produzidas artesanalmente) de origem polonesa.

- Um socialista, um capitalista e um comunista marcaram um encontro. O socialista chegou atrasado: "Desculpem pelo atraso: tive que enfrentar uma fila para comprar salame". O capitalista perguntou: "O que é fila?" O comunista perguntou: "O que é salame?"
- "Diga-me: este já é o comunismo ou será ainda pior?"
- Pergunta: "Pode-se construir o comunismo na Suécia?" Resposta: "Pode, mas será uma pena."
- Pergunta: "Se está tudo bem, então por que está tudo mal?" Resposta: "É que aqui entra em ação a lei dialética da unidade dos opostos."
- Pergunta: "Qual era a nacionalidade de Adão e Eva?" Resposta: "Obviamente, eram russos. Somente russos podem correr por aí descalços e desnudos, sem teto sobre suas cabeças, comer uma única maçã para dois e ainda gritar que estão no paraíso."
- Brezhnev pergunta ao papa: "Por que as pessoas acreditam no paraíso católico, mas se negam a acreditar no paraíso comunista?" O papa responde: "É que o nosso paraíso nós não mostramos."

PADRÃO DE VIDA EM ALTA, ECONOMIA EM BAIXA

Nas décadas de 1970 e 1980, os índices de crescimento econômico caíram sensivelmente, conforme mostra a tabela a seguir. Mas nos primeiros anos de seu regime, essa tendência ainda não era clara. Ao contrário da política (em que tendeu a ser mais conservador que Khrushchev), na área econômica, o governo Brezhnev empreendeu tentativas de reformas, algumas bastante radicais. São as chamadas reformas de Kosygin, pois foram levadas a cabo pelo primeiro-ministro Aleksei Kosygin. Essas reformas, iniciadas em 1965, são pouco faladas hoje, pois não conseguiram chegar ao fim e foram se esvaindo por volta de 1970. Entretanto, representaram as mais radicais tentativas de reforma dos mecanismos do excessivamente centralizado modelo econômico soviético, perdendo apenas para a Perestroica neste sentido.

Em meados dos anos 1960, já se notava que os índices de crescimento da URSS, apesar de ainda altos (por volta de 6% ou 7% ao ano), já não eram como os dos anos de "milagre" de crescimento acima de 10% ao ano das décadas anteriores. Além disso, apesar de o país já ter uma base industrial forte, a qualidade dos produtos (especialmente de consumo) deixava muito a desejar. No planejamento, era priorizada a quantidade em detrimento da qualidade: o principal indicador de sucesso dos planos era a chamada *val* ou *valovaya produktsiya* ("produção bruta"). O diagnóstico dos líderes era que o excesso de centralização levava a uma atitude burocrática nas empresas: buscava-se apenas cumprir o plano, sem estímulos para a criatividade individual. Para superar esses problemas, Kosygin propôs uma reforma bastante radical para a época.

TABELA: TAXAS DE CRESCIMENTO ECONÔMICO ANUAL DA URSS, 1928-1991, SEGUNDO AS ESTATÍSTICAS OFICIAIS
(PERCENTAGEM DE CRESCIMENTO ANUAL DO PRODUTO MATERIAL LÍQUIDO*)

Ano	1928	1929	1930	1931	1932	1933	1934	1935	1936	1937	1938	1939	1940
%	8,2	16,0	21,0	16,8	11,3	6,5	15,2	19,2	29,3	12,0	8,9	9,5	11,6
Ano	1941	1942	1943	1944	1945	1946	1947	1948	1949	1950	1951	1952	1953
%	-8	-28,3	12,1	18,9	-5,7	-6	19,1	24,1	18	20,1	12,2	10,9	9,8
Ano	1954	1955	1956	1957	1958	1959	1960	1961	1962	1963	1964	1965	1966
%	12,0	11,9	11,4	6,7	12,6	7,4	7,7	6,9	5,6	4,1	9,4	6,8	8,0
Ano	1967	1968	1969	1970	1971	1972	1973	1974	1975	1976	1977	1978	1979
%	8,7	8,3	4,7	9,1	5,6	3,9	8,9	5,4	4,5	5,2	4,5	5,1	2,2
Ano	1980	1981	1982	1983	1984	1985	1986	1987	1988	1989	1990	1991	
%	3,9	3,3	4,0	4,2	2,9	1,6	2,3	1,6	4,4	2,5	-4	-9	

Fontes: *Bol'shaya Sovetskaya Entsiklopediya* ["Grande Enciclopédia Soviética"], 2. ed., v. 29, p. 302; *Narodnoe Khozyaistvo SSSR – Statisticheskii Ezhegodnik* ["A Economia da URSS — Anuário Estatístico"], diversos anos, e site do *Rosstat* ["Serviço Federal de Estatística do Estado"].

* Este é o termo padrão nos livros de economia brasileiros para traduzir o conceito soviético "Natsional'nyi Dokhod", que corresponde ao total de bens produzidos no país (em inglês é chamado de "Net Material Product").

As empresas teriam mais autonomia para buscar novas maneiras criativas de produzir. Para aumentar a qualidade dos produtos, Kosygin propôs que o indicador da produção bruta no plano fosse substituído pelo indicador de produção vendida. Assim, por exemplo, os milhares de sapatos produzidos de má qualidade que ficavam encalhados, sem encontrar comprador, não contariam como cumprimento de meta. Isso deveria forçar uma busca de maior qualidade na produção. Mas o ponto mais radical das reformas era que, a longo prazo, o indicador do lucro se tornaria o principal indicador para medir o sucesso das empresas, em vez do arsenal de inúmeros indicadores que as empresas deviam cumprir e que acabavam mais confundindo que possibilitando realmente medir o sucesso ou não das unidades produtivas. Colocar o lucro como indicador central beirava a heresia dentro de um regime socialista, já que essa era uma ferramenta considerada típica do capitalismo até então.

As reformas conseguiram reavivar um pouco a economia soviética, mas também criaram algumas confusões. Com a nova autonomia recebida, as empresas e os líderes locais começaram, por vezes, a entrar em conflito com os planejadores e líderes centrais, ao proporem alternativas que consideravam melhor que as propostas centrais. Isso criou problemas políticos, pois o regime soviético era tradicionalmente baseado num poder central forte. Nesta queda de braço, o grande perdedor foram as próprias reformas. Elas acabaram esvaziadas no período final da década e pouco restava de suas partes mais radicais ao se adentrar a década de 1970. O regime Brezhnev preferiu a estabilidade à experimentação. Com o tempo isso levaria a uma estagnação do sistema, com taxas de crescimento da economia cada vez menores nas décadas de 1970 e 1980, caindo para níveis abaixo de 5% ao ano.

Apesar das taxas declinantes de crescimento econômico, o final da década de 1970 e início da de 1980 foi o período em que os soviéticos usufruíram o padrão de vida mais alto de sua história. O segredo desse paradoxo foi a crise do petróleo da década de 1970, em que o preço dessa mercadoria foi ao espaço (mais exatamente quadruplicou). A URSS era riquíssima em petróleo e um dos maiores produtores mundiais desta e de outras matérias-primas cujos preços subiram. Outro fator foi que a exportação de armas da URSS, que antes era feita a preços baixos ou subsidiados a movimentos de liberação do Terceiro Mundo ou a países amigos, a partir dos anos 1970 passou a ser feito em dólares e a preços de mercado principalmente para os países árabes novos-ricos. Esses dois fatores ajudariam a mascarar os dilemas econômicos internos da URSS nesse período e "empurrariam com a barriga" o problema até seu estouro, de maneira inadiável, nas mãos de Gorbachev e sua Perestroica a partir de 1985.

O APOGEU DO PODER INTERNACIONAL

O paradoxo da situação da URSS nos anos 1960 e 1970 (apogeu simultaneamente com sinais de estagnação ou declínio) se refletia também em sua posição no panorama internacional. Nunca o país esteve tão forte. Passadas as décadas iniciais difíceis da industrialização e depois o martírio da Segunda Guerra Mundial, a URSS era um dos dois únicos países em toda a história da humanidade a alcançar o *status* de superpotência. Apenas os EUA podiam rivalizar com ela. Sua força nuclear poderia destruir qualquer inimigo sobre a terra. Com o final da Segunda Guerra Mundial, a URSS não estava mais isolada: um terço da humanidade se encontrava sob regimes socialistas por volta da década de 1970. Surgiu um campo socialista mundial formado inicialmente pelos países do leste europeu liberados dos nazistas pelos soviéticos em 1945, seguido pela tomada do poder na China pelos comunistas de Mao Tsé-tung em 1949. Além disso, as guerras de libertação no Terceiro Mundo em processo de descolonização trouxeram muitos países da África e Ásia à amizade com a URSS.

Todos esses processos de amadurecimento fizeram com que Brezhnev adotasse uma nova constituição para o país em 1977 a fim de substituir a stalinista de 1936. Foi chamada a Constituição do "socialismo desenvolvido". Teve esse nome, pois os soviéticos adotaram a posição de que o socialismo na URSS tinha entrado em uma fase madura, desenvolvida (ao contrário, por exemplo, da China, que estaria ainda dando seus primeiros passos na construção socialista). Abandonavam, assim, os arroubos de Khrushchev de "atingir o comunismo em vinte anos". Se a Constituição de 1936 dizia que a URSS tinha, então, já deixado para trás o capitalismo e ingressado na fase inicial do socialismo, a constituição de 1977 deixava claro que o socialismo na URSS já estava amadurecido e, um dia, chegaria ao comunismo pleno (mas não determinava um prazo para isso).

O FIM DA URSS

Leonid Brezhnev morreu em 10 de novembro de 1982 aos 75 anos. Foi substituído como secretário-geral do partido por Yuri Andropov, ex-chefe da KGB, que morreu pouco mais de um ano depois, em 9 de fevereiro de 1984, aos 69 anos. Menos tempo ainda ficou seu substituto, Konstantin Chernenko. Ele morreu em 10 de março de 1985, com 73 anos. Assim, em três anos, os líderes máximos da URSS, todos idosos, morrem um atrás do outro. Uma piada começou a correr entre a população, de que as marchas fúnebres que tocavam continuamente nas rádios (em vez da programação normal) quando da morte dos líderes estavam se tornando o *hit parade* da década! Anedotas à parte, estava ficando muito claro a todos que a chamada gerontocracia de líderes que vinha governando a URSS estava não só ideologicamente, mas também fisicamente, chegando aos seus limites. Era uma metáfora dos fenômenos de estagnação econômica e social que pareciam estar tomando conta da URSS nas últimas décadas.

Em 1985, finalmente o Politburo (o órgão executivo máximo do Partido Comunista) elegeu um líder mais jovem. Aos 55 anos, Mikhail Gorbachev era um "garotão" pelos padrões etários então vigentes dos últimos líderes máximos. Ele assumiu o cargo de secretário-geral do PCUS em 15 de março de 1985 e tratou de pôr em prática suas propostas reformistas. Clamou, então, por uma *perestroika* (literalmente, "reconstrução") da URSS. Em seu livro *Perestroika: novas ideias para meu país e o mundo*, explicou por que tal reforma era necessária ao país:

> Deixe-me primeiro explicar a situação nada simples que se desenvolveu no país nos anos 80 e que fez com que a *perestroika* se tornasse necessária e inevitável [...]. Analisando a situação, primeiro descobrimos uma diminuição do crescimento econômico. Nos últimos quinze anos, a taxa de crescimento da renda nacional caíra para mais da metade e, no início dos anos 80, chegara a um nível próximo da estagnação econômica. Um país que antes estivera alcançando rapidamente as nações mais avançadas do mundo, agora começava a perder posição. Além disso, o hiato existente na eficiência da produção, na qualidade dos produtos, no desenvolvimento científico e tecnológico, na geração da tecnologia avançada e em seu uso começou a se alargar, e não a nosso favor [...]. E tudo isso aconteceu numa época em que a revolução científica e tecnológica abria novos horizontes para o progresso econômico e social.

Essa citação é fundamental, pois mostra que a preocupação central dos líderes soviéticos ao deslanchar a Perestroica era com a economia. Como vimos, a taxa de crescimento do país foi muito alta nas décadas de 1930, 1940 e 1950, mas nos anos 1960 começou a cair. Na década de 1970, caiu para níveis de 5% ao ano e na década de 1980 manteve-se sempre abaixo de 5% ao ano (como aparece na tabela do capítulo anterior). E por que o número assustava? Afinal, um crescimento de 3% ao ano seria normal para os Estados Unidos, por exemplo. O problema é que a URSS, desde a década de 1930, estava em constante competição para alcançar e ultrapassar o Ocidente avançado. E para isso precisava crescer ao dobro ou ao triplo do ritmo dos Estados Unidos. Nas décadas de 1930, 1940, 1950, e mesmo grande parte da de 1960, isso estava ocorrendo. Mas não na década de 1970. E se o país continuasse nesse passo lento, nunca conseguiria seu intento original. Além disso, como mencionou Gorbachev, na época da Revolução da Informação (Terceira Revolução Industrial ou Revolução Científico-Técnica, como queiram chamar) das duas últimas décadas, a URSS parecia estar perdendo posições no nível de desenvolvimento tecnológico.

Para resolver esses problemas, o diagnóstico e o tratamento propostos eram muito parecidos com os dos passos iniciais das reformas econômicas de Kosygin em meados dos anos 1960, que mencionamos anteriormente. Gorbachev defendia que o sistema hipercentralizado de planejamento da URSS (pelo qual as empresas estatais eram meras cumpridoras das instruções dos planos centrais da Gosplan, a Comissão de Planejamento), que tinha servido bem nas primeiras décadas da industrialização básica, tornara-se um estorvo na época do desenvolvimento sofisticado como o da Era da Informação. Assim, as primeiras medidas da Perestroica se pareciam com as primeiras medidas das reformas de Kosygin. A ideia era descentralizar um pouco o sistema, dando maior autonomia às empresas para buscarem os melhores e mais eficientes métodos de produzir. O planejamento deixaria gradualmente de ser diretivo para ser indicativo. Por exemplo, antes as empresas não escolhiam seus fornecedores e clientes. O governo central já determinava a cada fábrica de onde conseguiriam seus suprimentos e para que empresas venderiam seus produtos. A cada fábrica restava apenas cumprir o plano.

Note-se que nessa primeira fase (que durou uns dois anos) nada havia de capitalismo nas propostas. As empresas continuavam estatais e apenas teriam mais autonomia. E o resultado? Nada de especial. Não houve reaceleração da economia. Além disso, vários membros da burocracia rejeitavam as reformas, que diminuíam o poder dos planejadores centrais. Para superar as resistências da burocracia, a partir do XXVII Congresso do PCUS em 1986, Gorbachev acelerou também reformas pelo lado político com a Glasnost (em russo, "transparência"). A Glasnost visava diminuir a censura e repressão política. A esperança de Gorbachev era que as pessoas se expressassem mais

O fim da URSS | 237

Último chefe de Estado soviético, Gorbachev deu origem à Perestroica e à Glasnost, reformas econômicas e políticas que selaram o destino do país. Na foto, ao lado presidente americano Ronald Reagan.

livremente e reclamassem do jogo duro dos burocratas resistentes. E assim a Perestroica iria adiante. Ou seja, a Glasnost veio para salvar a Perestroica.

A Glasnost, porém, fez mais do que isso. Deu um impulso extra ao processo. Agora as reformas afetavam não apenas o lado econômico (como as reformas de Deng na China, por exemplo), mas também o lado político. As publicações soviéticas começaram a tratar mais livremente dos erros do passado.

AS FASES DA PERESTROICA

A Perestroica durou de março de 1985 (ascensão de Gorbachev ao poder) a 26 de dezembro de 1991, quando foi oficializada a dissolução da URSS. Ela passou por quatro fases principais:

– 1985-1987: fase da "descentralização socialista"
– 1988: fase de transição e discussões do caminho a seguir
– 1989 e início de 1990: fase da "economia de mercado"
– Final de 1990 e 1991: fase da "desintegração e restauração capitalista"

Na primeira fase, a ideia era apenas descentralizar o sistema socialista soviético para torná-lo mais dinâmico. Entretanto, após dois anos, a economia não tinha se reacelerado e alguns problemas novos tinham aparecido. Pelo lado econômico, alguns "gargalos" surgiram. Pelo sistema anterior, bem ou mal, cada firma sabia exatamente o que tinha que fazer: bastava seguir o plano. Quando foi dada autonomia às empresas para buscarem elas mesmas seus próprios fornecedores e clientes, algumas ficaram desabastecidas: seus antigos fornecedores preferiam vender a outras empresas (ou exportar para receber em dólares...). Houve casos de pátios de fabricantes de automóveis plenos de carros prontinhos... exceto pela falta dos volantes de guiar, pois o fornecedor anterior não estava mais lhes vendendo e nenhuma alternativa imediata foi encontrada.

Mas foi pelo lado político que problemas mais sérios ideologicamente foram aparecendo. Como vimos, a partir do início de 1986, Gorbachev passou a enfatizar também a abertura política, com a Glasnost. De início, as críticas se concentravam no excesso de burocracia ou nas antigas práticas stalinistas de repressão. Como na época da liberalização khrushchevana, até aí tudo bem. No final de 1987, alguns órgãos de imprensa ou comentaristas ousados começaram a levantar questões mais globais, que podiam ser lidas como uma crítica ao sistema soviético como um todo, e não apenas ao stalinismo ou excesso de burocracia. Isso (como na época das reformas de Khrushchev ou Kosygin) acendeu um sinal amarelo. Alguns membros mais conservadores da liderança do partido começaram a dizer que as reformas até ali não tinham trazido melhora econômica significativa e, pelo lado político, incorriam em riscos. Talvez fosse melhor parar ou repensar. Por isso, no ano de 1988, entra-se numa fase de discussões sobre o caminho a seguir.

Nessa fase de transição e discussão de 1988, o Politburo dividiu-se em dois grandes grupos, com Gorbachev como um grande árbitro. Por um lado, havia o grupo dos que seguiam Egor Ligachev, um conservador que achava que a Perestroica estava ameaçando abrir uma caixa de Pandora política e não tinha mostrado realmente bons resultados econômicos: assim, o melhor seria diminuir o ritmo das reformas. Já Aleksandr Yakovlev, ex-embaixador da URSS no Canadá, liderava a ala mais liberal do Politburo, isto é, aqueles que queriam prosseguir com a Perestroica e torná-la ainda mais radical, com novas liberdades políticas e econômicas. Por exemplo, em relação aos gargalos formados na economia com a descentralização inicial da Perestroica, diziam que o problema era que a economia russa era excessivamente monopolizada, formada por algumas poucas empresas gigantescas que dominavam seus ramos de produção. Assim, um problema em apenas uma dessas empresas-chave se generalizava por toda a economia. A solução seria, então, desmonopolizar a economia. Dividir essas empresas gigantescas em um grupo de empresas estatais menores concorrendo entre si para baixar preços e custos e evitar gargalos. E pelo lado político, pregavam um aprofundamento da Glasnost, dizendo que o partido não deveria ter medo do debate crítico, mesmo com verdades duras sendo colocadas.

No embate titânico dessas duas alas e visões de mundo em 1988, venceu a ala mais liberal, com aprovação de Gorbachev. Assim, a Perestroica iniciaria fases ainda mais radicais, entrando agora em águas desconhecidas, ao ultrapassar os limites em que pararam as reformas anteriores de Kosygin e Khrushchev.

Chamamos esse novo período em 1989 de "fase da economia de mercado". Ainda não se falava em capitalismo, mas sim em utilizar alguns elementos da economia de mercado para tornar o sistema produtivo socialista mais dinâmico. Assim, as empresas continuariam estatais (socialistas), mas seriam colocadas em posição de concorrência umas com as outras para que as melhores fossem à frente e as perdedoras tivessem que se recuperar ou enfrentar falência (conceito desconhecido por elas até então, que sempre contavam com ajuda do Estado para sobreviver). Os planos estatais passariam a ser mais indicativos que diretivos. Os salários e preços seriam mais flexíveis em vez

240 | Os russos

de serem fixos e tabelados como antes. *Joint ventures* com empresas estrangeiras foram criadas (inicialmente com capital soviético majoritário).

Um grande ponto simbólico da vitória da ala liberal sobre a conservadora na fase de transição e discussão de 1988 foi a Lei das Cooperativas, de 26 de maio de 1988. Ela ainda não permitia empresas completamente privadas, mas admitia a abertura de sociedades com pelo menos três sócios para atuar como uma cooperativa, com direito a temporariamente contratar mão de obra alheia. Teoricamente, era uma propriedade "social" (apesar de não estatal), pois era formalmente uma cooperativa, mas, na prática, derivariam posteriormente para verdadeiras empresas privadas, com dois sócios "testas de ferro" e apenas um verdadeiro dono do negócio. Às cooperativas era permitido vender produtos por preços de mercado, diferentemente dos tabelados nas lojas estatais, o que levaria algumas delas a serem acusadas de fazer especulação com produtos e preços.

Pelo lado político, o ponto de viragem ocorreu em março de 1989. Nas eleições para o Congresso de Deputados do Povo, foram permitidos candidatos independentes que não pertenciam ao Partido Comunista da União Soviética e defendiam diferentes plataformas. Os candidatos do PCUS foram maioria no novo Congresso, mas, pela primeira vez, havia uma bancada de oposição, formada por figuras como o físico dissidente Andrei Sakharov e (um pouco depois) Boris Yeltsin, que abandonaria o PCUS para passar à oposição. O grupo oposicionista dentro do Congresso chamava-se Grupo Interdistrital de Deputados. Reunia os futuros *democratas*, isto é, aqueles que dentro em pouco estariam pregando o fim do monopartidarismo e a instalação de uma democracia multipartidária no país. Os futuros democratas passariam, inclusive, a defender uma economia de mercado não socialista. Ou seja, o capitalismo – mesmo que tal palavra ainda não fosse pronunciada.

Como tudo o que acontecia na URSS afetava o bloco comunista inteiro, o novo clima chegou à Alemanha. Em novembro de 1989, caiu o muro de Berlim. Foi o fim da separação da cidade. E do país. A simbólica queda tornou-se o marco do fim da Guerra Fria.

Internamente, porém, os problemas prosseguiam. Os resultados econômicos dessa fase da economia de mercado também não foram bons. Em meados de 1990, o país entrou em um período mais caótico, que podemos classificar de "fase da desintegração e restauração capitalista". Em 13 de março de 1990 é extinto o monopartidarismo e imediatamente ocorre uma proliferação de partidos de todos os tipos, muitos de oposição. A luta política se torna aberta e as expressões "capitalismo" ou "retorno ao capitalismo" já são ditas em voz alta pelos oposicionistas. A lei

A história do poder na Rússia/União Soviética retratada na tradicional matrioshka desde Ivan, o Terrível, até Boris Yeltsin, passando por Pedro, Catarina, Nicolau II, Lenin, Stalin, Khrushchev, Brezhnev e Gorbachev.

"Sobre os Princípios Gerais das Empresas Privadas na URSS", de 12 de abril de 1991, formaliza a existência jurídica legal das empresas completamente privadas no país (que, na prática, já existiam nas frestas da legalidade desde a Lei das Cooperativas de maio de 1988).

Concomitantemente, explodem uma série de conflitos interétnicos (armênios *vs.* azerbaijanos por Nagorno-karabakh, uzbeques contra meskhes em Fergana) e movimentos separatistas (como nas repúblicas bálticas). Essa efervescência política aumentou ainda mais a sensível crise econômica, pois muitas vezes interrompia o fluxo de suprimentos normal para as regiões envolvidas. As demandas separatistas e independentistas em algumas repúblicas da URSS fazem com que Gorbachev se disponha, em 1991, a renegociar o tratado da União, de modo a suavizar o controle do centro sobre as repúblicas e até permitir eventuais secessões. Nas vésperas da assinatura do novo tratado da União, um grupo de membros descontentes do governo (incluindo o vice-presidente, o chefe da KGB, o ministro do Exército e o presidente do Parlamento) tenta dar um golpe de Estado em Gorbachev, que é mantido em prisão domiciliar. Por três dias (19 a 21 agosto), o futuro da URSS é mantido no ar. O mundo acompanha de perto o futuro da superpotência.

O então presidente da República da Rússia, Boris Yeltsin, comanda a resistência aos golpistas. Quando a resistência é bem-sucedida, Gorbachev volta ao poder central, mas toda a autoridade agora está com Yeltsin, herói da defesa. Todo o segundo semestre de 1991 é dedicado a negociações de como encaminhar o fim da URSS e a independência de suas repúblicas constitutivas. Finalmente, após muitos contratempos, em 21 de dezembro de 1991, 11 das 15 repúblicas assinam a criação da CEI (Comunidade dos Estados Independentes), que pretendia ser uma espécie de "mercado comum" das ex-repúblicas soviéticas que se tornariam agora países politicamente independentes. Em 26 de dezembro, a extinção da URSS é oficialmente votada por membros do parlamento soviético. Um dia antes, Gorbachev havia renunciado.

Toda a época histórica iniciada pela Revolução Socialista de 1917 chegava ao fim.

A BOCA ABERTA

Um dos lugares-comuns da teoria do totalitarismo era que na URSS o Estado englobava e controlava toda a vida social e não havia uma verdadeira sociedade civil no país. Entretanto, se isso era verdade, como explicar que, uma vez começada a Perestoica, uma verdadeira avalanche de clubes de discussão, frentes populares, movimentos por direitos dos mais diversos tipos viesse à luz? Na verdade, mesmo durante o regime comunista pós-Stalin (além do "último bunker" do lar como refúgio para "pensamentos perigosos"), havia uma série de entidades, como clubes de filatelistas, associações esportivas e culturais, trupes artísticas, grupos informais de discussão etc., em que o pensamento mais crítico e menos oficialesco era exercido por detrás de outras roupagens.

Bastou tirar a tampa da panela de pressão e esses embriões do livre-pensamento vieram à tona com uma força avassaladora. Inicialmente (lembrando um pouco a Revolução Francesa), proliferou uma série de clubes e grupos de discussão. A partir do segundo ano da Perestroica, esses *neformal'nye* ("os informais", grupos informais) foram se consolidando em entidades mais estabelecidas como as associações. No campo étnico surgiram as chamadas *frentes nacionais* ou *frentes populares*, que, em cada república soviética, iriam lutar pelos direitos de suas nacionalidades. A abertura da *glasnost'* de Gorbachev para que as pessoas pudessem debater os assuntos livremente, sem censura estatal, propiciou um fervilhar de discussões não apenas nos setores intelectuais, mas entre o próprio povo. Vários *speakers' corners* (o lugar no Hyde Park, em Londres, onde pessoas na rua se reúnem para discutir quaisquer assuntos e qualquer um pode discursar para os outros) surgiram na cidade de Moscou. Em 1989, um dos *speakers' corners* mais concorridos era ao lado do famoso estádio olímpico Luzhniki, o maior estádio da Rússia. As pessoas se reuniam lá e, em uma série de pequenos grupos, ficavam discutindo política e questões filosóficas horas a fio. Na época, eu estudava na cidade e adorava ficar ouvindo e observando o reavivar tão ativo do livre-pensamento no país.

Mas não se deve pensar que tudo eram flores naquele momento em que os cidadãos conquistavam o direito de falar abertamente. A liberdade política melhorara, mas a cada ano da Perestroica a economia piorava com as constantes reorganizações no sistema produtivo sem um rumo definido. Os soviéticos passaram a conviver com a inflação e com salários baixos. A inflação era o efeito colateral da liberação – ainda que parcial – dos preços. E como as empresas tinham mais liberdade para decidir os salários, alguns empregados percebiam que o que recebiam deixou de ser suficiente.

Em 1989, havia uma situação paradoxal. Gorbachev era imensamente popular no exterior, mas impopular entre a maioria da população russa, que reclamava das dificuldades econômicas trazidas com a Perestroica e não valorizava suficientemente as novas liberdades políticas adquiridas. "Gorbachev fala muito e faz pouco", ouvia-se nas ruas. De certa forma, Gorbachev lembra um pouco o ex-presidente José Sarney. Como Sarney durante o plano Cruzado, Gorbachev foi muito popular nos dois primeiros anos da Perestroica, em que introduziu novidades políticas animadoras, mas sua popularidade nos últimos anos caiu como a de Sarney depois do fracasso do plano Cruzado.

ANTIGOS HERÓIS CAEM NAS RUAS E NOS LIVROS

A época da Perestroica e a década de 1990 reviraram a Rússia de maneira avassaladora. O que era direita virou esquerda, o que estava em cima ficou embaixo. O socialismo saiu do poder. Entrou o capitalismo. Mas as transformações não foram apenas econômicas. Na frente ideológica e cultural uma guerra foi travada entre os dois lados. Muitas estátuas de Stalin e algumas de Lenin foram colocadas abaixo em várias cidades. Em Moscou a estátua de Felix Derzhinskii, o criador da primeira polícia política, foi derrubada pelo povo em 1991 na praça Lubyanka, onde ficava a sede da KGB. Uma verdadeira batalha pela mudança de nomes de ruas e cidades se seguiu na virada dos anos 1980 para 1990. Um movimento pela restauração dos nomes pré-revolucionários sacudiu o país. A cidade de Leningrado voltou a ser São Petersburgo. Sverdlov, onde a família do último czar foi assassinada e cujo nome soviético homenageava Yakov Sverdlov, o líder soviético que supostamente chefiara a execução da família real, voltou a se chamar Yakaterinburg. A Avenida Marx, bem no centro de Moscou (a correspondente da "Avenida Rio Branco" carioca ou "Avenida Paulista" de São Paulo) foi desmembrada em três partes que voltaram a ter seus nomes pré-revolucionários: rua Musgo, Travessa da Caça e Passagem Teatral. A estação de metrô Karl Marx voltou a ser Travessa da Caça.

Sobrou até para o escritor Máximo Gorki. A Avenida Gorki, uma das principais ruas para fazer compras de Moscou e que passa por bairros distantes até desaguar diretamente na Praça Vermelha, voltou a ter o nome pré-revolucionário de Tverskaya.

Em várias cidades russas mudanças análogas foram realizadas. Mas essas alterações não foram consensuais. Uma parte da população (especialmente a mais idosa) ficou descontente, pois já estava acostumada aos nomes. Após o furor inicial no início dos anos 1990, o ímpeto diminuiu. Tanto que, quando renomearam em 1998, em Moscou, a tradicional rua Grande Comunista em rua Aleksandr Solzhenitsyn (escritor que morrera naquele ano), os moradores se levantaram em protesto devido aos problemas burocráticos que isso acarretava. Igualmente houve protestos em 2009 quando o governador Nikita Belykh quis renomear sua cidade Kirov (em homenagem ao líder soviético de Leningrado, Sergei Kirov, assassinado nos anos 1930) com o pré-revolucionário Vyatka. A cidade manteve-se Kirov, mas a rua ficou com o nome do escritor mesmo.

Os cidadãos comuns não tiveram voz, não puderam dizer se concordavam ou não com as mudanças. Assim como os bolcheviques não consultaram previamente a população para fazer sua revolução de 1917 (e renomear posteriormente as ruas para nomes revolucionários!), os membros do movimento pela renomeação (na verdade volta dos nomes antigos pré-revolucionários) em 1991 defendiam que a volta dos nomes deveria ser feita "por cima" ou nunca seria realizada devido aos impedimentos burocráticos ou à divisão na própria sociedade.

O mausoléu de Lenin na Praça Vermelha (onde o corpo do chefe de Estado jaz embalsamado para visitação pública), um dos maiores símbolos da Revolução Bolchevique bem no centro de Moscou, já sofreu várias tentativas de remoção, mas continua lá.

A luta ideológica se manifestou na década de 1990, já sob o nascente capitalismo, também na esfera dos feriados públicos. Num verdadeiro laboratório do que os historiadores Eric Hobsbawm e Terence Ranger chamaram de *invenção de tradições*, feriados foram criados para substituir os da era soviética. O Dia do Trabalho, em 1º de maio (que tinha o nome oficial de Dia da Solidariedade Internacional dos Trabalhadores, nos tempos soviéticos), foi mudado para o nome menos revolucionário de Festa da Primavera e Trabalho.

Uma das estátuas de Lenin que resistiriam ao fim do comunismo.

Mas a principal ocorrência atingiu o mais famoso feriado, de 7 de novembro. Ele corresponde, pelo calendário atual (gregoriano), a 25 de outubro do calendário antigo (juliano). Foi o dia em que os bolcheviques tomaram o poder na chamada Revolução de Outubro. Houve tentativas de eliminação do feriado tão logo a nova Rússia capitalista passou a existir: sem sucesso. Assim, a solução foi mudar o nome de Dia da Grande Revolução de 1917 para dia Dia de Concórdia e Reconciliação. A ideia era que as energias do feriado fossem canalizadas para um clima de reconciliação entre os antigos vermelhos e brancos (comunistas e não comunistas), mas ao longo da década de 1990 e início de 2000, os comunistas continuaram fazendo suas passeatas celebrando a Revolução de Outubro.

Finalmente, em dezembro de 2004, a *duma* aprovou uma lei eliminando o feriado. Para substituí-lo foi criado no mesmo ano um feriado em 4 de novembro, chamado

Dia da Unidade do Povo, para marcar a data da libertação de Moscou e da Rússia da invasão polonesa de 1612. A ideia é a mesma do feriado anterior: tentar uma unidade popular numa nação ainda dividida. Mas os comunistas boicotam esse novo feriado e continuam a fazer suas paradas no 7 de novembro. Esse sincretismo ideológico (utilização de um feriado para outros sentidos) relembra o sincretismo religioso dos escravos negros brasileiros, que, aparentemente adorando os santos católicos, estavam na verdade adorando os orixás de suas religiões africanas!

Outro feriado importante criado nos anos 1990 foi o de 12 de junho, hoje chamado de Dia da Rússia. Originalmente era chamado de Dia da Independência da Rússia, por ter sido o dia em que a Rússia, ainda república soviética, declarou sua autonomia da URSS. Mas o nome de Dia da Independência causou muita confusão entre os russos, muitos dos quais nunca consideraram a Rússia como "dependente" ou "colônia" de algum outro país. Mesmo com o novo nome, as pesquisas de opinião indicam que o feriado não conseguiu enraizar sua suposta importância na consciência popular. Tudo isso faz com que o velho e bom Ano-Novo continue, como nos tempos da URSS, o feriado mais importante e popular entre os russos.

A batalha da memória foi especialmente importante nos livros de História na década de 1990. Assim que caiu a União Soviética, o novo governo russo considerou que os antigos livros, com sua glorificação da URSS e do socialismo e sua condenação do capitalismo, não serviam para a nova Rússia. Mas não era fácil substituir todos aqueles manuais de uma hora para outra. Assim, por algum tempo muitos professores usavam outros materiais no lugar de livros. Os novos livros, lançados em meados da década, não pouparam críticas ao período da URSS. Essa tendência permaneceu por todo o governo Yeltsin. Com a ascensão de Putin (um ex-espião da KGB) nos anos 2000, houve uma leve correção do pêndulo. Putin propôs novos livros-textos em que o período soviético não fosse visto apenas em cores negativas, e sim também em seus aspectos positivos. O resultado foi o lançamento de novos livros didáticos que narravam a história da pátria em cores mais animadoras e o período soviético não como negativo, mas contraditório. O grande exemplo foi um novo manual encomendado diretamente pela presidência em 2007 e intitulado *História contemporânea da Rússia, 1945-2006 – manual para professores*. Nele a visão negativa soviética do período pré-revolucionário e a visão negativa pós-soviética da URSS são substituídas por uma narrativa que enfatiza as continuidades patrióticas, tanto entre o período pré-revolucionário e o período soviético quanto entre o período soviético e pós-soviético. Uma nova tentativa de síntese entre brancos e vermelhos.

A história deu muitas voltas na Rússia. E os livros de História acompanharam essa dança.

OS RUSSOS EMBARCAM NO CAPITALISMO

A URSS chegou ao fim em dezembro de 1991. A antiga superpotência deu lugar a 15 países independentes. Assim, a partir de agora voltamos a falar em *russos* não mais em *soviéticos*. Os primeiros meses de 1992 foram um choque para a população. Por decisão do presidente Yeltsin, o tabelamento de preços praticamente acabou a partir de 1º de janeiro. Agora valia a lei da oferta e da procura. Assim, os russos viram em pouquíssimo tempo preços subindo velozmente. Alguns chegaram a triplicar, quadruplicar. A estratégia de "terapia de choque" (isto é, ser realizada rapidamente para a que a dor seja grande no início, mas que não dure muito depois) foi adotada também no programa de privatização em massa das empresas estatais no país.

Foi o maior programa de privatização da história da humanidade, pois no período soviético praticamente todas as empresas eram estatais, desde as mais gigantescas até as pequenas quitandas e bares. O processo começou ainda na época da Perestroica, mas acelerou muito nos anos 1990. A estratégia era privatizar rapidamente de modo a criar um fato consumado e evitar retrocessos devido a dificuldades políticas com a oposição comunista ortodoxa (os chamados democratas, defensores do capitalismo e do multipartidarismo, já dominavam o Parlamento, apoiando Yeltsin).

A privatização em massa das ex-estatais soviéticas foi realizada em duas etapas. Na fase preparatória, de 1992 a 1994, havia elementos democratizantes no processo. Por um lado foi realizada uma distribuição preferencial de ações: ofereceu-se aos trabalhadores e administração das empresas a possibilidade de adquirirem parte substancial das ações a preços relativamente módicos. Por outro lado, houve a chamada "privatização por cupons". Cada cidadão russo tinha direito a obter de graça cupons ("certificados populares de privatização") no valor de 10 mil rublos (equivalentes a US$ 40 ou dois meses de salário médio do trabalhador de então), que poderiam posteriormente ser trocados por ações de empresas estatais. Na segunda etapa da privatização, a partir de 1994, todas as vendas de ações passariam a ser feitas por compra e venda normal de mercado.

Os elementos mais democráticos da primeira fase acabaram sendo diluídos, ou "engolidos", pela privatização mais selvagem da segunda fase, em que muitas das empresas de grande valor acabaram vendidas. Na primeira fase, muitos russos empobrecidos venderam seus cupons de privatização a especuladores que os acumulavam para adquirir maiores blocos de ações de companhias. E a distribuição preferencial de ações muitas vezes ajudava mais os antigos administradores das companhias do que o coletivo de trabalhadores.

Na segunda fase, ficou consolidado um processo de concentração de capital em um grupo de cerca de uma dezena dos chamados "oligarcas". Eram pessoas influentes próximas ao centro do poder de Yeltsin e que, por isso, arrebataram, com ajuda de empréstimos de bancos, as grandes empresas do país, especialmente no setor de energia. Os "oligarcas" (como Boris Berezovski, Mikhail Khodorkovski, Vladimir Gusinski e Vladimir Potanin) formaram uma plutocracia que influenciava o governo Yeltsin, seja fornecendo-lhe empréstimos, seja participando diretamente como ministros e membros do governo.

O ritmo excessivamente rápido das privatizações e da passagem à economia de mercado levou a uma disparada inflacionária dos preços e a um aumento rápido na desigualdade de renda e no nível da pobreza no país. A terapia de choque se revelou excessivamente dolorosa em seu estágio inicial e isolou politicamente o presidente. No Parlamento, não apenas a (ainda numerosa) bancada comunista voltou-se contra Yeltsin devido aos custos sociais da transformação. Vários dos democratas, que haviam apoiado Yeltsin em sua implantação do multipartidarismo na Rússia, rebelaram-se contra a forma como a (re)entrada no capitalismo ocorreu. Eles defendiam uma transformação mais gradual e cautelosa. O resultado foi o confronto direto. Yeltsin ordena a dissolução do Parlamento que, por sua vez, decreta o *impeachment* do presidente. Em outubro de 1993, Yeltsin bombardeia o prédio do Parlamento acabando com a resistência de seus opositores lá baseados.

Em dezembro de 1993, foram realizadas eleições para um novo Parlamento, agora sob uma nova Constituição redigida a mando de Yeltsin por uma comissão de notáveis. Essa Constituição dava poderes fortes ao presidente. Ironicamente, o partido mais votado foi o comandado pelo neofascista Vladimir Zhirinovski. Em segundo lugar ficou o partido que apoiava Yeltsin e em terceiro o Partido Comunista da Federação Russa (PCFR). Uma segunda eleição parlamentar em dezembro de 1995 teve como partido mais votado o PCFR. Estava montado o cenário para o grande confronto, na eleição presidencial de 1996, entre Yeltsin e o chefe do partido comunista, Gennadi Zyuganov. Essas duas eleições quase seguidas ocorreram porque houve muitas perturbações em 1993 e ficou acordado que se elegeria logo um parlamento de emergência com mandato de apenas dois anos para executar as tarefas imediatas de transição para o novo sistema e, de 1995 em diante, haveria parlamentos normais de quatro anos.

Yeltsin tinha contra si o fator da crise econômica. De 1992 a 1998, todos os anos (com apenas uma exceção) foram de crescimento negativo da economia. (Veja a tabela.) Para se ter uma ideia da imensa crise da década, basta dizer que o Produto Interno Bruto da Rússia caiu mais do que o dos EUA na época da Grande Depressão dos anos 1930.

TABELA: TAXA DE CRESCIMENTO ECONÔMICO ANUAL DA FEDERAÇÃO RUSSA, 1992-2010
(PERCENTAGEM DE CRESCIMENTO ANUAL DO PRODUTO INTERNO BRUTO)

Ano	1992	1993	1994	1995	1996	1997	1998	1999	2000	2001
%	-19	-8,7	-12,7	-4,1	-3,5	0,8	-4,6	5,4	9,0	5,0
Ano	2002	2003	2004	2005	2006	2007	2008	2009	2010	
%	4,7	7,3	7,2	6,4	6,7	8,1	5,5	-7,8	4,0	

Fontes: *Rosstat* ["Serviço Federal de Estatística do Estado"] e *Economist Intelligence Unit - Country Report*, diversos anos.

Por outro lado, o comunista Zyuganov tinha contra si não apenas os democratas e aliados no Parlamento, mas também o grande poder financeiro dos "oligarcas", que se juntaram organizadamente para apoiar Yeltsin.

Foi uma batalha titânica. Yeltsin, fragilizado pela crise econômica e pela desastrada guerra com a província separatista da Chechênia, iniciada em dezembro de 1994, colocou a eleição como um plebiscito: queriam os russos a volta do comunismo ditatorial? Com a ajuda maciça dos oligarcas russos, que lhe financiaram uma milionária campanha eleitoral, Yeltsin venceu Zyuganov no segundo turno da eleição presidencial de 1996.

OS OLIGARCAS COBRAM SEU PREÇO

Depois de eleito, Yeltsin recompensou os "oligarcas": eles tiveram prioridade em várias das privatizações e vendas de empresas ainda por realizar e alguns (como Berezovski e Potanin) se tornaram membros diretos do governo. Entretanto, o clima de promiscuidade com a plutocracia e de especulação financeira com ativos do governo explodiu na crise financeira de agosto de 1998. O rublo despencou e a Rússia teve de declarar moratória. Foi o fundo do poço da longa crise econômica que perdurou no país na década de 1990.

Primeiro presidente da Rússia pós-soviética, Boris Yeltsin governou o país no início da turbulenta transição para o capitalismo nos anos 1990.

Por pressão de parlamentares, um desacreditado Yeltsin foi obrigado a aceitar a nomeação de um ex-comunista como primeiro-ministro: Evgeni Primakov. Primakov mudou a política econômica ao priorizar o setor produtivo e regular mais firmemente as atividades de bancos e empresas de finanças. Pouco a pouco, a economia começou a entrar nos eixos, ajudada até pela falência de vários bancos e organizações que viviam da especulação financeira.

A crescente popularidade de Primakov levou Yeltsin a removê-lo em 12 de maio de 1999. Depois de duas tentativas malsucedidas de primeiro-ministro, Yeltsin propôs Vladimir Putin, o chefe da FSB (o serviço de segurança do país, sucessor da KGB soviética), como primeiro-ministro do país em agosto de 1999. Desconhecido na política eleitoral até então, Putin seria a grande figura da Rússia nos anos 2000.

SÉCULO XXI: A VOLTA DA POTÊNCIA?

No último dia de 1999, Yeltsin renunciou em favor de seu primeiro-ministro, Vladimir Putin. O presidente em exercício venceria sucessiva e facilmente as eleições presidenciais de março de 2000 e março de 2004. Impedido pela legislação eleitoral de ter mais de dois mandatos presidenciais consecutivos, Putin elegeu o aliado Dmitri Medvedev como seu sucessor na eleição presidencial de março de 2008 e continuou no poder como primeiro-ministro. A Rússia não tem um regime presidencialista, e sim semipresidencialista (como a França). No semipresidencialismo, há um presidente e um primeiro-ministro e ambos têm poderes diferenciados, mas equivalentes em termos de importância. O presidente é responsável pelas relações exteriores e pelas forças armadas (a segurança do país) e o primeiro-ministro é responsável pelas políticas internas (economia, administração burocrática etc.). Por isso, seja como presidente seja como primeiro-ministro, Putin pôde se manter no centro do poder por todo este tempo.

Os anos 1990 formaram a era Yeltsin; os anos 2000, a era Putin. E essas duas épocas tiveram dinâmicas bem diferentes, opostas mesmo. A economia na época Yeltsin foi catastrófica, mas na política houve relativa liberalidade. Após o grande controle monopartidário durante a existência da URSS, nos anos 1990 os russos puderam se agrupar em partidos políticos dos mais diversos, os pontos de vista podiam ser expressos livremente e jornais de oposição podiam fazer críticas ao governo. Já a era Putin teve dinâmica oposta. Após o fundo do poço da crise financeira de agosto de 1998, a Rússia teve alto crescimento econômico por praticamente toda a década de 2000, com exceção do ano de crise de 2009 (ver a tabela "Taxa de crescimento econômico anual da Federação Russa, 1992-2010", p. 249). Por outro lado, o governo de Putin, um ex-espião da KGB, foi marcado por iniciativas autoritárias no campo político (como a eliminação das eleições diretas para governadores regionais e pressão contra oposicionistas). No campo das relações internacionais, a dinâmica também foi diferente. Yeltsin manteve uma política externa mais alinhada com o Ocidente. Putin, com uma Rússia já em boa parte recuperada economicamente, partiu para uma postura mais assertiva na esfera mundial, inclusive batendo ocasionalmente de frente com os EUA em questões pontuais. O urso russo saiu da hibernação mundial dos anos 1990 para uma renovada atividade nos anos 2000.

Como se processou essa mudança?

Isso tem muito a ver com o caráter e contexto de formação de Putin. Yeltsin, ao se ver isolado e impopular, procurou apresentar ao país um primeiro-ministro durão, capaz de "pôr ordem na casa". Ninguém melhor que o chefe dos serviços de segurança para isso. E Putin correspondeu à imagem. Quando eclodiu a segunda guerra da Chechênia, no final de 1999, causada por atentados terroristas a bomba na Rússia, Putin foi muito mais eficiente no término rápido do conflito do que quando da desastrada primeira guerra da Chechênia de 1995-1996. Isso gerou nos russos a imagem de Putin como um homem eficiente.

Mas o segredo da grande popularidade de Putin está na economia. Depois da grande recessão dos anos 1990, a Rússia começa a ter um contínuo *alto* crescimento econômico praticamente ao longo de toda a década seguinte. Ao russo comum parecia que Putin entrou e resolveu o problema. Mas há mais razões para a verdadeira adoração que Putin passaria a receber. Exatamente quando ele chegou ao poder, os preços do petróleo começaram a disparar no mercado mundial. Como a Rússia é um dos maiores produtores e exportadores de petróleo do mundo, isso levou a um aumento exponencial das rendas russas. Essa renda extra serviu para, entre outras coisas, colocar em dia todos os salários e aposentadorias estatais que viviam permanentemente em atraso. Sob Yeltsin era comum salários e aposentadorias estatais terem atrasos de vários meses. Com menos de um ano de Putin no poder esse problema estava resolvido. Não era apenas um caso do tipo "a economia vai bem, mas o povo vai mal": a melhoria macroeconômica se refletiu diretamente no bolso dos cidadãos. O nível de pobreza na Rússia, que atingira um pico de 41,5% da população em 1999 sob Yeltsin, despencou para 19,6% já em 2002 e para menos de 15% em 2007. O índice do salário real médio da população, medido em dólares, quadruplicou do início da década de 2000 até 2007. Em meados da primeira década do século XXI, Putin tinha virado um ídolo nacional devido a essa boa performance econômica. Deve-se notar

O capitalismo chega à Rússia. E com ele a propaganda de marcas
e produtos desconhecidos na União Soviética até então.
Na foto, um concerto de rock em São Petersburgo patrocinado pela Nescafé.

que a desigualdade de renda, entretanto, não diminuiu, mantendo-se mais ou menos no mesmo patamar do pico sob o governo Yeltsin de pouco mais de 0,40 na escala de Gini. Essa é uma das razões por que, depois dos EUA, a Rússia é o país com o maior número de bilionários do mundo. Os ricos ficaram bem mais ricos.

A ERA PUTIN

Alçado ao poder por Yeltsin, Putin logo tratou de desvincular sua imagem do antecessor. Na economia, crescimento. Na política interna e externa, jogo duro. Yeltsin dava grande autonomia aos governadores regionais (que criavam verdadeiros "feudos" em suas regiões) em troca de apoio em nível nacional. Isso levou a várias tendências fragmentadoras e centrífugas no país (o caso mais extremo das quais foi o separatismo da Chechênia). Putin recentralizou as rédeas do poder na Rússia. Como tinha maioria no Parlamento federal e na maior parte dos parlamentos regionais, anulou vários atos de governadores regionais e leis regionais que contrariavam a Constituição federal.

O presidente enfrentou dois atos de terroristas chechenos contra-atacando, o que resultou na morte de centenas de reféns. O primeiro caso, em 2002, foi no teatro Dubrovka, em Moscou. Para expulsar os terroristas, as forças especiais russas colocaram um gás venenoso no ar-condicionado do teatro. No total foram quase 200 mortos, quase todos por intoxicação. Dois anos depois, terroristas invadiram uma escola em Beslan, na Ossétia do Norte. Dessa vez, a intervenção ocasionou em mais de 300 mortos, sendo quase 200 crianças. Depois disso, Putin adotou novas leis que endureceram o sistema jurídico do país e tornaram o poder político cada vez mais centralizado. A mais radical das medidas foi a anulação das eleições diretas para governadores regionais: daquele momento em diante eles seriam nomeados pelo presidente. Críticos, como a organização Freedom House, acusavam Putin de ter, a partir de 2004, criado um verdadeiro Estado autoritário na Rússia em vez de uma democracia plena. Além disso, devido ao fato de Putin provir dos serviços secretos, teorias se formaram a respeito de alguns episódios tenebrosos mal esclarecidos. O fato de alguns jornalistas e críticos do presidente terem sido mortos de maneira um tanto suspeita alimentou tais especulações. Os casos mais extremos foram o da jornalista Anna Politkovskaya, crítica da política russa na Chechênia (morta a tiros por desconhecidos em 7 de outubro de 2006, exatamente no dia do aniversário de Putin), e do envenenamento por produto radioativo de Aleksandr Litvinenko (ex-espião russo exilado na Grã-Bretanha) em novembro do mesmo ano. Litvinenko acusava a FSB (Serviço Federal de Segurança, ex-KGB) da Rússia de estar por trás das explosões a bomba em três edifícios no país em setembro de 1999, em que morreram centenas de pessoas, e que foi a justificativa final da invasão da Chechênia por Putin naquele ano (dizia-se na época que os chechenos estavam por trás dos ataques).

No plano externo, Putin seguiu uma trilha de recuperação do prestígio internacional do país a partir da melhora econômica. Com o atentado terrorista de 11 de setembro de 2001 nos EUA, houve uma aproximação entre Putin e o presidente americano George W. Bush na luta comum contra o terrorismo. Entretanto, a partir de 2004, no segundo mandato presidencial dos dois, uma Rússia cada vez mais assertiva passou a bater de frente com os EUA a respeito de certas questões, como a expansão da aliança militar Otan em direção ao Leste Europeu e a proposta de um sistema antimíssil da Otan a ser instalado na Polônia e República Tcheca e voltado contra o Irã (na direção da Rússia). Procurando recuperar seu *status* tradicional de grande potência, a Rússia estava especialmente sensível a acontecimentos em sua tradicional esfera de influência: as ex-repúblicas soviéticas. Assim, os dois países estiveram em lados opostos durante as Revoluções Rosa e Laranja, respectivamente na Geórgia e Ucrânia, os confrontos de Ossétia do Sul e Geórgia, a questão do reconhecimento do Kosovo.

Depois de oito anos na presidência, Putin foi primeiro-ministro de seu sucessor, Dmitri Medvedev, por mais quatro. Em março de 2012 foi novamente eleito presidente. A legislação lá, como no Brasil, impede apenas um terceiro mandato consecutivo. Assim, após um intervalo como primeiro-ministro, Putin retorna ao posto presidencial. A era Putin na Rússia revela-se longa...

OS RUSSOS E O BRASIL

A Rússia e o Brasil são dois gigantes que historicamente nunca tiveram uma proximidade muito grande. O número de russos no Brasil ou de brasileiros na Rússia ou as interações entre cidadãos desses dois países não atingiram nível tão alto quanto o de nações como Itália, Portugal ou mesmo Japão. Para complicar, fatores políticos em vários momentos decisivos prejudicaram a relação entre a terra de Rui Barbosa e a de Dostoievski, como quando a Rússia era comunista e o Brasil capitalista ou quando a Rússia monárquica ficou na dúvida se reconhecia o novo Brasil republicano ou não. A história entre os dois países é formada por tentativas de aproximação por vezes movimentadas por indivíduos ou governos específicos.

Até o século XVIII, quando o Brasil era colônia zelosamente guardada por Portugal, as relações se limitavam à compra de produtos brasileiros pelos russos através de Portugal e da ocasional presença de marinheiros russos em navios estrangeiros que comerciavam aqui. Além disso, em 1803 uma esquadra russa em viagem científica de navegação ao redor do globo teve parada no Brasil. Nela participava o naturalista Georg Heinrich von Langsdorff, um alemão a serviço da corte russa que voltaria posteriormente ao Brasil como cônsul e teria impacto crucial no desenvolvimento inicial das relações políticas entre os dois países.

Em 1808, D. João VI fugiu dos avanços napoleônicos e instalou a Corte portuguesa no Brasil. Com isso, acordos comerciais foram estabelecidos para incrementar o comércio com a Rússia. Em 1813, Langsdorff veio ao Brasil como cônsul-geral da Rússia no país e ficou até 1830. Promoveu a famosa Expedição Langsdorff, uma série de viagens de exploração científica por 15 mil quilômetros no interior do país, entre 1824 e 1829, que trouxe uma contribuição valiosíssima em termos de estudos da flora e fauna e mapeamento de regiões inóspitas.

A independência do Brasil em 1822 representou um momento problemático na relação com a Rússia. Os czares eram ardorosos defensores do legitimismo e monarquismo e consideraram a tomada de poder por Pedro I um "golpe" contra a monarquia estabelecida portuguesa. Por isso, apenas em 1828 a Rússia reconheceu o novo

O cônsul-geral da Rússia no Brasil, Langsdorff, promoveu nos anos de 1820 uma famosa expedição científica que percorreu cerca de 15 mil quilômetros no interior do Brasil e produziu inúmeras obras, como o quadro acima.

país e, mesmo assim, porque tinha o intuito de fortalecer o princípio monárquico na América Latina, onde a região hispânica estava escolhendo formas republicanas de governo. Os dois países abririam representações diplomáticas no Rio de Janeiro e São Petersburgo. Capítulo curioso foi a verdadeira roda-viva em que se transformou a mudança constante de diplomatas brasileiros destacados para a Rússia. Como a capital São Petersburgo estava localizada muito ao norte, o frio intenso e a umidade da chamada "Veneza do Norte", cortada por dezenas de canais aquáticos, afugentavam os primeiros diplomatas brasileiros, que não conseguiam se aclimatar. Por outro lado, o calor brasileiro também colocava à prova a resistência dos diplomatas russos credenciados em nosso paraíso tropical. O enviado diplomático da Rússia, Pierre de Blak Poleff, foi declarado *persona non grata* na corte brasileira de D. João VI em 1817

Fotomontagem de 1889 reunindo os líderes de diversos países no mundo. Entre eles, o imperador D. Pedro II, à esquerda, e o czar Alexandre III.

por haver desabotoado a casaca para aliviar-se do calor em solenidade pública com a presença do rei! Ossos do ofício.

Mas o frio não afugentou D. Pedro II. Em 1876, ele visitou a Rússia em caráter não oficial e encontrou-se com o czar Alexandre II. Foi recebido como um rei sábio, pois era cientista e poliglota (conhecendo, inclusive, a língua russa). Recebeu título de Doutor *honoris causa* pela Universidade de São Vladimir de Kiev e foi recebido pela Academia de Ciências da Rússia.

A proclamação da República no Brasil, em 1889, deu uma esfriada nas relações com os czares russos, que temiam esse sistema de governo. Mas o outro lado responderia com o choque mais poderoso ainda. Em 1917, a Rússia não só derruba a monarquia, como se torna comunista. Demais para o republicano presidente brasileiro Venceslau Brás, que corta as relações diplomáticas com o agora vermelho gigante eslavo. Essas relações só foram restabelecidas em 1945, depois da aliança dos dois países na Segunda Guerra Mundial. Entretanto, com a eclosão da Guerra Fria, o general Dutra, presidente brasileiro, rompe novamente as relações com a URSS em 1947 (época em que coloca também os comunistas brasileiros na ilegalidade). As relações foram restabelecidas desta vez em 1961, quando João Goulart subiu ao poder no Brasil.

A ditadura militar brasileira de 1964 não rompeu as relações diplomáticas com a União Soviética. Ao contrário, até ampliou o intercâmbio comercial em algumas áreas: turbinas para a hidrelétrica de Sobradinho vieram da URSS e o café brasileiro tornou-se produto *best-seller* nos supermercados russos para ficarmos em dois exemplos. Como resultado, desde 1961 até hoje, sobrevivendo aos 20 anos da ditadura militar de 1964-1985, as relações diplomáticas com os russos permanecem intactas. Mas elas vêm se intensificando de forma muito lenta. O primeiro presidente brasileiro a visitar Moscou foi José Sarney em 1986.

Com a queda do comunismo em 1991, imaginava-se que a aproximação entre os dois países, agora ideologicamente bem mais próximos, deveria se intensificar. Entretanto, a grande depressão econômica que se abateu sobre a Rússia na abrupta passagem ao capitalismo e o próprio auge do neoliberalismo fizeram com que a Rússia se voltasse mais para o comércio com os países centrais que com as regiões periféricas, como o Brasil.

Esse relativo marasmo nos anos 1990 começou a se modificar com a decisão dos presidentes Fernando Henrique Cardoso e Boris Yeltsin, em 1997, de criar a Comissão Brasileiro-Russa de Alto Nível de Cooperação (CAN). Ela é presidida conjuntamente pelo primeiro-ministro russo e pelo vice-presidente brasileiro, o que lhe dá um poder político mais imediato nos altos escalões. A partir dela, diversos projetos conjuntos foram implementados.

Em 2002, Fernando Henrique Cardoso visitou a Rússia, ato que foi retribuído pelo então presidente russo Putin, que veio ao Brasil em 2004. No governo Lula, as visitas dos chefes de Estado e/ou governo se tornaram mais frequentes. Lula esteve na Rússia em 2005, 2006, 2009 e 2010. O presidente Medvedev esteve no Brasil em 2008 e 2010. No governo Lula, o comércio com a Rússia teve um impulso notável. Por exemplo, em 2004, quando Putin esteve no Brasil, o comércio entre os dois países (exportação + importação) era de cerca de US$ 2 bilhões e foi colocada a meta de no mínimo triplicar esse total. O número pulou para U$ 8 bilhões em 2008. Com a crise de 2009, o valor caiu para U$ 6 bilhões em 2010. Os principais itens exportados pelo Brasil para a Rússia são carnes de todos os tipos, açúcar, café, soja e outros produtos primários. As principais exportações da Rússia para o Brasil são produtos químicos (especialmente fertilizantes) e materiais siderúrgicos.

Entre os principais projetos de participação russa no Brasil estão os acordos para compartilhamento de tecnologia nuclear entre a Rosatom (Agência Federal de

Muito ligada à dança por causa do seu festival anual, Joinville abriga, desde 2000, a primeira Escola Bolshoi fora da Rússia.

Energia Atômica) russa e a CNEN (Comissão de Energia Nuclear) brasileira. Após o acidente mortal com o VLS (Veículo Lançador de Satélite) na base brasileira de Alcântara em 2003, estreitou-se a parceria com a Rússia, para que esta transfira *expertise* para a produção de líquido para esse tipo de foguete. Na visita do presidente Medvedev ao Brasil em 2008, acenou-se com a possibilidade da utilização, pelos brasileiros, do sistema de navegação global russo (GLONASS), concorrente do GPS americano. Importante destaque nessa esfera foi a colaboração russo-brasileira para levar o primeiro astronauta brasileiro ao espaço. Em 2006, no aniversário de 100 anos do voo de Santos Dumont com o 14 Bis, o coronel brasileiro Marcos Pontes tripulou a nave *Soyuz* e esteve hospedado na Estação Espacial Internacional por nove dias, realizando experiências científicas.

Na área comercial, a Petrobras e a Gasprom (a "Petrobras" russa de produção de gás natural) assinaram acordos para instalação de escritórios em ambos os países com vistas a realizar projetos conjuntos.

Na área cultural, a iniciativa mais interessante foi a abertura de uma escola filial do Balé Bolshoi em Joinville, Santa Catarina, em 2000. A escola cresceu e atualmente conta com mais de 300 alunos brasileiros e latino-americanos que estudam sob a metodologia e com participação de professores da Escola Coreográfica de Moscou, fundada em 1773. Essa é a primeira escola do Balé Bolshoi fora da Rússia. Como seu curso é de oito anos, em 2007 ocorreu a formatura de sua primeira turma de dança clássica. Muitos de seus ex-alunos já trabalham em corpos destacados de balé do Brasil e do exterior (inclusive na própria Rússia). Esse é um projeto de inclusão social, voltado para arrebanhar inclusive alunos pobres com potencial. Praticamente a totalidade dos alunos estuda de graça começando em idade infantil, com um turno do dia tendo aulas de dança e o outro turno na escola comum.

Em resumo, as relações e intercâmbios entre Brasil e Rússia estão aquém do potencial que poderiam ter, em vista de seus tamanhos e economias, mas apresentam tendências de aprofundamento.

OS IMIGRANTES RUSSOS NO BRASIL

O Brasil mostrou-se um destino interessante aos russos em quatro diferentes ocasiões no século xx.

Com o fim malsucedido da Revolução de 1905, que pretendia derrubar o czarismo na Rússia, uma onda de refugiados do país chegou ao Brasil. Na mesma ocasião, também vieram os chamados *starovery* ("Velhos Crentes"). Os Velhos Crentes são uma corrente dissidente ortodoxa que provém do cisma na Igreja Ortodoxa em relação às reformas introduzidas pelo patriarca Nikon nas décadas de 1650 e 1660, que visavam aproximar a Igreja russa das tradições originais da ortodoxia de Constantinopla e Grécia. Os Velhos Crentes foram aqueles que se recusaram a isso e continuaram com as maneiras antigas. Assim, uma onda de *starovery*, a maioria camponeses, migrou para o Brasil e se fixou como agricultores em diversos estados, como Paraná, Goiás e Mato Grosso.

Após a Revolução Comunista de 1917 na Rússia, e pela década seguinte, um grande número dos chamados russos brancos (aqueles que lutaram contra os comunistas vermelhos na guerra civil) se espalhou pelo mundo, inclusive no Brasil. Naquele

A Orquestra Sinfônica do Estado de São Paulo (Osesp) abriga em seus quadros diversos músicos russos, vindos para o Brasil após 1991.

momento, havia uma política de incentivo a imigração em São Paulo. Isso resultou em um aumento no número de russos no país todo. Foi registrada a entrada de 123.727 russos no Brasil entre 1919 e 1947.

Após o fim da Segunda Guerra Mundial, uma nova onda de refugiados chegou ao Brasil. Havia tanto soviéticos que, durante a guerra, estiveram no exterior, seja na Europa Ocidental, seja na Oriental, quanto opositores que lutaram contra os comunistas durante a ocupação das repúblicas soviéticas, e que não queriam retornar à URSS. Outro grupo era de emigrantes russos que estavam na China e que fugiram da Revolução Comunista Chinesa de 1949. Cerca de 25 mil russos chegaram ao Brasil entre 1949 e 1965.

A Igreja Ortodoxa Brasileira é ligada à Igreja Ortodoxa Russa
(na foto, Igreja de São Basílio na Praça Vermelha de Moscou).
As missas costumam ser celebradas em russo.

Por fim, após a desintegração da URSS em dezembro de 1991, muitos russos emigraram para o exterior para escapar da crise econômica que se abateu sobre a recém-criada Federação Russa. Essa onda foi formada, de maneira substancial, por russos de alto nível educacional em busca de melhores oportunidades no exterior (movimento que todo país teme e é conhecido como fuga de cérebros). Muitos professores universitários trouxeram sua *expertise* para universidades brasileiras, onde passaram a atuar como professores ou pesquisadores (na Universidade Estadual do Norte Fluminense – UENF, por exemplo, um grupo de pesquisadores se dedicou a um projeto para produzir diamantes artificiais a partir de material de cana-de-açúcar). Outra área de contribuição foi nas artes. Muitos artistas destacados emigraram para o Ocidente. No Brasil, um caso modelo foi a Osesp (Orquestra Sinfônica do Estado de São Paulo), que recebeu um grande número de músicos russos que ajudaram a abrilhantar esta companhia de ponta.

Atualmente temos, então, dois grandes grupos de imigrantes russos. Os urbanos, que se encontram nos grandes centros, especialmente São Paulo, Rio de Janeiro e Porto Alegre. E os agricultores, muitos deles Velhos Crentes, concentrados principalmente em Paraná, Goiás e Mato Grosso.

O que une a maioria desses russos é que quase todos são ligados, de uma maneira ou de outra, à Igreja Ortodoxa. Assim, templos foram construídos em várias cidades brasileiras (São Paulo, Rio de Janeiro, Niterói, Porto Alegre, Goiânia e Santa Rosa). A primeira igreja ortodoxa russa no Brasil foi erguida em 1912 no município de Campina das Missões, no Rio Grande do Sul. A primeira de São Paulo foi erigida em 1927, com uma catedral sendo inaugurada em 1939. Em 1935, chegou ao Brasil o primeiro bispo ortodoxo na América do Sul. Dois anos depois, ele consagrou a nova igreja da Santa Mártir Zenaide no Rio de Janeiro, localizada no bairro de Santa Teresa.

Inicialmente, a maioria dessas igrejas brasileiras não era ligada à Igreja Ortodoxa Russa (isto é, ao patriarcado de Moscou) e sim à Igreja Ortodoxa Russa no Exterior (como vimos, uma dissidência que foi criada após a tomada do poder na Rússia pelos comunistas e que só se reunificaria com o patriarcado de Moscou em 2007).

Como não existe uma Igreja Ortodoxa autocéfala (isto é, independente) no Brasil, essas igrejas brasileiras são ligadas à Igreja Ortodoxa Russa. Para seu funcionamento é preciso, então, providenciar a vinda de padres da Rússia, material escrito na língua russa etc. As igrejas ortodoxas em nosso país, com suas missas em russo e frequentadas basicamente por russos, são, assim, um microcosmo da Rússia em pleno Brasil.[1]

266 | Os russos

Calcula-se que cerca de 200 mil russos ou descendentes diretos de russos vivam no Brasil atualmente. Entre os brasileiros famosos de origem russa podemos contar Angélica, Danielle Winits, Isaac Karabtchevsky, Flora Purim, Samuel Wainer, José Lewgoy, Tatiana Belinky, entre outros.

PRESTES E A ATRAÇÃO DA VERMELHA URSS

Boa parte da esquerda brasileira, em especial os comunistas, via na União Soviética uma espécie de modelo ou esperança para um mundo socialmente mais justo. Isso ensejou a visita de muitos brasileiros de esquerda à Rússia para entender que país era aquele. Vários escreveram livros sobre suas impressões. O historiador Caio Prado Junior, após sua viagem em 1932, publicou *URSS: um novo mundo*. O jornalista, comunista desiludido, Osvaldo Peralva, que estivera na URSS entre 1953 e 1956 e cursara a escola de quadros do partido comunista em Moscou, narrou sua estada em *O retrato*.

Mas o grande nome representativo dos comunistas brasileiros que estiveram na URSS foi Luís Carlos Prestes. Ele talvez simbolize toda a força e contradições da relação de atração que a União Soviética exercia sobre esquerdistas brasileiros. Prestes era militar, e foi com uma disciplina militar que acompanhou a URSS em todos seus zigue-zagues. Seguiu a linha stalinista sob Stalin, a khrushchevista sob Khrushchev e a gorbachevista sob Gorbachev. Mas não vamos acusá-lo de "Maria vai com as outras". Era um homem dedicado à revolução e acreditava que a revolução mundial passava pela disciplina e unidade sob a URSS. Certo ou errado, era, de alma, um militar que comandava a tropa brasileira da revolução mundial capitaneada pela gigantesca União Soviética. Foi na qualidade de militar que conquistou fama nacional como "O Cavaleiro da Esperança", ao comandar a chamada Coluna Prestes, um ramo fugido do movimento tenentista por reformas no sistema social brasileiro, que em 1925-1927 percorreu 25 mil quilômetros pelo interior do Brasil escapando da perseguição governamental até embrenhar-se na Bolívia. Prestes ainda não era comunista na época, apenas um tenentista progressista que ansiava por reformas no Brasil.

Na Bolívia, vai se aproximando dos comunistas. Em 1931 viaja à URSS. Lá termina sua conversão definitiva. Conhece Olga Benário, que se tornaria sua companheira. Retorna ao Brasil em 1934 já como membro do partido comunista. Em 1935 é eleito presidente de honra da Aliança Nacional Libertadora (ANL), um movimento suprapartidário, liderado pelos comunistas, que luta por reformas sociais no Brasil. No mesmo ano ocorre a chamada Intentona Comunista em novembro, um levante de militares comunistas em quartéis de Natal, Recife e Rio de Janeiro. Tudo isso servirá de desculpa para Getúlio Vargas implantar o Estado Novo em 1937, com os comunistas na clandestinidade. Prestes sai com vida da prisão, mas Olga é deportada grávida para a Alemanha nazista. Com a redemocratização de 1945, ao final da Segunda Guerra Mundial, o Partido Comunista volta à ativa e Prestes é eleito senador, com a maior votação do país. Em 1947, com a eclosão da Guerra Fria, o presidente Dutra coloca os comunistas de novo na ilegalidade. Prestes, a esta altura já líder máximo do partido (foi secretário-geral de 1943 a 1980), viverá longos períodos na clandestinidade. Após a eclosão do golpe militar de 1964, Prestes, em 1971, voltará ao exílio na URSS. Em 1979, com a Anistia, retornará ao Brasil. Um racha no Partido Comunista do Brasil (PCB) o tirará da liderança e forçará sua saída do partido ao qual dedicara tantas décadas de vida. Morreu em 1990 fiel a suas ideias comunistas e ao ideal de um dia ver o Brasil socialista.

E OS RUSSOS, CONHECEM O BRASIL?

Neste capítulo sobre os russos no Brasil, é interessante também colocar o contraponto: o que os russos que nunca estiveram em nosso país conhecem do Brasil? Não, não vale tentar comparar com a pergunta na direção contrária – o que os brasileiros conhecem da Rússia? Por mais que o Brasil esteja mais visível internacionalmente nos últimos anos, a Rússia/URSS protagonizou os grandes eventos do século XX (as duas Guerras Mundiais, a própria Revolução) e foi o grande contraponto ao poderio crescente norte-americano. Além disso, nas artes e nos esportes o país também é destaque mundial. Enfim, vamos comparar o conhecimento dos russos sobre o Brasil com o conhecimento que um brasileiro médio tem de um dos nossos vizinhos. Por exemplo, a Bolívia. Em resumo, não muito.

Pois bem, se me concentro agora em minha experiência pessoal de muitos anos, tanto na URSS como na Federação Russa, o que me vêm à cabeça do que os russos mencionam, assim que você fala que é do Brasil, são as seguintes coisas:

- Carnaval, Copacabana, Rio de Janeiro. A cidade onde "todos andam de calças brancas", conforme a frase que virou clichê entre os russos após o romance satírico *O bezerro de ouro* (1931), de Ilya Ilf e Evgenii Petrov, no qual o protagonista, o vigarista Ostap Bender, sonhava em morar no Rio de Janeiro e tinha visões estereotipadas do local.
- Pelé, Garrincha e futebol, incluindo aí os craques mais em evidência dos últimos tempos, como Romário, Ronaldo, Ronaldinho, Kaká e outros "legionários", que é como os russos chamam os jogadores que atuam em clubes fora de seu próprio país.

- O café solúvel brasileiro, que por anos a fio, especialmente no período da União Soviética, foi o produto brasileiro mais notável nas prateleiras de seus supermercados.
- Jorge Amado (em especial seu romance *Capitães de areia*), pois foi membro do Partido Comunista Brasileiro e, por isso, tinha grandes edições na URSS. Atualmente, Paulo Coelho faz a cabeça dos fãs de autoajuda.
- A frase "Há muitos, muitos macacos selvagens nas florestas", que virou clichê na Rússia após o filme *Olá, sou sua tia!* (1975), de Viktor Titov. Nessa comédia, um vigarista, travestido, se faz passar por tia distante (viúva de um tal Dom Pedro no Brasil) em uma família milionária czarista. De suas descrições do Brasil, essa frase entrou no vocabulário popular e se mantém até hoje.
- As telenovelas brasileiras, que fazem grande sucesso entre as mulheres russas, perdendo apenas para as mexicanas. A grande pioneira nesta senda foi *A escrava Isaura*, com a atriz Lucélia Santos, que em 1988, na URSS em plena Perestroica, capturou a atenção do público russo (fazendo com que voltassem correndo para casa depois do trabalho ou estudo) para se encantar com as aventuras e desventuras daquela exótica escrava branca (!) naquele país mais exótico ainda.

NOTA

[1] Uma exceção é a igrejinha informalmente chamada "Igreja Ortodoxa Brasileira", situada na Ilha do Governador do Rio de Janeiro, onde o padre é brasileiro e a missa é celebrada em português.

CONCLUSÃO

A epopeia dos russos através da história é realmente fascinante e cheia de aspectos intricados. Em primeiro lugar, há a dificuldade de se definir quem são os russos ou os habitantes da Rússia devido ao princípio da nacionalidade segundo o *jus sanguinis* ("direito do sangue", isto é, pela nacionalidade dos pais) vigente naquele país. Estamos falando dos *russkie* (russos étnicos) ou dos *rossiyane* (qualquer pessoa nascida na Rússia e cidadão de lá)? Além disso, devido ao caráter de muitos séculos de existência desta civilização eslava, diversos tipos culturais de russos foram surgindo historicamente. O russo é basicamente europeu? É um tipo mais asiático? Uma mistura dos dois? Nenhum dos dois, e sim uma civilização única? Esse dilema identitário, que divide os próprios russos, confunde os observadores estrangeiros quando tentam lidar com esses *russkie/rossiyane*. Politicamente divididos, talvez a maior linha de fissura nesse campo foi aquela que separou os russos brancos (anticomunistas) dos vermelhos (comunistas) na guerra civil que se seguiu à Revolução de Outubro de 1917. Por décadas uma nação dividida visceralmente entre amor e ódio ao sistema socialista.

Essa fissura ainda não foi fechada. Apesar de a Rússia ser hoje indiscutivelmente capitalista, o maior partido de oposição (e que tinha sido o partido mais votado da Rússia nos anos 1990) é o Partido Comunista da Federação Russa (PCFR). Os russos continuam divididos sobre a experiência socialista que tiveram no século XX. As pesquisas de opinião e as votações eleitorais denotam essa divisão. Na segunda metade da década de 1990, o Partido Comunista era o mais votado de todos (mas sem conseguir maioria absoluta). Já nos anos 2000 o partido mais votado é o que apoia Putin, com os comunistas em segundo lugar.

E sobre as preferências entre socialismo e capitalismo? O Centro Levada, o instituto de pesquisa de opinião de mais prestígio no Ocidente por ser independente do governo, desde a década de 1990 realiza pesquisas anuais (intituladas *Obshchestvennoe Mnenie*) com a pergunta sobre a preferência entre socialismo ("sistema baseado na produção e distribuição estatal") e o capitalismo ("sistema baseado na propriedade privada e relações de mercado"), e em todos os anos o socialismo ganha maior percentagem de apoio que o capitalismo (em 2009 foi escolhido por 58% dos entrevistados; ver tabela). Isso mostra a divisão, ainda, entre vermelhos e brancos no país.

270 | Os russos

O que pensam os russos sobre socialismo *versus* capitalismo

O instituto de pesquisas de opinião Centro Levada, de Moscou, desde os anos 1990, realiza pesquisas anuais de opinião na Rússia sobre essa questão. Os resultados foram os seguintes.

"Que sistema econômico lhe parece melhor: o baseado no planejamento e distribuição pelo Estado [socialismo] ou aquele baseado na propriedade privada e relações de mercado [capitalismo]?"

Respostas em percentagem de respondentes que escolheram uma das duas:

	1997	1998	1999	2000	2001	2002	2003	2004	2005	2006	2007	2008	2009
soc.	43	50	48	48	56	-	56	53	51	55	54	51	58
cap.	40	34	34	37	30	-	34	34	36	31	29	31	28

"Que sistema político lhe parece melhor: o sistema soviético, o sistema atual ou a democracia do tipo que existe nos países ocidentais?"

Respostas em percentagem de respondentes que escolheram uma das três opções:

	1997	1998	1999	2000	2001	2002	2003	2004	2005	2006	2007	2008	2009
sist. sov.	45	43	-	45	-	-	48	41	42	39	35	24	38
sist. atual	10	5	-	13	-	-	18	19	23	27	27	36	25
dem. ocid.	26	32	-	29	-	-	22	24	20	19	19	15	18

Fonte: TSENTR, Levada. *Obshchestvennoe Mnenie 2009*. Moscou: Levada Tsentr, 2009, p. 31 e 42.

Há hoje, porém, uma tentativa de síntese dessas duas posições. Tanto Putin quanto – talvez de forma surpreendente – o líder do Partido Comunista da Federação Russa, Gennadi Zyuganov, pregam uma união de vermelhos e brancos no país, isto é, uma superação das divisões do passado, evitando demonizar tanto o período da União Soviética quanto o período czarista.

Notei essa mudança de mentalidade nos anos 2000 sob Putin em relação aos anos 1990 sob Yeltsin. Nos anos 1990, por exemplo, os canais nacionais de televisão (a maioria estatais) mostravam permanentemente programas defendendo o capitalismo e atacando o socialismo. Nos anos 2000, isso já não era tão claro e diversos programas e filmes do período soviético ou pós-soviéticos passaram a ser veiculados junto com os programas e filmes da nova geração capitalista. No próprio ambiente acadêmico, passou-se a examinar o passado de maneira menos maniqueísta.

Mas nem todos concordam com essa "síntese". Os liberais russos (hoje uma grande minoria na arena eleitoral) acusam a época Putin de ser, na verdade, totalitária, com Putin tentando arrebanhar vermelhos e brancos para seu projeto de capitalismo com um Estado regulador forte. E acusam o líder comunista Zyuganov de tentar fazer o mesmo, apenas na direção de um socialismo com elementos de mercado, mas baseado também em um forte Estado regulador.

Em termos históricos mais antigos, como descrevemos ao longo deste livro, a formação dos russos foi fortemente moldada por alguns grandes arquétipos, ou "tipos ideais", marcantes. Os já mencionados brancos e vermelhos representam uma luta ao mesmo tempo antiga e atual na alma política russa. Pelo lado cultural, eslavófilos, ocidentalistas e eurasianistas representam diferentes modos de "estar", ser e pensar no mundo que os rodeia. Há, ainda, a questão étnica: são quase cem nacionalidades diferentes (legitimadas pelo *jus sanguinis* vigente no país) que fazem com que na Rússia, russos (*rossiyane*) sejam mais que simplesmente russos (*russkie*), confundindo os estrangeiros.

Em suma, a pluralidade étnica, política e social dos russos entre si fervilha sob novas e renovadas formas. A Rússia e os russos continuam a surpreender o mundo. Depois de terem ditado os rumos da Europa com sua vitória sobre Napoleão e o Concerto de Viena no início do século XIX, de terem apontado os rumos e as divisões do mundo com a Revolução Socialista no início do século XX, para onde vão os russos neste começo do século XXI? O autor deste livro não tem uma resposta pronta para essa pergunta, mas espera ter fornecido elementos para ajudar os leitores a encontrar, eles mesmos, uma resposta para tais questões.

CRONOLOGIA

- Século VIII – Tribos eslavas orientais se consolidam na região do rio Dniepre.
- 862-863 – Os irmãos missionários gregos Cirilo e Metódio desenvolvem o alfabeto glagolítico, origem do alfabeto cirílico, que será usado futuramente pelos russos e vários outros povos eslavos.
- 882 – Oleg funda um Estado em Kiev (na atual Ucrânia).
- Séculos IX-XIII – Estado kievano (ou Rus'), uma confederação descentralizada de cidades-Estados com vassalagem ao Grande Príncipe de Kiev.
- 988 – Vladimir I se converte ao cristianismo e, com ele, o Estado kievano.
- Séculos XIII-XV (1243-1480) – domínio mongol ("jugo tártaro-mongol") sobre a Rússia.
- 1480 – Moscou, no reinado de Ivan III, o Grande, derrota os mongóis no confronto do rio Ugra, libertando definitivamente a Rússia do domínio mongol. Moscou passará a ser o centro do Estado russo.
- 1552 – O primeiro czar, Ivan IV, o Terrível, inicia a criação do Império Russo com a conquista do canado de Kazan.
- 1584-1613 – *Smuta*, ou "Período das Desordens", na Rússia entre a morte de Ivan, o Terrível, em 1584, e a eleição de Miguel Romanov como czar em 1613.
- 1613 – Miguel Romanov é proclamado czar, iniciando a dinastia Romanov, que duraria mais de 300 anos, até 1917.
- 1682-1725 – Reinado de Pedro I, o Grande, que realiza radicais reformas modernizantes e ocidentalizantes na Rússia.
- 1762-1796 – Reinado de Catarina II, a Grande, déspota esclarecida.

- 1812 – Invasão da Rússia por Napoleão.
- 1814-1815 – Rússia, em triunfo, derrota Napoleão e toma Paris.
- 1825 – Revolta Decembrista; luta em vão por monarquia constitucional.
- 1836 – Publicação da *Primeira carta filosófica*, de Pedro Chaadaev, detona um debate que dividirá a intelectualidade russa entre ocidentalistas e eslavófilos.
- 1853-1856 – Guerra da Crimeia, da Rússia contra Turquia (ajudada por Inglaterra e França), evidencia atraso técnico da Rússia em comparação com Europa Ocidental.
- 1861 – Emancipação dos servos por Alexandre ii, o Czar Libertador.
- 1898 – Fundação do Partido Operário Social-Democrata da Rússia (embrião do futuro Partido Comunista).
- 1903 – No ii Congresso do Partido Operário Social-Democrata da Rússia ocorre o racha do partido em duas alas: bolchevique e menchevique.
- 1904-1905 – Guerra Russo-Japonesa.
- 1905 – Revolução de 1905 é derrotada, mas força o czarismo a deixar de ser uma monarquia autocrática e aceitar, pela primeira vez, a existência de parlamento, constituição e partidos políticos legais.
- 1914-1918 – Primeira Guerra Mundial.
- Fevereiro de 1917 (pelo calendário juliano, então vigente na Rússia) – Revolução democrático-burguesa derruba o czarismo e implanta uma democracia multipartidária.
- 25 de outubro de 1917 (pelo calendário juliano, então vigente na Rússia; 7 de novembro pelo calendário gregoriano atual) – Revolução de Outubro (socialista) na Rússia liderada pelos bolcheviques.
- 1918-1921 – Guerra civil e comunismo de guerra.
- 1921-1928 – Período da nep (Nova Política Econômica), recuo temporário para elementos de mercado e capitalismo em pequena escala para executar a recuperação após a destruição ocorrida com a guerra civil.
- 30 de dezembro de 1922 – Data oficial de fundação da União das Repúblicas Socialistas Soviéticas (urss).
- 21 de janeiro de 1924 – Lenin morre.

Cronologia | 275

- 1928-1991– Período dos planos quinquenais, com estatização quase total da economia e planejamento centralizado.
- 22 de junho de 1941– Hitler invade a URSS.
- 1945 – Fim da Segunda Guerra Mundial, tendo como resultado a formação de um campo de países socialistas na Europa Oriental.
- 1948 – Rompimento entre Stalin e dirigente comunista iugoslavo Tito.
- 1949 – Explosão da primeira bomba atômica soviética e formação do Comecom, um acordo de integração econômica entre os países do campo socialista do Leste Europeu.
- 1956 – Khrushchev denuncia os crimes de Stalin em discurso no XX Congresso do Partido Comunista da União Soviética (PCUS).
- 4 de outubro de 1957 – Lançamento do Sputnik I, o primeiro satélite artificial, ao espaço.
- 12 de abril de 1961 – Astronauta russo Yuri Gagarin se torna o primeiro homem a ir ao espaço.
- 1963 – Crise dos mísseis em Cuba.
- 1972 – Líder soviético Brezhnev e presidente americano Nixon assinam acordo de desarmamento em Moscou.
- 1979 – União Soviética envia tropas ao Afeganistão.
- 1985 – Gorbachev se torna secretário-geral do Partido Comunista na URSS e inicia a Perestroica.
- 26 de abril de 1986 – Acidente atômico em Chernobyl.
- Abril de 1988 – Início da retirada das tropas soviéticas do Afeganistão.
- 26 de março de 1989 – Eleições para o Congresso de Deputados do Povo na URSS, as primeiras em que candidatos oposicionistas, não comunistas, são permitidos.
- 12 de junho de 1991 – Yeltsin é eleito para o recém-criado cargo de presidente da Rússia, no âmbito da URSS.
- 19 a 21 de agosto de 1991 – Tentativa de golpe de Estado contra Gorbachev.
- 8 de dezembro de 1991 – Assinatura, em Minsk, dos acordos de Belovezhski, pelos quais a Rússia, Ucrânia e Bielo-Rússia retiram-se unilateralmente

da URSS e formam uma nova comunidade para a qual convidam as outras repúblicas soviéticas.

- 21 de dezembro de 1991 – Em Alma Ata, no Cazaquistão, 11 das 15 repúblicas da URSS assinam oficialmente a criação da CEI (Comunidade dos Estados Independentes).

- 25 de dezembro de 1991 – Gorbachev renuncia como presidente da URSS.

- 2 de janeiro de 1992 – Liberação dos preços ao consumidor na Rússia.

- 4 de outubro de 1993 – Bombardeamento do parlamento russo por ordem do presidente Yeltsin, após disputa de meses entre o poder Executivo e o Legislativo.

- 12 de dezembro de 1993 – Eleições para o novo Parlamento russo e referendo sobre a nova Constituição.

- 12 de dezembro de 1994 – Tropas russas invadem a região rebelde da Chechênia.

- 17 de dezembro de 1995 – Eleições para o Parlamento russo, com os comunistas sendo os mais votados.

- 16 de junho de 1996 – Primeiro turno da eleição presidencial com os dois mais votados, sendo Yeltsin e o candidato comunista Zyuganov.

- 3 de julho de 1996 – Segundo turno da eleição presidencial com vitória de Yeltsin sobre Zyuganov

- Agosto de 1998 – Crise financeira russa.

- 16 de agosto de 1999 – Vladimir Putin se torna primeiro-ministro de Yeltsin.

- 31 de dezembro de 1999 – Yeltsin renuncia e Putin assume como presidente interino da Rússia.

- Março de 2000 – Putin vence a eleição presidencial no primeiro turno com 53% dos votos.

- Setembro de 2002 – Ataque terrorista por guerrilheiros chechenos ao teatro Dubrovka em Moscou deixa 130 reféns mortos. Após o ocorrido, são tomadas medidas que endurecem o sistema jurídico do país.

- Março de 2004 – Putin é reeleito no primeiro turno com 71% dos votos.

- 1º de setembro de 2004 – Ataque de terroristas chechenos à escola de Beslan deixa 330 mortos. Novas medidas endurecem ainda mais o sistema político russo, como o fim das eleições para governadores regionais.
- Março de 2008 – Dmitri Medvedev, anunciado como sucessor de Putin, ganha a eleição presidencial no primeiro turno.
- Agosto de 2008 – Guerra entre Rússia e Geórgia após a tentativa de Geórgia de retomar a região rebelde da Ossétia do Sul.
- 2009 – Seguindo a crise econômica mundial, a Rússia tem queda forte de seu Produto Interno Bruto (PIB), interrompendo a trajetória de crescimento econômico acelerado dos anos 2000 no país.
- 2010 – A Rússia inicia sua saída da crise econômica, com um crescimento positivo do PIB novamente.
- Março de 2012 – Putin volta ao cargo de presidente após vencer, no primeiro turno, eleição caracterizada pela suspeita de fraude.

BIBLIOGRAFIA

ACADEMIA DE CIÊNCIAS DA URSS. *Expedição Langsdorff ao Brasil, 1821*-1829: Rugendas, Taunay, Florence. Rio de Janeiro: Edições Alumbramento, 1998.

ALLIK, Júri et al. Personality Profiles and the "Russian Soul": Literary and Scholarly Views Evaluated. In: *Journal of Cross-Cultural Psychology*, v. 42, n. 3, p. 372-389, 2011.

BERLIN, Isaiah. *Pensadores russos*. São Paulo: Companhia das Letras, 1988.

BRENER, Jayme. *Leste europeu*: a revolução democrática. São Paulo: Atual, 1991.

BUENO, Marco Aurélio Scarpinella. *Círculos de influência*: a música na União Soviética, da Revolução Bolchevique às gerações pós-Shostakovitch. São Paulo: Algol, 2010.

BURKE, P. *Linguagens e comunidades nos primórdios da Europa Moderna*. Trad. Cristina Yamagami. São Paulo: Editora Unesp, 2010.

CAMPOS, Augusto de; CAMPOS, Haroldo de. *Poesia russa moderna*: nova antologia. São Paulo: Brasiliense, 1985.

CARR, Edward Hallet. *A Revolução Russa de Lenin a Stalin*. Rio de Janeiro: Zahar, 1981.

COELHO, Lauro Machado. *A ópera na Rússia*. São Paulo: Perspectiva, 2001.

DARMAROS, Marina. Escola de futebol quer atleta na Copa 2018. *Gazeta Russa*, 24 mar 2011. Disponível em: <http://gazetarussa.com.br/articles/2011/03/24/escola_de_futebol_quer_atleta_na_copa_2018_12176.html>. Acesso em: 17 nov. 2011.

_____. Iguais, mas só na superfície. *Gazeta Russa*, 29 jul 2011. Disponível em: <http://gazetarussa.com.br/articles/2011/07/29/iguais_mas_so_na_superficie_12483.html>. Acesso em: 21 nov. 2011.

DEUTSCHER, Isaac. *Trotski:* o profeta armado, 1879-1921. Rio de Janeiro: Civilização Brasileira, 1984.

_____. *Trotski*: o profeta desarmado, 1921-1929. Rio de Janeiro: Civilização Brasileira, 1984.

_____. *Trotski*: o profeta banido, 1929-1940. Rio de Janeiro: Civilização Brasileira, 1984.

_____. *Stalin*: uma biografia política. Rio de Janeiro: Civilização Brasileira, 2006.

FERNANDES, Florestan. *Lenin*. São Paulo: Ática, 1989. (Coleção Grandes cientista sociais, v. 5).

FERNANDES, Luís. *URSS, ascensão e queda*: a economia política das relações da União Soviética com o mundo capitalista. São Paulo: Anita Garibaldi, 1992.

FERRO, Marc. *A Revolução Russa de 1917*. São Paulo: Perspectiva, 1974.

FIGES, Orlando. *A tragédia de um povo*: a Revolução Russa, 1891-1924. Rio de Janeiro: Record, 1999.

GORBACHEV, Mikhail. *Perestroika*: novas ideias para meu país e o mundo. Rio de Janeiro: Best Seller, 1987.

GORENDER, Jacob. *O fim da URSS*: origem e fracasso da Perestroika. São Paulo: Atual, 1992.

GUINSBURG, Jacó. *Stanislvaski, Meierhold & Cia*. São Paulo: Perspectiva, 2001.

KHRUSHCHEV, Nikita. *Khrushchev:* memórias. Rio de Janeiro: Artenova, 1971, 2 v.

KOMISSAROV, Boris Nikolaevich. *Expedição Langsdorff*: acervo e fontes históricas. São Paulo: Editora Unesp, 1994.

LAMARE, Tito de. *Caminhos da eterna Rússia*. Rio de Janeiro: Expressão e Cultura, 1997.

LENINE, V. I. *Obras escolhidas*. São Paulo: Alfa-Ômega, 1980, 3 v.

NAGORSKI, Andrew. *The Greatest Battle*: Stalin, Hitler, and the Desperate Struggle for Moscow That Changed the Course of World War II. New York: Simon & Schuster, 2007.

NOVE, Alec. *A economia soviética*. Rio de Janeiro: Zahar, 1963.

PETROVA, E. A. et al. *500 anos de arte russa*. São Paulo: BrasilConnects, 2002.

PINTO, Luiz Fernando da Silva. *Pedro, o Grande, czar da Rússia*: o caçador do tempo. Rio de Janeiro: Editora Fundação Getúlio Vargas, 1997.

PIPES, Richard. *História concisa da Revolução Russa*. Rio de Janeiro: Record, 1995.

RADZINSKY, Edward. *O último czar*: a vida e a morte de Nicolau II. São Paulo: Best Seller, 1992.

REIS FILHO, Daniel Aarão. *As Revoluções Russas e o socialismo soviético*. São Paulo: Editora Unesp, 2008.

SEGRILLO, Angelo. *Um brasileiro na Perestroika*. Rio de Janeiro: Serthel, 1992.

_____. *Pequeno dicionário trilíngue de gíria e linguagem coloquial*: inglês, português, russo. Niterói: Muiraquitã, 1996.

_____. *O fim da URSS e a nova Rússia*. Petrópolis: Vozes, 2000a.

_____. *O declínio da URSS*: um estudo das causas. Rio de Janeiro: Record, 2000b.

_____. *Herdeiros de Lenin*: a história dos partidos comunistas na Rússia pós-soviética. Rio de Janeiro: Faperj/7Letras, 2003.

_____. *Rússia e Brasil em transformação*: uma breve história dos partidos russos e brasileiros na democratização política. Rio de Janeiro: CNPq/7Letras, 2005.

SERVICE, Robert. *Lenin*: a biografia definitiva. Rio de Janeiro: Difel, 2006.

SOLJENITSIN, Alexandre. *Arquipélago Gulag, 1918-1956*. São Paulo: Círculo do Livro, 1976.

STEINBERG, Mark D.; KHRUSTALEV, Vladimir M. *A queda dos Romanov*: a história documentada do cativeiro e execução do último czar russo e sua família. Rio de Janeiro: Zahar, 1996.

THERBORN, Göran. *Sexo e poder*: a família no mundo 1900-2000. Trad. Elisabete Dória. São Paulo: Contexto, 2006.

TROTSKY, Leon. *A história da Revolução Russa*. Rio de Janeiro: Paz e Terra, 1978, 3 v.

TROYAT, Henri. *Ivan, o Terrível*. Rio de Janeiro: Nórdica, 1990.

VALLAUD, Pierre. *O cerco de Leningrado*. Trad. Angela M. S. Corrêa. São Paulo: Contexto, 2012.

ZHEBIT, Alexander (org.). *Brasil-Rússia*: história, política e cultura. Rio de Janeiro: Gramma, 2009.

ICONOGRAFIA

Capítulo "Quem são os russos?"
pág. 19: Sheila Camargo Grillo.

Capítulo "O maior país do mundo"
pág. 23: Vitold Muratov, 1958. **pág. 27:** Imagem superior, APL, 2007. Imagem inferior, Obakeneko/ShavPS, 2011. **pág. 29:** Volkov Vitaly, 2002. **pág. 30:** Jaime Pinsky. **pág. 32:** Imagem superior à esquerda, Алексей Гончаров, 2011. **pág. 33:** Anne-Laure Peretti, 2007. **pág. 35:** Jaime Pinsky. **pág. 36:** © 1999 Zubro.

Capítulo "A cultura russa"
pág. 42: Pôster de 1928. **pág. 47:** *Retrato de Fiodor Dostoievski*, óleo sobre tela, Vasily Grigorievich Perov, 1872. **pág. 51:** Dr.bykov, 2009. **pág. 57:** *Santíssima Trindade*, têmpera sobre madeira, Andrei Rublev, 1425-1427. **pág. 59:** Imagem superior, *Barqueiros do Volga*, óleo sobre tela, Ilya Repin, 1870-1873. Imagem inferior, *Ivan, o Terrível, e seu filho Ivan na sexta-feira, 16 de novembro de 1581*, óleo sobre tela, Ilya Repin, 1885. **pág. 65:** Jaime Pinsky. **pág. 67:** Vaslav Nijinsky em *Sherazade*, Library of Congress, c. 1912.

Capítulo "Como pensam, comem, vivem e se divertem os russos"
pág. 72: © Chriusha (Хрюша)/CC-BY-SA-3.0, 2012. **pág. 74:** Kallerna, 2010. **pág. 76:** RIA Novosti archive, image #104727/Boris Babanov/CC-BY-SA 3.0, 1979. **pág. 85:** Pyotr Boklevsky, 1895. **pág. 89:** Pôster de 1932. **pág. 95:** George Grantham Bain Collection (Library of Congress), s.d.

Capítulo "As origens e a cristianização"
pág. 104: *O batismo dos kievanos*, Klavdi Lebedev. **pág. 107:** Imagem superior, Cherie A. Thurlby, U.S. Department of Defense, 2007. Imagem inferior, Jaime Pinsky.

Capítulo "Conquistada e conquistadora"
pág. 114: *Taizu, mais conhecido como Gengis Cã*, tinta e nanquim sobre seda, séc. XIV. **pág. 115:** *Batalha do rio Vozha*, anônimo, séc. XVI. **pág. 119:** Bazar na praça central de Lviv "Rynok", anônimo, c. 1900-1913. **pág. 120:** Аркадий Зарубин. **pág. 123:** *Czar Ivan, o Terrível*, óleo sobre tela, Viktor Vasnetsov, 1897.

Capítulo "A Rússia e o Ocidente"
pág. 130: *Retrato de Pedro I*, óleo sobre tela, J.-M. Nattier, 1717. **pág. 132:** Jaime Pinsky. **pág. 137:** *Retrato de Catarina II*, óleo sobre tela, Fiodor Rokotov, c. 1780. **pág. 138:** Branson DeCou, 1931.

282 | Os russos

Capítulo "O período pré-revolucionário"
pág. 145: *Cossacos atacados pela Guarda de Honra durante a Campanha russa de Napoleão*, óleo sobre tela, Jean Baptiste Édouard Detaille, c. 1912. **pág. 146:** *São Petersburgo, Praça do Senado, 14 de dezembro de 1825*, Karl Kolman, 1825-1826. **pág. 148:** *Charge of the light cavalry brigade, 25th Oct. 1854, under Major General the Earl of Cardigan*, Paul & Dominic Colnaghi & Co., 1855. **pág. 150:** *Coroação de Alexandre II*, Mikhail Zichy, c. 1856. **pág. 155:** Anônimo, 1905. **pág. 165:** Grigori Petrowitsch Goldstein, 5 de maio de 1920. **pág. 167:** Century Co, NY, c. 1921.

Capítulo "Os meandros da Revolução Russa"
pág. 172: Imagem superior, anônimo, 1914-1917. Imagem inferior, *Niva*, anônimo, 1916. **pág. 174:** Imagem superior, anônimo, c. 1917. Imagem inferior, anônimo, c. 1914-1916. **pág. 175:** Anônimo, c. 1917. **pág. 183:** Sergei Mikhailovich Prokudin-Gorskii Collection (Library of Congress), 1909. **pág. 194:** Joseph Stalin e Vladimir Lenin, março de 1919.

Capítulo "Sob Stalin"
pág. 200: Anônimo, 1937. **pág. 203:** Anônimo, c. 1944. **pág. 205:** RIA Novosti archive, image #429/Oleg Ignatovich/Олег Игнатович, 1º de dezembro de 1941. **pág. 207:** Imagens superior e inferior, Jaime Pinsky. **pág. 213:** Un Violon sur le Toit, illustration du thème, Morburre, 2010.

Capítulo "Acomodação do sitema"
pág. 221: Imagem superior, fotógrafo do U. S. Department of State in the John F. Kennedy Presidential Library and Museum, Boston, 3 de junho de 1961. Imagem inferior, Robert L. Knudsen, 19 de junho de 1973. **pág. 223:** Dieter Karner, 2007.

Capítulo "O fim da URSS"
pág. 237: White House Photo Office, White House Photo, official government record, PD, 19 de novembro de 1985. **pág. 245:** Jaime Pinsky.

Capítulo "Os russos embarcam no capitalismo"
pág. 250: White House Photo Office, Susan Biddle, 3 de janeiro de 1993. **pág. 253:** Jaime Pinsky.

Capítulo "Os russos e o Brasil"
pág. 258: *Índios apiaká no rio Arinos, Mato Grosso, Brasil*, Hercules Florence, 1827. **pág. 259:** Fotomontagem de autor desconhecido, 1889. **pág. 261:** Flavita Valsani, Escola do Teatro Bolshoi de Joinville. **pág. 263:** Alessandra Fratus, Orquestra Sinfônica do Estado de São Paulo – Osesp. **pág. 264:** Jaime Pinsky.

 # O AUTOR

Angelo Segrillo é professor de História Contemporânea da Universidade de São Paulo e especialista em Rússia e URSS. Com doutorado pela Universidade Federal Fluminense, cursou mestrado no Instituto Pushkin de Moscou. Viveu muitos anos na Rússia e é autor de diversos livros sobre esse país. Pela Editora Contexto é coautor do livro *Hungria 1956: e o muro começa a cair*.

Leia também

OS AMERICANOS

Antonio Pedro Tota

Quem são os verdadeiros americanos? Sofisticados moradores de Nova York ou jecas da "América profunda"? Intelectuais vencedores do prêmio Nobel ou truculentos senhores da guerra? Para uns, os Estados Unidos da América são um paradigma da modernidade, para outros, um monstro tentacular imperialista. Gostemos ou não, os americanos são importantes. E muito. Todos os dias eles bombardeiam o mundo com filmes, séries de TV, hambúrgueres e Coca-Cola. Suas músicas são ouvidas em todos os continentes. Seus ícones transformaram-se em símbolos mundiais e o inglês é uma espécie de língua franca universal. Qual a origem da autoconfiança e soberba dos americanos? E mais: como esse gigantesco vizinho do norte se tornou o que é, rico e poderoso? Com texto denso, brilhante e provocativo, o historiador Antonio Pedro Tota rastreia origens, costumes e paradoxos desse povo, desde o início até a eleição do primeiro presidente negro. Fala também de expansionismo, anos dourados, guerras, escândalos, *jazz*, cinema e muito mais. Leitura fascinante.

Cadastre-se no site da Contexto
e fique por dentro dos nossos lançamentos e eventos.
www.editoracontexto.com.br

Formação de Professores | Educação
História | Ciências Humanas
Língua Portuguesa | Linguística
Geografia
Comunicação
Turismo
Economia
Geral

Faça parte de nossa rede.
www.editoracontexto.com.br/redes

GRÁFICA PAYM
Tel. [11] 4392-3344
paym@graficapaym.com.br